Hans und Doris Maresch

Niedersachsens
Schlösser, Burgen & Herrensitze

Husum

Umschlaggestaltung unter Verwendung von Motiven aus dem Buch
Alle Aufnahmen stammen vom Autor Hans Maresch.

Bibliografische Information der Deutschen Nationalbibliothek

Die Deutsche Nationalbibliothek verzeichnet diese Publikation in der Deutschen Nationalbibliografie; detaillierte bibliografische Daten sind im Internet über http://dnb.d-nb.de abrufbar.

Gesamtherstellung: Husum Druck- und Verlagsgesellschaft
Postfach 1480, D-25804 Husum – www. verlagsgruppe.de

ISBN 978-3-89876-604-3

Inhaltsverzeichnis

Vorwort

Im Norden Deutschlands findet man nicht nur in Schleswig-Holstein und Mecklenburg-Vorpommern eine Vielzahl von Herren- und Gutshäusern als Sitze des niederen Adels oder vermögender Handels- und Kaufleute, auch Niedersachsen ist durch diese Bauten geprägt. Im Laufe der Geschichte des Landes entstanden hier Hunderte von Burgen, Schlössern und vor allem Guts- und Herrenhäusern, deren Historie, wenn auch nur im knappen Abriss, es im vorliegenden Band zu erforschen gilt. Meist umgeben von Gärten oder Parkanlagen, vermitteln die Bauwerke in Einheit mit ihrer Umgebung dem Besucher einen romantischen Anblick. Über 200 der schönsten und interessantesten Objekte, meist der Öffentlichkeit zugänglich, stellen wir in diesem Band vor. Alle diese Bauwerke haben wir aufgesucht, fotografiert und wenn möglich, an Ort und Stelle zur Geschichte recherchiert. Bei Aufenthalten im Bundesland Niedersachsen soll Ihnen dieses Buch ein nützlicher Reisebegleiter sein.

Zu Beginn der Beschreibung der einzelnen Objekte geben wir jeweils einen kurzen Lagehinweis und einen knappen historischen Überblick. Die Bauwerke haben wir den Ortschaften zugeordnet, in oder an denen sie sich befinden. Dem schließen sich, wenn nicht eigenständig, die Gemeindeverwaltungsorte oder Städte sowie die Landkreise und Piktogramme an. Letztere weisen, schnell erfassbar, am Ort auf mögliche Veranstaltungen beziehungsweise Einrichtungen wie Museen, Hotels, Gastronomie und weitere Besonderheiten hin. Das Objektregister im Anhang gewährt ein schnelles Auffinden gesuchter Objekte. Auf die Angabe von Telefonverbindungen wurde wegen der häufigen Änderungen der Rufnummern verzichtet, ebenso auf die Angabe von Öffnungszeiten der in den Schlössern und Herrenhäusern befindlichen Museen oder anderen Einrichtungen. Zur Baugeschichte haben wir uns an Georg Dehio, Handbuch der Deutschen Kunstdenkmäler Niedersachsen, angelehnt. Da die Objekte im Laufe der Zeit Veränderungen unterliegen können, kann keine Gewähr für die Vollständigkeit und Aktualität der Angaben über das Erscheinungsjahr des Reiseführers hinaus gegeben werden.

Beim Besuch von Schlössern und Herrenhäusern, die sich im

Privatbesitz befinden und keine öffentlichen Einrichtungen haben, bitten wir darum, diese im respektvollen Abstand zu betrachten, ohne die Privatsphäre zu stören.
Besonderen Dank sagen wir den Mitarbeitern der Touristinformationen, Hotel- und Museumsmitarbeitern sowie den Schloss-, Guts- und Herrenhausbesitzern, die uns aktiv, umfassend und freundlich bei den Recherchen zum Buch unterstützten.
Wir wünschen Ihnen viel Freude beim Besuch der Burgen, Schlösser und Herrenhäuser im Bundesland Niedersachsen.

Das Bundesland Niedersachsen

Niedersachsen mit der Hauptstadt Hannover liegt im Nordwesten Deutschlands und ist das zweitgrößte Bundesland der Republik. Im Niedersachsenlied preist man die Heimat als sturmfest und erdverwachsen von den ostfriesischen Inseln bis zum Mittelgebirge. Wie wahr, wenn man die windzerzausten, herben, aber schönen Weiten Ostfrieslands mit den vielen alten Dorfkirchen, Häuptlingsburgen, Schlössern und Herrenhäusern, aber auch die malerischen Windmühlen kennengelernt hat. Im äußersten Westen grenzt das Land an die niederländischen Provinzen Overijssel, Drehnthe und Groningen an. Das Emsland ist bekannt für seine Moore, Heiden und den Wald. Schleswig-Holstein und Hamburg sowie die Nordsee liegen im Norden und die Elbe bildet hier einen großen Teil ihrer Grenze zu Niedersachsen. Das Land Bremen, auch als Stadtstaat bezeichnet, bildet im niedersächsischen Landesgebiet eine Enklave. Die Stadt hat ein bezauberndes Flair mit prächtigen Bauten und den bekannten Bremer Stadtmusikanten. Das nahe der Stadt liegende Moordorf Worpswede hatte mit seiner Künstlergemeinde einst Weltruf erlangt. Hermann Löns lässt die Lüneburger Heide in „hundert Gesichtern“ der alten Klöster, früheren Salzmetropole Lüneburg und Residenzstadt Celle mit seinem prächtigen Schloss glänzen. Östlich der Region Wendland schließen gleich die drei mitteldeutschen Bundesländer Mecklenburg-Vorpommern, Brandenburg und Sachsen-Anhalt an. Prachtvolle Schlösser und Bürgerhäuser zeugen noch heute von der Kunst aller hier tätigen Baumeister und Architekten. Göttingen zieht als Universitätsstadt lernhungrige junge Menschen an und die Landeshauptstadt Hannover lockt zu spektakulären Messen. Niedersachsen hat seit dem 19. Jahrhundert bedeutende Künstler von internationalem Rang hervorgebracht. Stellvertretend sei hier Wilhelm Busch genannt, der nicht nur Kindergeschichten schrieb, sondern auch mehr als Tausend Gemälde schuf, die erst nach seinem Tod der Öffentlichkeit zugänglich wurden. Heinrich Heine beschrieb 1824 poetisch den Harz, dessen höchster Berg der Wurmberg mit 971 Metern ist. Südlich schließen sich der Freistaat Thüringen und das Bundesland Hessen sowie im Südwesten das Land Nordrhein-

Westfalen an. Kein anderes deutsches Bundesland hat so viele benachbarte Länder. Besonders im Harz werden die Städtchen von Fachwerkromantik geprägt, und die Kaiserstadt Goslar gehört mit ihrer Altstadt zum UNESCO-Welterbe. Weitere zahlreiche UNESCO Weltkulturstätten wie der Dom St. Mariae und die Michaeliskirche in Hildesheim, das Oberharzer Wasserregal und das Niedersächsische Wattenmeer beeindrucken die Besucher. Geschichtsträchtig ist das ruhige Osnabrücker Land, in dessen einstigen Sümpfen der Bramsche der Cheruskerfürst Arminius den Vormarsch der Römer beendet haben soll. Kunstsinnige Besucher finden hier Wasserschlösser, Rittersitze und den berühmten Dom von Osnabrück.
Während der Völkerwanderung drangen die Sachsen ab dem 3. Jahrhundert aus ihrer Heimat in Holstein nach Süden vor und besiedelten Nordwestdeutschland und Teile der Niederlande. Andere Gebiete wurden und werden von Friesen bewohnt. Nach der Entmachtung Heinrichs des Löwen im Jahr 1180 wurde der Begriff „Niedersachsen" zur Abgrenzung des Herrschaftsgebiets der „Welfen" einerseits von Westfalen, andererseits von dem sich später „Sachsen" nennenden Gebiet an der oberen Elbe benutzt. Der germanische Volksstamm der Sachsen gab dem heutigen Niedersachsen auch den Namen und das Wappen. Der Begriff „Niedersachsen" wurde erstmals vor 1300 in einer niederländischen Reimchronik geprägt. Die meisten Vorgängerterritorien des Landes waren Teilfürstentümer des mittelalterlichen welfischen Herzogtums Braunschweig-Lüneburg. Alle welfischen Fürsten nannten sich in ihren jeweiligen oft zersplitterten und immer wieder vereinigten Fürstentümern Herzöge zu Braunschweig und Lüneburg. In späterer Zeit unterschied man nur noch zwischen zwei Fürstentümern, dem Königreich Hannover und dem Herzogtum Braunschweig, wobei Hannover nach 1866 preußische Provinz wurde und Braunschweig nach 1919 ein Freistaat. Im 18. Jahrhundert gab es eine enge Bindung des Adelshauses Hannover mit dem Vereinigten Königreich Großbritannien und Nordirland. Das Großherzogtum Oldenburg und das Fürstentum Schaumburg-Lippe bewahrten bis zur Gründung des Landes Niedersachsen 1946 ihre staatliche Autonomie.
Heute ist Niedersachsen ein begehrtes Urlaubsland mit Nordseeküste und den ostfriesischen Inseln, dem Bergland des Harzes, Weserbergland, Leinebergland, der Lüneburger Heide und dem Steinhuder Meer oder den Städ-

ten Hannover, Braunschweig, Osnabrück und vielen anderen Ausflugszielen. Die Bauten der Weserrenaissance oder die Schlösser in Bückeburg, die Pfalz in Goslar, die ehemalige Burg Bentheim, Schloss Marienburg, Burg Dankwarderode oder das Jagdschloss Clemenswerth sind sehenswert. Nicht zu vergessen sind die herrlichen Garten- und Parkanlagen, von denen stellvertretend die Herrenhäuser Gärten in Hannover zu nennen sind. Aber auch die Gotik, das Barock, das Rokoko und der Klassizismus sind in Niedersachsen zu finden. Verträumt und romantisch liegen die Guts- und Herrenhäuser, oft mit Wein idyllisch zugerankt, in großen Parkanlagen mit wertvollem altem Baumbestand. Von baugeschichtlicher und kunsthistorischer Bedeutung ist die Doppelanlage aus Schloss und Benediktinerabtei in Bad Iburg. Sie weist im Rittersaal mit der Arbeit von Andrea Alovisii die einzig erhaltene Deckenmalerei in perspektivischer Scheinarchitektur nördlich der Alpen auf. Es lohnt sich, dieses Land zu besuchen, denn es gibt unendlich viel zu entdecken.

Die Piktogramme bedeuten

Herrenhaus

Burg

Burgruine

Schloss

Schlossruine

Museum

Park, Garten

Übernachtungsmöglichkeit

Gaststätte, Café, Imbiss

Veranstaltungen, Konzerte, Ausstellungen, Tagungen

Aussicht

Schlösser, Burgen & Herrensitze von A–Z

Abbensen

Herrenhaus Abbensen

31234 Abbensen
Gemeinde Edemissen
Landkreis Peine

Nördlich von Peine, am südlichen Rand der Lüneburger Heide gelegen, befindet sich das einstige Rittergut, das im Jahre 1279 mit einer Abbenser Burg erstmals Erwähnung fand. Ritter Burchard von Saldern hatte 1383 vom Herzog von Braunschweig und Lüneburg das Lehnsrecht über die Burg und das gesamte Dorf Abbensen erhalten. Verbunden war es mit den Sonderrechten über die niedere Gerichtsbarkeit und die Zehntherrschaft, Letztere auch teilweise über Edemissen, Dollbergen und Röhrse. Kammerpräsident Paul Joachim von Bülow erwarb 1654 mit fürstlicher Genehmigung das Rittergut und ab 1695 wurde ein freiherrliches Haus errichtet, das nach sechsjähriger Bauzeit fertiggestellt war. Drei Jahre später besetzten sächsisch-dänische Soldaten das Gebiet und plünderten den Ort. General Cuno Josua von Bülow, der später Erbherr auf Abbensen wurde, vertrieb die Eindringlinge und ließ 1701 auf dem Hof ein Brauhaus errichten. Im Jahre 1723 folgten zwei massive Torpfeiler mit barockem Vasenaufsatz und dem Wappen der Gutsherren. Von Bülow wurde 1727 für seine Verdienste durch Georg II., König von Großbritannien und Hannover, zum Generalfeldmarschall ernannt, verstarb jedoch schon 1733. Das Rittergut ging 1793 in Konkurs. 1870 übernahm als Pächter Heino von Heimburg das Anwesen. 1881 war der Konkurs abgewendet. Heino von Heimburg erhielt eine Hälfte des Rit-

Herrenhaus Abbensen

Burg Adelebsen

tergutes und die andere Hälfte wurde durch ihn käuflich erworben. Der Barockpark mit vier 300 Jahre alten Vasen der vier Jahreszeiten entstand ab 1884, verbunden mit der Eichenallee und einer Brücke über die Fuhse. Schon fünf Jahre später starb der Besitzer und 1890 folgte ihm auf dem Rittergut Karl von Schwartz. Sein Vater, Amtsrat Heinrich von Schwartz, hatte es für ihn gekauft. 1941 fiel sein Nachkomme, Gerd von Schwartz, in Russland, woraufhin dessen Witwe Marie Elisabeth die Bewirtschaftung übernahm. 1967 folgte ihr Sohn Gerd-Heinrich. Als dieser 1998 verstarb, wurde seinem Sohn, Dr. Alexander von Schwartz, das Gut überschrieben, das somit bereits in fünfter Generation bewirtschaftet wird. Heute stehen in den Sommermonaten die historischen Scheunen für Firmenveranstaltungen und Hochzeiten zur Verfügung.

Burg Adelebsen

37139 Adelebsen
Landkreis Göttingen

Die ursprüngliche mittelalterliche Burganlage, die später in ein Schloss umgewandelt wurde, ist westlich von Göttingen an der Schwülme, auf einem Sand-

Adelebsen

Burg Adelebsen

steinfelsen stehend, in Adelebsen zu finden. Urkundlich wurde der Ort erstmals 990 als Ethelleveshusen erwähnt, als ihn Kaiser Otto III. seiner Schwester Sophie als Schenkung übergab. Im Jahre 1234 siedelten sich die Herren von Wibbecke hier an, errichteten auf dem Felsen eine Burg und nannten sich seitdem von Adelebsen. Erwähnt wurde die Anlage erstmals 1295. Vor- und Hauptburg waren durch einen Graben getrennt und nur über eine Zugbrücke zum inneren Burgtor verbunden. Die Gesamtanlage beherrscht ein fast 39 Meter hoher neungeschossiger fünfeckiger Wohnturm aus dem 13. Jahrhundert, der um 1350 verändert wurde. Der Bischof von Hildesheim setzte 1446 die Burg in Brand. Das sogenannte „Mosthaus" stammt aus der ersten Hälfte des 14. Jahrhunderts, erfuhr eine erste Veränderung 1597/98 und nach einem Brand wurde es um 1612 wieder aufgebaut. Der Dreißigjährige Krieg hatte die Zerstörung der Anlage zur Folge und 1740 wurde mit dem Neubau begonnen. Der polygonale Treppenturm besitzt ein Renaissanceportal. Im Obergeschoss befand sich der 1654 gestaltete Rittersaal mit Balkendecke und Renaissancekamin. Anstelle des Vorderhauses nördlich vom Turm entstand von 1748 bis 1750 das Rentamt mit seinem reizvollen Treppenhaus. Im Jahre 1685 baute man das Forstamt. Um 1740 wurden die Gräben verfüllt und Terrassengärten angelegt. Auch der anstelle

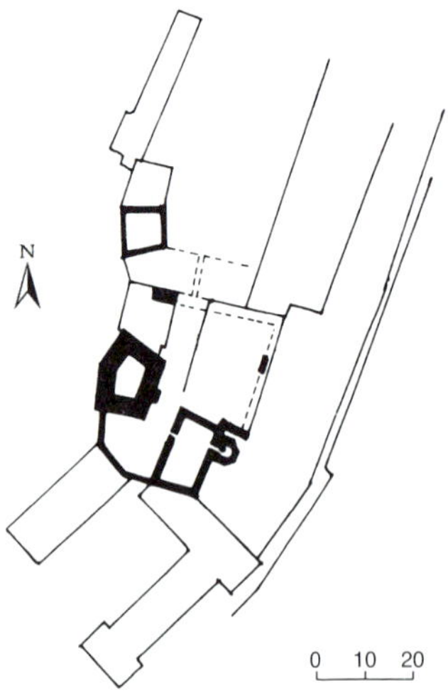

Burg Adelebsen, Grundriss

der Mittelkemenate 1612 bis 1616 errichtete Renaissanceflügel musste 1788/89 einer Gartenterrasse weichen. Die gesamte Gartenanlage an dem Unterhaus der Oberburg kennzeichnet die Umgestaltung der Burg zum schlossartigen Adelssitz. Die einzelnen Familienzweige legten sich ab 1490 am Fuß des Burgbergs voneinander getrennte Vorwerke an, von denen das zweigeschossige spätbarocke „Hubensackhaus" in Fachwerk Ende des 18. Jahrhunderts, mit davor liegender zweiarmiger Freitreppe, hervorzuheben ist. Nochmals ausgebaut und teilweise verändert wurde die zum Teil in Barock und Renaissance geschaffene Anlage 1896/97. Das Schloss ging mit Land- und Forstflächen 1947 in die „Stiftung Burg Adelebsen" über.

Wasserschloss Aerzen

31855 Aerzen

Landkreis Hameln-Pyrmont

Mitten im Hummetal des Weserberglandes liegt südwestlich der Kreisstadt Hameln der Marktflecken, dessen Wasserburganlage und Ort 1293 als „borch und stad Artelsen" ihre erste Erwähnung fanden. Die Grafen von Everstein hatten im 13. und 14. Jahrhundert Burg und Amt in ihrem Besitz, worauf 1433 die Welfenherzöge Aerzen an den Bischof von Hildesheim verpfändeten. Als Statius von Münchhausen 1518 in der Auseinandersetzung um Aerzen ermordet wurde, führte diese Tat zur Hildesheimer Stiftsfehde. Die Welfen kamen wiederum 1530 durch Herzog Erich I. von Calenberg an das Amt und

Wasserschloss Aerzen

die Burg. Im Jahre 1553 wurde mit einem Neubau begonnen, was man von der Portalinschrift Erich d. Ä. von Braunschweig-Lüneburg ableiten kann. Ab 1557 kam der Besitz an Hilmar von Münchhausen als Pfand, der auch Erbauer des prächtigen Schlosses Schwöbber war. Knapp 100 Jahre später, 1642, vernichtete ein verheerender Brand große Bereiche des Fleckens mit Kirche und Burg. Ein Jahr darauf begann man mit dem Wiederaufbau. Im 17. und 18. Jahrhundert wurden die Fachwerkteile des Südflügels, der Westflügel mit Erkeranbau und die Südwand errichtet. 1740 folgten der zweigeschossige Fachwerkwestflügel mit Tordurchfahrt, das Hauptgebäude der Burg und das Pächterwohnhaus. Es entstand eine Dreiflügelanlage um einen rechteckigen Innenhof. Die Domäne wurde 1962 aufgelöst und 1966 ein Schul- und Sportzentrum auf dem Gelände geplant. Im Jahre 1968 kam der Flecken als Eigentümer an die Anlage. 1985 bis 1989 erfuhren West- und Südflügel eine Restaurierung. Die Burg wurde zur vielfältigen Nutzung freigegeben, ist unter anderem Sitz der Touristinformation, des Trauzimmers und einer Bücherei. Der Ballettverein und das Schützencorps nutzen ebenfalls Räumlichkeiten. Zum Verweilen laden der Domänenteich sowie der angrenzende Park ein.

Schloss Ahlden

Schloss Ahlden

29693 Ahlden (Aller)
Landkreis Soltau-Fallingbostel

Bereits im 13. Jahrhundert wurde vom Geschlecht derer von Ahlden, nahe der heutigen A 7 südlich von Walsrode und keine 15 Kilometer nördlich von Schwarmstedt, die Bunkenburg erbaut. Im Jahre 1549 stand in Ahlden ein Wasserschloss an der Aller, das 1433 erstmals urkundlich genannt wurde und in dem das fürstliche Amt seine Gerichtsbarkeit ausübte. Da die von Ahlden ihre Fehden und Raubzüge nicht lassen konnten, verloren sie all ihren Besitz an den Lüneburger Herzog, der später durch Verpfändung an die von Mandelsloh ging. Noch heute umgeben Reste von Wällen und Gräben das zweigeschossige Schloss, dessen Hauptflügel 1613 mit Durchfahrt und enger Pforte errichtet wurde. Über Letzterer befindet sich ein Aufsatz mit dem Wappen des Herzogs Christian von Braunschweig-Lüneburg, das von Pietas und Justitia flankiert wird. Herzog Wilhelm von Braunschweig-Lüneburg ließ 1579 den Südflügel gestalten. Johann Caspar Borchmann baute 1705 den Nordflügel um. Als im Dreißigjährigen Krieg die Kaiserlichen durch Ahlden zogen, besetzten sie unter Tilly das Schloss. Eine bedeutende historische Begebenheit war die Verbannung von Prinzessin Sophie Dorothea von Braunschweig-Lüneburg im Zuge der Königsmarck-Affäre. Sie kam unter strenger Bewachung 1694 in das Ahldener Schloss und verbrachte hier 32 Jahre bis zu ihrem Tode. Der Großteil der kompromittierenden Briefe zwischen der Prinzessin und dem Grafen Königsmarck befindet sich heute im Besitz der schwedischen Universität Lund. Nach dem Ableben Sophie Dorotheas bezog der Landesdrost das Schloss, das 1784 verstärkt, zum Teil umgebaut und mit einem Gefängnis ausgestattet wurde. 1884 löste man das Amt auf und im Schloss befand sich bis 1972 das Amtsgericht. 1975 kam die zum Teil mit Fachwerk errichtete Dreiflügelanlage an ein Kunstauktionshaus.

Schlossturm Altmarienhausen

26452 Altmarienhausen
Gem. Sande
Landkreis Friesland

Südlich von Wilhelmshaven, am Rande des Jeverlandes von Heidmühle kommend, kurz vor dem Ems-Jade-Kanal, liegt Altmarienhausen. Vom im 16. Jahrhundert geschaffenen Vorwerk mit dem historischen Brunnen ist heute nur noch der schlanke hoch aufragende, neu sanierte und begehbare Schlossturm aus der 1. Hälfte des 18. Jahrhunderts vorhanden. Man hatte das Anwesen von 1568 bis 1571 um eine Schlossanlage erweitert. Der Turm trägt auch den Namen Marienturm, benannt nach der Regentin des Jeverlandes Maria zu Jever und Eigentümerin dieses Landgutes, welches sie auch als Sommersitz nutzte. Weitere Besitzer waren Mitglieder der Familie von Anhalt-Zerbst in der Zeit von 1667 bis 1793, von 1793 bis 1818 kam Russland an Altmarienhausen und der Familie von Oldenburg gehörte es 1818. Die Gemeinde Sande erwarb 1990 das Kleinod, das sich zum kulturhistorischen Mittelpunkt mit seinen Veranstaltungen, mit einer Küstenschutzausstellung („Küsteum") und einem Schmiedemuseum entwickelte. Der einstige Hühnerstall wurde umgestaltet zu einem idyllischen Café „Marienstübchen". Die als Rundweg gestaltete alte Wallanlage mit Graften lädt zum Spazierengehen ein und ist ein beliebtes Ausflugsziel.

Schlossturm Altmarienhausen

Schloss Münchhausen Herrenhaus Hammerstein

31552 Apelern

Landkreis Schaumburg

Beide Schlösser befinden sich im Privatbesitz, können von außen besichtigt und für besondere Festlichkeiten oder Veranstaltungen können auch Räume gemietet werden. Apelern liegt im Deister-Sünteltal, westlich der BAB 2 bei Lauenau und südlich von Rodenberg. Der Ort wurde bereits 1162 urkundlich erwähnt und wird seit Jahrhunderten von den Gütern der Adelsfamilien Münchhausen und von Hammerstein geprägt. Ab 1560 entstand in Apelern unter Börries von Münchhausen eine Wasserburg, das spätere **Schloss** der Weserrenaissance, errichtet vermutlich vom Baumeister J. Kölling als geschlossene Vierflügelanlage um

Schloss Münchhausen, Apelern

einen rechteckigen Hof mit einem Treppenturm und Portal mit spätgotischem Stabwerk. Die einzelnen Flügel stammen jedoch aus unterschiedlichen Zeiten. Das schlichte zweigeschossige Schloss besteht aus Bruchsteinmauerwerk mit Eckquadern. Hier befindet sich auch die Wappentafel des Erbauerehepaares, datiert von 1561. Um 1889 wurde die Anlage umgebaut und mit dem westlichen Seitenflügel versehen. Östlich befindet sich ein Fachwerkanbau von 1788 mit Wappentafel und am zweigeschossigen Torhaus ist eine Wappentafel von 1595 zu sehen. Den Hof zieren zwei Sonnenuhren auf geschweiftem Postament von 1755 und die Brücke über der Graft wird von runden, mit Urnen bekrönten Pylonen flankiert. Das westliche Gartenparterre stammt aus der Zeit von 1799 und westlich liegt der Landschaftspark. Nordwestlich oberhalb des Hanges steht das kapellenartige neuromanische Mausoleum aus der Zeit um 1901. Der Vorbau am Wehrturm enthält die Gruft der Familie

Schloss Münchhausen, Torhaus, Apelern

Herrenhaus Hammerstein, Apelern

von Münchhausen. Das Schloss Münchhausen war der Adelssitz der seit 1370 hier ansässigen Herren von Münchhausen, wo auch der Dichter Börries von Münchhausen lebte. Jobst von Münchhausen ließ am Nordostrand des Ortes das einstige Rittergut mit dem **Herrenhaus Hammerstein** wohl als Wasserburg erbauen. Erworben hatte dieses 1580 der schaumburgische Kanzler Anton von Wietersheim, worauf auch ein vorhandenes Wappen hinweist. Der Bau stellt ein schlichtes Haupthaus mit mittig stehendem polygonalen Treppenturm von 1590 und einem mit Stabwerk profilierten Portal mit Sonnenuhr von 1591 dar. Der vorgelagerte Wirtschaftshof stammt aus jüngerer Zeit und ist über eine steinerne Brücke zu erreichen. Am Haupttor der Gutsummauerung befindet sich das Wappen von Hammerstein/von Münchhausen aus dem Jahr 1774. Die Freiherren von Hammerstein haben die Anlage der Weserrenaissance seit 1673 in ihrem Besitz.

Herrenhaus Hammerstein, Apelern

Wasserschloss Altenkamp

26871 Aschendorf
Stadt Papenburg
Landkreis Emsland

Gebaut wurde die auch als Haus Altenkamp bezeichnete Wasserburg von Landsberg-Velen 1728 bis 1736, zu finden südwestlich von Papenburg, von Peter Pictorius d. J. Angenommen wird, dass es um 1550 durch die Familie von Düthe, genannt Buth zu Tunxdorf, vielleicht als Alten- oder Witwensitz neu gegründet wurde. Davon ist vermutlich auch der Name Altenkamp abzuleiten. Der zweigeschossige Ziegelbau mit Seitenrisaliten und doppelläufiger Freitreppe stellt ein herausragendes Beispiel adligen Wohnens seiner Zeit im westlichen Niedersachsen dar. Auch dieser Bau hatte wie viele anderen bereits eine Vorgängeranlage, die 1601 ein Burgmannsitz war. Als 1723 der Drost des Emslandes, Freiherr Hermann Anton Bernhard von Velen, in den Besitz des Anwesens kam, ließ er die heute bestehende Anlage errichten. Da von Velen keinen direkten männlichen Erben hatte, ging das Gut Altenkamp 1756 durch die Heirat seiner Tochter an Clement August von Landsberg zu Erwitte. Namhafte Feldherren, wie Wellington und Blücher, nahmen 1795 Quartier im historischen Bau. Im Zuge der Säkularisation erlosch das Drostenamt. Das Emsland wurde an das Königreich Hannover angegliedert. Für die Familie Landsberg-Velen verlor die Besitzung

Wasserschloss Altenkamp, Aschendorf

Altenkamp nach der Ablösung Papenburgs von den gutsherrlichen Rechten 1853 an Bedeutung. Ignatz Graf von Landsberg zu Velen und Gemen Altenkamp verkaufte das Gut an seinen Administrator und Aschendorfer Amtsrichter Georg Behnes, in dessen Familie es bis 1980 verblieb. Durch Kauf kam die Anlage an die Stadt Papenburg, wurde restauriert und eine sehenswerte barocke Gartenanlage mit hohen geschnittenen Taxushecken angelegt. Im Innern verweisen restaurierte Wandmalereien auf das höfische Leben. Stuckdecken in den Räumen und figürliche Rokokomalereien in der Eingangshalle zieren die Innenbereiche. Die zugehörige Klause des 18. Jahrhunderts wurde als Schlosskapelle ausgestaltet. Die Kellergewölbe von Haus Altenkamp beherbergen eine gemütliche Cafeteria, aber vor allem bedeutsame kultur- und kunsthistorische Ausstellungen der Stiftung Preußischer Kulturbesitz. Im Garten finden heute verschiedene Freilichtveranstaltungen statt und im Haus gibt es wechselnde Kunstausstellungen. Auch standesamtliche Trauungen werden in historischer und romantischer Atmosphäre vollzogen.

Schloss Aurich

Schloss Aurich Schlösschen

26603 Aurich
Landkreis Aurich

Aurich liegt inmitten Ostfrieslands. Das **Schloss** im englischen Tudorstil des Historismus, mit seinem hohen Durchgangsturm, wurde 1851 bis 1855 unter König Georg V. von Hannover auf Fundamenten des 1447 erbauten Wohnsitzes des Grafen Ulrich Cirksena errichtet. Das Schloss war nie für Wohn- und Repräsentationszwecke gedacht, sondern diente der hannoverschen Regierung, worauf es später Sitz der Bezirksregierung wurde und heute dem Niedersächsischen Landesamt für Bezüge und Versorgung sowie als Landgericht dient. Es ist ein breit gelagertes Schlossgebäude mit markantem Mittelturm, dessen Südflügel ältere Mauerteile aus dem 15. Jahrhundert bergen. Von der älteren Schlossanlage blieb das gegenüberliegende fürstliche Marstall- und Regierungsgebäude erhalten, die Neue Kanzlei, ein lang gestreckter zweigeschossiger Backsteinbau mit eleganten Arkaden, barockem schmiedeeisernen Brüstungsgitter und krönendem Dreiecksgiebel mit Relief des ostfriesischen Landeswappens. Den Vorplatz zieren zwei liegende Sandsteinlöwen auf Postamenten von 1729, die ursprünglich von der Hauptwache der ehemaligen Burg stammen. Über dem Portal des Turmes findet man die Jahreszahl 1852 und ein Wappen mit der Inschrift „GRV“, die auf König Georg V. von Hannover (König = Rex) hinweisen. Im Erdgeschoss des Turmes befinden sich zwei Gewölbe mit Ornamentmalereien und in einem Sitzungssaal Bildnisse der ostfriesischen Gra-

Schloss Aurich

Schloss Aurich, Marstall

Schlösschen, Aurich

fen und Fürsten. Der lang gezogene, zweigeschossige Marstall, 1588 von Graf Edzard II. errichtet, ist das älteste erhaltene Gebäude im Schlossbezirk, der auf dem Schloss zugewandten Seite einen Arkadengang besitzt. Dessen Erdgeschoss war einst ein höfischer Pferdestall. Im Obergeschoss, das 1731/32 Fürst Georg Albrecht von seinem Baumeister Anton Heinrich Horst in barocker Form umgestalten ließ, befanden sich sechs Herrengemächer. Das Giebeldreieck der Südseite enthält ein bekröntes Landeswappen. Während der preußischen Zeit bis zum Ende des Ersten Weltkrieges wurde der Marstall als Kaserne genutzt und birgt heute Verwaltungsbereiche. Das im südlichen Schlossgarten 1885/86 erbaute zweigeschossige **Schlösschen** mit Walmdach diente von 1887 bis 1890 als repräsentativer Wohnsitz für den ersten preußischen Regierungspräsidenten von Colmar-Meyenburg und fungierte bis 1974 noch als solcher. Von 1981 bis 1983 wurde eine großzügige Restaurierung der Repräsentationsräume im Erdgeschoss vorgenommen. Die Nordseite wird von einem Balkon geziert, mit in einer Nische thronendem preußischen Adler. Innen findet man mit Ornamenten und Stuckbändern verzierte Holzdecken und Leuchter mit Pferdeemblemen. Heute wird die Anlage genutzt durch das Niedersächsische Landesamt für Bezüge und Versorgung und das Informatikzentrum Niedersachsen.

Burg Bederkesa
27624 Bad Bederkesa
Landkreis Cuxhaven

Die Burg liegt am Rande des Luftkurortes und Moorheilbades am gleichnamigen See, der sich wiederum im nördlichen Elbe-Weser-Dreieck östlich von Bremerhaven befindet. Sie ist aus einer Anlage Anfang des 13. Jahrhunderts der um 1500 ausgestorbenen Ritter von Bederkesa hervorgegangen. Bremen eignete sich im Laufe der Zeit bis 1421 Burg und Herrschaft Bederkesa an. Kupferstiche des Architekten Wilhelm Dilich um 1600 zeigen die Burg von einem Wassergraben umgeben. Im Jahre 1654 wurde die Anlage durch den schwedischen General Hans Christoph von Königsmarck erobert und geschleift. 1662 verpfändete die schwedische Königin Hedwig Eleonore den Besitz an ihren Feldmarschall, der Wälle und Bastionen der Burg abtragen ließ. Im Burghof wurde 1602 als Bekrönung eines steinernen Brunnenhauses als Hoheits- und Herrschaftszeichen die Rolandsfigur errichtet. Die vier Löwen am Sockel halten die Wappen von Bremen und den 1601/02 für Bederkesa zuständigen Ratsherren. Die Befestigungsanlagen und der Turm wurden beseitigt. Der Bau stellt eine zweigeschossige, über gewölbten Kellern errichtete Dreiflügelanlage aus Backstein dar. Den ältesten Teil bildet der 1457 bis 1460 erbaute Südflügel, während der Nordflügel in die Zeit von 1535/36 zu datieren ist. Beide Flügel wurden

Burg Bederkesa, Bad Bederkesa

Burg Bederkesa, Innenhof, Bad Bederkesa

um 1579 durch den Hauptbau miteinander verbunden. 1611/12 baute man den polygonalen Treppenturm in der Nordwestecke des Hofes, ursprünglich mit Fachwerkobergeschoss und wohl unter Beteiligung Lüders von Bentheim. Über dem Eingang zum Turm befindet sich ein Wappenstein mit der Jahreszahl 1612. Die schwedische Herrschaft im Herzogtum Bremen-Verden endete 1712 mit dem Großen Nordischen Krieg, worauf 1720 die Burg an das Kurfürstentum Hannover fiel und danach mehrfach umgebaut wurde. Im Jahre 1859 löste man das Amt Bederkesa auf und die Burg verlor die Funktion als Verwaltungssitz. Nachdem die Preußen 1881 die Burg verkauft hatten, diente diese als Gastwirtschaft und Ausflugslokal. Nach dem weiteren Verfall kam die Anlage 1975 an den Landkreis Wesermünde und wurde bis 1983 restauriert und dabei der im 18. Jahrhundert abgerissene Nordflügel und der Treppenturm wieder errichtet. Die Burg wurde Kreismuseum für Natur- und Kulturgeschichte des Landkreises Cuxhaven. Ein Restaurant lädt zur Einkehr ein.

Schloss Bentheim

48455 Bad Bentheim
Landkreis Grafschaft Bentheim

Das Thermalsole- und Schwefelheilbad Bad Bentheim liegt an der Grenze zu Nordrhein-Westfalen und den Niederlanden. Die 1020 erstmals erwähnte Vorgängeranlage der Burg mit Burgherr Graf Otto von Northeim wurde von Sachsenherzog Lothar von Süpplinburg 1116 zerstört und seinem Schwager Otto von Salm-Rhieneck übertragen. Von 1134 bis 1148 wurde sie wieder aufgebaut und ist heute das Wahrzeichen der Stadt. Im Jahre 1192 gelangte die Anlage in den Besitz einer Nebenlinie der Grafen von Holland. 1486 wurde die Grafschaft Bentheim Reichslehen und im Laufe des 15. Jahrhunderts weiter befestigt. Die Linie Bentheim und Steinfurt kam 1609 durch Teilung an Burg und Grafschaft. Durch den florierenden Handel mit Sandstein gelangten die Bentheimer Grafen schnell zu Reichtum. Sie bauten die Burg zu einer der größten Befestigungsanlagen und als malerisch liegendes Bergschloss in Niedersachsen aus. Sie stellt eine völlig verquaderte, sichtbar aus dem Felsen wachsende Baugruppe mit zinnenbewährten Türmen dar. Zahlreiche niederländische Maler bannten sie auf Leinwand. Von den Torhäusern zeigt das Innere eine prachtvolle Rustikalarchitektur mit einem großen Monogramm des Grafen Ernst Wilhelm von Bentheim an der Außenseite. Angrenzend befindet sich der Katharinenturm mit im Untergeschoss liegender Katharinenschlosskapelle, erstmals 1406 erwähnt. Oberhalb des Drususfelsens am steilen Westhang der Kernburg sind der ehemalige Palas und die Kemenate aus dem 12./13. Jahrhundert mit den beiden übereinander liegenden Sälen zu finden. Sie wurden jedoch stark im Stil der Neugotik verändert. Der Südflügel der Kronenburg ist ein Neubau des 19. Jahrhunderts und an den südlichen Ecken der Burg stehen zwei mächtige gotische Türme. Die Grafen von Bentheim und Steinfurt wurden 1817 zu Fürsten erhoben. Im Jahre 1828 fand man am Schlossberg ein romanisches Stein-

Schloss Bentheim, Bad Bentheim

Schloss Bentheim, Bad Bentheim

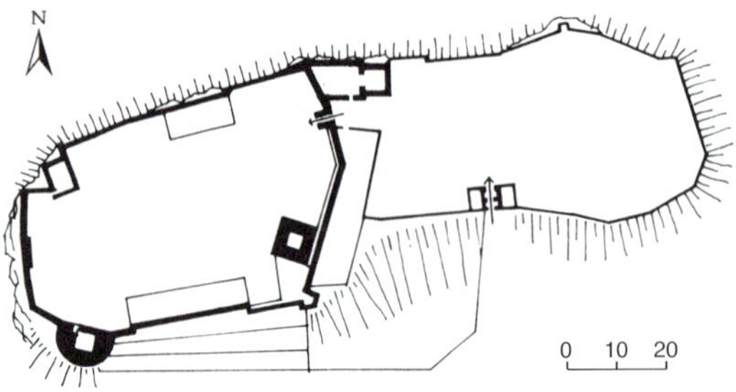

Schloss Bentheim, Bad Bentheim, Grundriss

kreuz, den „Herrgott von Bentheim“ aus dem 12. Jahrhundert, und stellte diesen auf dem Burghof auf. Nördlich unterhalb des Schlosses liegt das große barocke Gartenparterre mit Mauern, Portal und Wasserbassins aus der Zeit von 1694 bis 1713, das Graf zu Manderscheid-Blankenheim in Auftrag gab und das einst viel weitläufiger war. Im Krieg 1795 gegen die Franzosen entging die Burg nur knapp der Zerstörung. In der Zeit von 1883 bis 1914 baute man den Palas zur neugotischen „Kronenburg“ für Fürst Alexis durch Franz Anton Nordhoff. Die Bautätigkeit musste mit dem Ausbruch des Ersten Weltkrieges eingestellt werden und der nördliche Teil der Kronenburg blieb unvollendet. Im Schlossbereich befindet sich heute ein Museum, Trauungen werden vollzogen und der Schlosspark mit großem See lädt zum Spazierengehen ein. Von der Freiterrasse des Restaurants hat man eine schöne Aussicht auf den Ort und die Umgebung.

Burg Bodenteich

29389 Bad Bodenteich

Landkreis Uelzen

Der seit 1973 staatlich anerkannte Luftkurort liegt in der Lüneburger Heide südöstlich von Uelzen. Die Wasserburg, unter deren Fundamenten sich eine noch ältere Siedlungsschicht mit Keramikresten des 9. und 10. Jahrhunderts befand, wurde um 1250 durch die Ritter Bodendike erbaut. Daher gibt es viele unterschiedliche Meinungen bei den Heimatforschern zur Entstehungszeit. Nachweislich wird die Burg erst 1293 in einem Vertrag erwähnt, in dem der Herzog von Braunschweig und Lüneburg, Otto II., sein Münzrecht der Stadt Lüneburg und den Landständen verkaufte. Als die Lüneburger Herzöge in den Besitz kamen, war die ehemalige Burg 1323 und von 1328 bis zum 19. Jahrhundert Amts- und Gerichtssitz. Im Jahre 1362 befand sich die Burg im Besitz der Gebrüder Heinrich und Harneid von Wrestedt, denen 1365 Johann Spörcke und sein Bruder Ernst folgten. Auch die Bodendike kamen 1368 mit Henning und Dietrich durch Kauf vom Lüneburger Herzog wieder an ihren früheren Besitz. Von 1393 bis 1474 war die Anlage eine Raubritterburg, wofür auch Ludolf von Bodendike in Lüneburg enthauptet wurde. Noch häufig sollte die Anlage im Laufe der Jahrhunderte ihren Besitzer wechseln. Das vermutlich gotische

Burg Bodenteich, Bad Bodenteich

Herrenhaus, das 1697 renoviert wurde, erhielt im 17./18. Jahrhundert den heute noch bestehenden Fachwerkflügel. Der Turmrest daneben erhielt die

Burg Bodenteich, Bad Bodenteich

heutige Größe durch eine enorme Abtragung infolge eines 1808 ausgebrochenen Brandes und war danach nur noch durch Storchenpaare bewohnt. Zahlreiche Kriege, einschließlich des Dreißigjährigen und Siebenjährigen Krieges, suchten Bodenteich im Laufe der Jahrhunderte heim. Im Jahr 1859 wurden Amt und Amtsgericht aufgehoben und verlegt. 1971 kaufte der Flecken die Burg, worauf diese ein Jahr später unter Denkmalschutz gestellt wurde. Eine grundlegende Restaurierung erhielt die einstige Wasserburg ab 1983, in der museale Räumlichkeiten und der Sitz der Kurverwaltung eingerichtet wurden. Durch den Park gibt es eine Verbindung zum Hotel „Zum Ritter", in das sich unbedingt ein Blick lohnt. Vor allem der Förderkreis Burg Bodenteich e. V. hat sich mit viel Engagement um die Burg verdient gemacht.

Schloss Hünnefeld

49152 Bad Essen

Landkreis Osnabrück

Erstmals urkundlich erwähnt wurde Hunnefelde 1146. 1447 ging die im 13. Jahrhundert angelegte Wasserburg, die in Bad Essen, östlich von Osnabrück, am Übergang der Mittelgebirge zum Norddeutschen Tiefland zu finden ist, an Albert von dem Bussche-Ippenburg, aus dänischer Linie stammend.
Bezeugt wurde im 14. Jahrhundert eine Ober- und Unterburg.

Schloss Hünnefeld, Bad Essen

Letztere wurde um 1600 abgetragen. Im Jahre 1598 ging der Besitz an Gerhard Clamor von dem Bussche, den Begründer der Hünnefelder Linie. Von 1610 bis 1614 baute er mit seiner Ehefrau Hedwig, einer geborenen von Münchhausen, das Herrenhaus. 1658 errichtete deren Sohn Clamor Eberhard den südlichen Seitenflügel und die gesamte zweigeschossige Dreiflügelanlage mit großem Ehrenhof im Stil der Spätrenaissance. Der runde Taubenturm auf dem Wirtschaftshof nach französischem Vorbild stammt von 1710. Die Anlage mit tragenden Wappen derer von dem Bussche und von Hammerstein ist von zwei Wassergräben umgeben. Das große Gewölbe mit darüberliegender Terrasse auf der Parkseite des Herrenhauses bietet den Zugang zur Insel und der Parkanlage. Der barocke Garten wurde um 1800 von Clamor Adolph Theodor von dem Bussche in einen herrlichen englischen Landschaftsgarten umgestaltet und am Parkende 1825 auf einem kleinen Hügel ein Gedenkstein für ihn aufgestellt. Zahlreiche exotische Bäume ließ 1840 sein Neffe Clamor August pflanzen. Das Schloss befindet sich noch heute im Privatbesitz der Familie von dem Bussche-Hünnefeld. Im Nordflügel können Besucher ihr Privatmuseum besichtigen und sich in einem Café stärken.

Burg Gandersheim, Bad Gandersheim

Burg Gandersheim

37581 Bad Gandersheim

Landkreis Northeim

Die Stadt wird auch Roswithastadt genannt, nach der Dichterin Roswitha von Gandersheim. Sie liegt zwischen dem Leine- und Weserbergland sowie dem Harzvorland im Tal des Flusses Gande. Die Burg der braunschweigischen Herzöge wurde Mitte des 13. Jahrhunderts errichtet, war Stützpunkt der Lan-

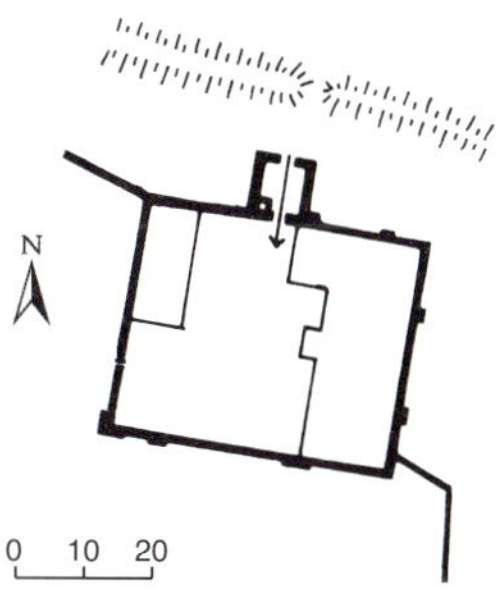

Burg Gandersheim, Bad Gandersheim, Grundriss

desherren und wurde 1347 erstmals als „Slot“ (Schloss) erwähnt. Die Anlage war im 14. Jahrhundert auch Sitz des Stiftsvogts. Die verputzten Bauten sind im Kern weitgehend um 1530 unter Herzog Heinrich dem Jüngeren errichtet worden, was am Torturm abzulesen ist. Der schlichte zweigeschossige verputzte Palas besitzt einen vorgezogenen rechteckigen Treppenturm und um den Burghof befinden sich weitere Mauerreste der alten Befestigung sowie das Gefängnis von 1854 anstelle des ehemaligen Rittersaals. Die Wassergräben wurden verschüttet und von 1979 bis 1984 erfuhr die Anlage eine umfangreiche Instandsetzung. Seit Mitte des 19. Jahrhunderts bis heute befinden sich hier das Amtsgericht und die Justizvollzugsanstalt. Die Anlage kann nur äußerlich besichtigt werden.

Klosteranlage, Bad Iburg

Schloss Iburg Jagdschlösschen Freudenthal

49186 Bad Iburg
Landkreis Osnabrück

Die teils im Teutoburger Wald liegende Stadt Bad Iburg ist ein staatlich anerkanntes Kneipp-Heilbad und mit auf einer Anhöhe über dem Ort stehendem Schloss und Kloster ein beliebter Tourismusmagnet. Beide historischen Bauwerke bilden eine Doppelanlage, die auf einer ehemaligen Fluchtburg, die Karl der Große zerstörte, steht. Es war Bischof Benno I., der auf dem Berg um 1070 die **Iburg** errichten ließ. Sein Nachfolger Benno II. baute sie zu einer mächtigen Residenz aus und gründete das Benediktinerkloster 1080. Der Rittersaal, der Philipp Sigismund zuzuschreiben ist, wurde nach seiner Zerstörung im Dreißigjährigen Krieg unter Bischof Franz Wilhelm Graf von Wartenberg nach Plänen des bayerischen Architekten Johann Krafft ab 1656 neu errichtet und ist heute wegen seiner Deckenmalerei das Prunkstück des Schlosses. Zur Bischofsburg und dem mittelalterlichen Kloster gelangt man über die lange „Klotzbahn“, auf deren Weg man einen herrlichen Rundblick über die Münster'sche Tiefebene hat. Das eins-

Schloss Iburg, Bad Iburg

tige bischöfliche Schloss umfasst alle Gebäude westlich des zentralen Innenhofes. Der Fachwerkzwischenbau aus dem 16. Jahrhundert diente dem Burggrafen als Wohnung und enthielt auch die Apotheke. Der achteckige Bergfried, wohl aus der Zeit um 1100, ragt aus dem Ostflügel des vierflügligen Schlosses heraus, diente früher im unteren Bereich als Verlies und wird heute auch als Benno-Turm bezeichnet. Er wurde unter Konrad von Rietberg 1482 bis 1508 erhöht und mit seinem Wappenstein geschmückt. Die Bischöfe von Osnabrück residierten vom 11. bis Ende des 17. Jahrhunderts in der Doppelanlage. Im Jahre 1553 belagerten die Feldherren Christoph von Wrisberg und Dietrich von Quitzow mit Philipp Magnus von Braunschweig-Lüneburg die Iburg und plünderten sie. Mehrfach wurde die Anlage auch im Dreißigjährigen Krieg beschädigt und geplündert. Nachdem Bischof Franz Wilhelm von Wartenberg vor den Schweden geflohen war, kehrte er 1650 zurück und ließ verschiedene Gebäude grundlegend erneuern. Die erste Königin von Preußen, Sophie Charlotte von Hannover, 1668 im Schloss geboren, wurde 1701 die Gemahlin von Friedrich I. Nach der Säkularisierung ging das Fürstbistum Osnabrück mit seinem Besitz endgültig an die Welfen und ab 1866 an die Preußen. Nachdem die Anlage 1885 Sitz der Kreisverwaltung wurde, kam sie von 1934 bis 1939 an die Sturmabteilung der NSDAP, die hier eine SA-Sportschule betrieb. Es folgte von 1942 bis 1945 die Deutsche Heimschule, von 1948 bis 1971 die Niedersächsische Heimschule Iburg. Von 1973 bis 2004 legte man die Polizeischule des Landes Niedersachsen in das Schloss, dann kam das Kultusministerium an die

Jagdschlösschen Freudenthal, Bad Iburg

Anlage. Sie war auch Sitz des Amtsgerichts, bis das Schloss schließlich Sitz der Niedersächsischen Schulinspektion wurde und 2006 die Geschäftsstelle in der ehemaligen Hofapotheke bezog. Das Schlossmuseum wurde nach grundlegender Umgestaltung 2002 wieder geöffnet und zeigt Ausstellungen zur Befestigung, zur Bischofsresidenz, zum Kloster sowie zu archäologischen Forschungen, ist außerdem Töpferei- und Münzmuseum. Im Rittersaal werden seit Jahrzehnten Schlosskonzerte gegeben. Das **Jagdschlösschen Freudenthal**, auch „Altes Forsthaus" genannt, ist ein ehemaliges fürstbischöfliches Anwesen aus dem späten 16. Jahrhundert. Philipp Sigismund von Braunschweig-Wolfenbüttel war von 1591 bis 1623 Herzog zu Braunschweig und Lüneburg und evangelischer Fürstbischof von Osnabrück. Er ließ unterhalb des Schlossberges einen Lustgarten mit dem 1595 gebauten Haus Freudenthal anlegen. Franz Wilhelm von Wartenberg verfügte 1650 den Abbau des Jagdschlosses und dessen Wiederaufbau im Tiergarten. Nach der Säkularisierung 1803 bezog der Revierförster das lang gezogene rechteckige Fachwerkgebäude mit Eichenholzfiguren von A. Stenelt aus dem Jahre 1595. Das Gebäude wurde auch als Gaststätte genutzt, wird noch heute als solche betrieben und bekam 2001 wieder den früheren Namen „Jagdschlösschen".

Schloss Pyrmont

31812 Bad Pyrmont

Landkreis Hameln-Pyrmont

Zwischen Hameln und Paderborn im Weserbergland an der deutsch-niederländischen Ferienstraße gelegen, findet man die Kurstadt mit ihrem Schloss. Durch das Stadtgebiet fließt die Emmer. Die Grafen von Spiegelberg, die 1512 ihren Stammsitz in Coppenbrügge zur modernen Festung ausgebaut hatten, errichteten nahe der Heilquellen die „Veste Pyrmont" von 1526 bis 1536 und 1557 bis 1562. Diese wurde im Dreißigjährigen Krieg schwer beschädigt. Die Festungsanlage und barocke Sommerresidenz, die Anton Ulrich von Waldeck und Pyrmont in den Jahren von 1706 bis 1710 unter Mitwirkung des Braunschweiger Baumeisters H. Korb neu errichten ließ, ist heute ein beliebtes Ausflugsziel. Die Stuckarbeiten stammen vorwiegend von J. Perinetti und von 1721 bis 1727 setzte der fürstliche Baudirektor und Major Julius Ludwig Rothweil die Arbeiten mit den flankierenden Kavalierhäusern, dem Kommandantenhaus und dem Magazingebäude fort. Sein Sohn und Baudirektor Franz Friedrich Rothweil und dessen Nachfolger, Baumeister J. M. Kitz, nahmen von 1765 bis 1777 den weiteren Ausbau mit den seitlichen Erweiterungsbauten und offenen Gartenräumen vor, die zwischen 1852 und 1855 aufgestockt wurden. Die Fortifikationen sind neben denen der Zitadelle Spandau in Berlin die einzig erhaltenen des 16. Jahrhunderts in Norddeutschland. Die Renaissancefestung fügt sich harmonisch mit Graft, Wällen, Kasematten und Eckbastion in die Schlossanlage ein und bildet den kulturellen Mittelpunkt des Badeortes. In der Ausstellung zur Stadt- und Badgeschichte des Schlossmuseums wird die knapp 2000 Jahre alte Geschichte der Pyrmonter Quellen erzählt. Es wird an berühmte Kurgäste wie Zar Peter den Großen, Friedrich den Großen, Benjamin Franklin, Königin Luise, Goethe oder Königin Emma der Niederlande erinnert. Des Weiteren gibt es Führungen durch die historischen Schlossräume des 18. Jahrhunderts mit einer Gemäldesammlung. Schloss Pyrmont wurde

Schloss Pyrmont, Bad Pyrmont

Schlosspark, Bad Pyrmont

1956 vom Land Niedersachsen erworben und für die künftige Nutzung zwischen 1984 und 1987 einer umfangreichen Sanierung unterzogen. Die Anlage mit den beiden Schlosshöfen eignet sich gut für Open-Air-Veranstaltungen und wird für Theateraufführungen sowie verschiedene Feste genutzt. Im Kommandantenhaus befinden sich ein Schlosscafé und das Standesamt.

Herrenhaus Barnstedt

Herrenhaus Barnstedt

21406 Barnstedt
Landkreis Lüneburg

Barnstedt liegt südlich von Lüneburg, nahe der Niedersächsischen Mühlenstraße. Es war Eleonore von Estorff, geborene de Farcy de St. Laurent, die hier bis etwa 1763 lebte und durch die Kenntnis berühmter französischer Barockgärten die Gestaltung des Gutes maßgeblich beeinflusste. Das Herrenhaus stellt einen einfachen zweigeschossigen Fachwerkbau dar, mit der Inschrift 1673 von Ludolph Otto von Estorff erbaut. Das Gut ist seit 1165 in Familienbesitz und noch heute wird hier Landwirtschaft betrieben. Das ehemalige Rittergut soll jedoch in seinen Wurzeln bis in das 8. Jahrhundert zurückreichen und einst eine

Wasserburg gewesen sein. Während des Dreißigjährigen Krieges wurde Barnstedt mit dem Gut 1636 durch einen verheerenden Brand zerstört. Nur die Kapelle blieb unversehrt. Die Familie von Estorff setzt sich sehr für den Erhalt der alten Gebäude, der Kapelle von 1593 und des alten Gutsgartens ein. So wurde auch geplant, dass der Garten gleichzeitig den Zugang zur Gutskapelle bilden soll, in der Gottesdienste, Hochzeiten oder Trauerfeiern stattfinden können. Auch Lesungen und Konzerte finden dort statt.

Burg Freudenberg

27211 Bassum
Landkreis Diepholz

Die mittelalterliche Anlage der Burg Freudenberg ist am Rande von Bassum, südlich von Bremen und im Südosten des Naturparks Wildeshauser Geest zu finden und wurde wohl als eine Hügelburg angelegt. Erweiterungen und die Anlage von Gräben dienten wohl in der späteren Zeit zu Verteidigungszwecken. Erstmals wurde das „Slot" Freudenberg um 1388 urkundlich genannt, geht wohl aber in eine weit frühere Zeit zurück. Ob Graf Otto III. von Hoya der Erbauer gewesen ist, kann nicht eindeutig belegt werden. Als dieser verstarb, musste der Flecken eine sehr wechselvolle Geschichte über sich ergehen lassen. Häufiger Besitzerwechsel ergab sich aus Kriegen, Verpfändungen sowie Streitigkeiten und damit einher gingen auch verschiedene Veränderungen an den Gebäuden. Die Stadt Bassum übernahm das gesamte Areal 1967, renovierte die Gebäude und legte den Landschaftspark an. Der

Burg Freudenberg, Bassum

Heimatverein bekam eine Heimatstube. Seit 1993 wird die Burganlage vom Kreis Diepholz und der Kreisvolkshochschule als Seminar- und Tagungshaus genutzt. Dafür stehen in der Burg Freudenberg 24 Räume mit 35 Betten zur Verfügung und ein Veranstaltungsraum für 70 Personen.

Herrenhaus Beienrode

38154 Beienrode

Stadt Königslutter am Elm
Landkreis Helmstedt

Beienrode liegt südlich der A 2 zwischen Braunschweig und Helmstedt und ist ein südwestlich des Höhenzugs Dorm außerhalb der Kernstadt liegender Ortsteil von Königslutter am Elm. Er wurde erstmals urkundlich von Otto II. im Jahre 980 erwähnt. Mit dem Ort schenkte der Kaiser dem Grafen Mamecho erbrechtlich dieses Landgut. Die barocke Gutsanlage am Ufer der Schunter geht vermutlich auf die Reste einer Wasserburg der Templer zurück, die Georg Philipp von Veltheim 1738 errichtete, doch die Arbeiten 1740 zugunsten einer Erweiterung der Oberburg Destedt einstellte. Heute findet man hier ein stattliches dreigeschossiges Torgebäude mit kreuzgewölbter Durchfahrt, Wappenstein und hohem Mansarddach mit Uhrturm als Dachreiter. Das mittlere Stockwerk weist eigenartig kleine Fenster auf. Im Gutshaus befindet sich eine seltene Rokokoausstattung und Wandgemälde vom Anfang des 20. Jahrhunderts. An der Gartenseite des Herrenhauses sind heute noch Reste einer Bootsanlegestelle zu erkennen. Die gegenüberliegende Gutskapelle weist eine Innenausstattung des 16. Jahrhunderts auf. Der Gutspark wird von einer Mauer und einem ehemaligen Wassergraben umgrenzt. Zwischen altem und seltenem Baumbestand befindet sich das Erbbegräbnis der Familie von Knigge. Heute beherbergt das Anwesen als Stiftung „Haus der helfenden Hände“ ein Alten- und Pflegeheim. Der Park ist öffentlich zugänglich.

Herrenhaus Beienrode, Torhaus

Burg Berum, Berumbur

Burg Berum

26524 Berumbur
Gem. Hage
Landkreis Aurich

Nordwestlich bei Norden liegt Hage und östlich davon die Burg Berum, einer der bedeutendsten Häuptlingssitze Ostfrieslands. Im 15. Jahrhundert war die Anlage im Besitz der Familie Cirksena. Eine erste urkundliche Erwähnung datiert auf das Jahr 1310. Graf Ulrich I. ließ 1443 die Burg zu einem Schloss mit einer Haupt- und Vorburg ausbauen. Das war auch Anlass, hier 1455 seine Hochzeit mit Theda zu feiern, der Enkelin seines großen Rivalen Focko Ukena. Edzard II. ließ 1591 durch Ausbau ein ansprechendes Wasserschloss im Renaissancestil errichten. Seine Witwe Katharina, die Tochter des schwedischen Königs Gustav Wasa, fügte dem Schloss einige Erweiterungsbauten wie eine Kapelle hinzu. Das Anwesen galt von da ab stets als Witwensitz. Im Jahre 1628 kam der erst 26-jährige Graf Rudolf Christian durch einen Stich ins Auge ums Leben, der ihm bei einem Streit auf der Burg von einem Leutnant des kaiserlichen Generals Gallas zugefügt wurde. Über der Toreinfahrt befindet sich das Wappen der Herzogin Christine-Charlotte, Tochter Eberhards von Württemberg, die von 1690 bis 1699 hier ihren Witwensitz hatte. Im Jahre 1764 ließ Friedrich der Große die Hauptburg abreißen, worauf nur die Wälle und der lang gestreckte verputzte Backsteinbau der Vorburg mit dem schräg gestellten Turm erhalten blieben. An der anderen Schmalseite befindet sich das stattliche barocke Tor vom Ende des 17. Jahrhunderts mit flankierenden Säulen und bekrönenden Dreiecksgiebel aus Sandstein. Heute ist die Anlage im Privatbesitz und dient als Gästehaus. Mit Stolz verweist man auf das Jahr 2006, als der damalige Bundespräsident Horst Köhler hier seinen Sommerurlaub verbrachte.

Herrenhaus Besenhausen

37133 Besenhausen
Gem. Friedland
Landkreis Göttingen

Besenhausen liegt im südlichen Bereich der Gemeinde Friedland, im Dreiländereck von Niedersachsen, Hessen und Thüringen. Das denkmalgeschützte historische Rittergut mit seinem Herrenhaus von 1690 liegt mit Park und den Wohn- und Wirtschaftsgebäuden romantisch am Ufer der Leine. Das Anwesen war eine 1307 urkundlich erwähnte Wasserburg. Im Dreißigjährigen Krieg wurde das Gutshaus weitgehend zerstört, nur Reste des Torhauses und der alten Wehrmauer mit Gewölbekeller blieben erhalten. Hermann von Hanstein baute das Wohngebäude Ende des 17. Jahrhunderts wieder auf, um 1740 folgten der Fachwerkbau am Hofteich und 1835 ein Gebäude für eine Zuckerfabrik. Im ehemaligen Gutsbereich finden zu besonderen Anlässen verschiedene Veranstaltungen statt. Seit 700 Jahren befinden sich die Anlage und das umliegende malerische Land ununterbrochen in Familienbesitz.

Herrenhaus Besenhausen

Das Herrenhaus ist mit der Handweberei und der gastronomischen Einrichtung beliebtes Ausflugsziel der Region.

Herrenhaus Besenhausen, Handweberei

Schloss Bevern

37639 Bevern

Landkreis Holzminden

Bevern liegt im Weserbergland zwischen den Höhenzügen Burgberg im Norden und Solling im Süden an der Weser, unweit von Holzminden. Statius von Münchhausen wurde 1590 vom Herzog Heinrich Julius von Braunschweig mit Bevern belehnt, nachdem das Geschlecht derer von Bevern ausgestorben war. Die doppelgeschossige Vierflügelanlage um einen annähernd quadratischen Hof, wohl unter dem Hamelner Baumeister Johann Hundertossen begonnen, entstand in neun Jahren bis 1612 als Weserrenaissanceanlage, nachdem man in den Jahren von 1600 bis 1603 den alten Sattelhof abgerissen hatte. Im Hofwinkel befindet sich je ein oktogonaler Treppenturm mit welscher Haube. Zahlreiche Portale mit reich gegliederten Gewänden und unterschiedlichen Giebelaufsätzen zieren das Schloss. Bemerkenswert sind die Büsten eines mythischen Königspaars sowie vielfältige Possensteinornamente. Im Inneren des Obergeschosses des Südflügels liegt der ehemalige Festsaal. Als Statius 1619 Konkurs anmelden musste, Leitzkau verkaufte, durfte er aber in Bevern bleiben, wo er 1633 verstarb. Nach seinem Tod musste seine Witwe 1652 das Schloss an Herzog August den Jüngeren von Braunschweig und Lüneburg abtreten, der es als Jagdschloss nutzte. Trotz 20

Schloss Bevern

Bevern

Schloss Bevern

Kindern aus zwei Ehen starb die Münchhausenlinie des Statius 1676 aus. 1667 zog Herzog Ferdinand Albrecht I. im Schloss ein und machte es zur Apanageresidenz der Linie Braunschweig-Bevern. Im Jahr 1687 starb Herzog Ferdinand Albrecht I., der Wunderliche. Seine Söhne Ferdinand Albrecht II. und Ernst Ferdinand verlegten 1717 die Schlosskapelle ins Erdgeschoss und schon ein halbes Jahr nach seiner Thronbesteigung in Wolfenbüttel starb 1735 Ferdinand Albrecht II. Ernst Ferdinand, der Begründer der ernestinischen Linie, folgte seinem Bruder nur elf Jahre später in den Tod. Die ständige Hofhaltung endete auf Schloss Bevern 1773. Ab 1809 wurde es Pensionärssitz und später zu einer Knopffabrik. Im Jahre 1826 übernahm die herzoglich-braunschweigische Regierung das Schloss. Mit der vollständigen Räumung und dem Umbau zur Korrektionsanstalt von 1832 bis 1834 endete die Funktion als Adelssitz. Bereits 1870 wird diese aufgelöst und zur herzoglichen Erziehungsanstalt Wilhelmstift für elternlose Kinder umgebaut. Die Innenausstattung ist weitgehend verloren gegangen. Ab 1933 war das Schloss Sitz einer Sportschule der SA und Kaserne, diente später als Quartier und Rückführungslager für Kriegsgefangene bis 1947. Der einstige Adelssitz wurde bis 1949 als Unterkunft für Flüchtlinge genutzt, darauf Eigentum der Braunschweig-Stiftung, bis die heutige Samtgemeinde das Schloss 1957 erwarb. Von 1969 bis 1974 wurde eine Fassadenrestaurierung vorgenommen. 1985 begann ein schrittweiser Ausbau zum Kulturzentrum. Im Rahmen der Museumsführung ist eine besondere Attraktion die Veranstaltung „Nächtliches Schloss erleben“. Ein Erzähler nimmt die Besucher auf eine Reise mit durch die bewegte Geschichte des Schlosses und seine Bewohner. Des Weiteren finden hier Wechselausstellungen, Theateraufführungen, Konzerte, Weihnachts- und Kunsthandwerkermärkte statt.

Wasserschloss Bisperode

31863 Bisperode
Flecken Coppenbrügge
Landkreis Hameln-Pyrmont

Bisperode mit seinem Wasserschloss ist zwischen Salzhemmendorf und Hameln, acht Kilometer südwestlich von Coppenbrügge, zu finden. Urkundlich erwähnt wurde der Ort erstmals 1219 als Biscodingerrode. Das Adelsgeschlecht derer von Biscopperode erlosch 1491, worauf das seit 1150 urkundlich bekannte Geschlecht von Werder de Insula 1491 Bisperode als Lehen erhielt. Werders kamen, wie urkundlich nachweisbar, 1132 aus der Hildesheimer Ritterschaft. Als im Dreißigjährigen Krieg der kaiserliche General Tilly und die Schweden im Ort einrückten, wurden der Werder'sche Edelhof und weitere Gebäude zerstört. Das Adelsgeschlecht starb 1665 mit dem letzten männlichen Spross dieses Zweiges der Familie Jobst v. d. Werder aus, hinterließ aber fünf Töchter. Bisperode und Rittergut gingen an Wolf Metternich zur Gracht. Die heutige repräsentative barocke Form des Wasserschlosses entstand von 1694 bis 1700 unter Graf Hermann Werner Wolf Metternich zur Gracht, gleichzeitig Fürstbi-

Wasserschloss Bisperode

schof zu Paderborn, und unter dem Architekten Kapuzinerbruder Ambrosius von Oelde. Es ist eine von einer Gracht umgrenzte, nach Süden offene Dreiflügelanlage mit fast quadratischem Ehrenhof. Der Zugang ist eine mit Balusterbrüstung versehene Steinbrücke von 1695. Ionisierende Säulen fassen das Hauptportal mit Wappen des Bauherrn ein. Über dem Rundwappen von Wolf Metternich mit Ross und Brücke sind ein Bischofsstab, der Fürstenhut und ein Schwert, die Zeichen geistlicher und weltlicher Macht, zu sehen. Ab 1834 wurde die Aufhebung der bäuerlichen Abhängigkeit vom Gut vollzogen und im Jahre 1875 gingen Schloss und Gut in bürgerlichen Besitz über. Nach vorangegangenem wechselnden Besitz kam Landwirt August Voß 1901 in den Besitz des Anwesens, das heute noch ein bewirtschaftetes Gut und im Privatbesitz ist. In den Jahren 1979–1984 bekam der Bau eine gründliche Außensanierung. Der Park ist der Öffentlichkeit zugänglich.

Herrenhaus Stockum, Bissendorf

Herrenhaus Stockum

49143 Bissendorf
Landkreis Osnabrück

Bissendorf liegt zwischen Osnabrück und Melle im Natur- und Geopark TERRA.vita. Das alte Rittergut Stockum wird von einem Fluss gesäumt. Errichtet hat es 1259 der Ritter Hugo von Bar. Es ist eine der ältesten Ministerialsiedlungen des Hochstiftes Osnabrück. Einer der sechs Söhne Hugos von Bar, genannt Stockum, wurde Domherr in Osnabrück. Zahlreich waren die Ritter und Gutsherren auf der Anlage vertreten, bewirtschafteten das Land, jagten und hielten sich Pferde. Der Bau des Herrenhauses endete 1470 mit der Errichtung der Hauskapelle. Im Jahre 1982 zog die Familie Aufdemkamp mit ihren drei Kindern auf das Gut, renovierte das Gutshaus und gestaltete das Anwesen zu einer großzügigen Reitanlage um. Zahlreiche Ponys wurden auf den Hof geholt und Kinder aus allen Regionen verbringen hier einen Teil ihrer Ferien. Bald wurde auch ein Pony- und

Reitverein gegründet. Gut Stockum ist trotz aller Veränderungen ein Familienbetrieb geblieben.

Elbschloss

21354 Bleckede
Landkreis Lüneburg

Das Elbschloss steht auf den Resten eines Wasserschlosses, das zur Eintreibung des Elbzolls errichtet und 1287 erstmals erwähnt wurde. Die Stadt zu beiden Seiten der Elbe findet man östlich von Lüneburg im Biosphärenreservat Niedersächsische Elbtalaue. Im 16. Jahrhundert war die Anlage der Sitz des Amtmanns von Bleckede. Ältester Teil ist der runde Turmstumpf aus der Zeit um 1500. Die Inschrift am Nordflügel mit spätgotischem Taustab-Portal und Fachwerkobergeschoss mit aufwendigen Schnitzereien verweist auf das Jahr 1600 und auf Herzog Ernst von Braunschweig-Lüneburg, der die heutige Schlossanlage erbaute. Der Westflügel stammt von 1743. Die Heimatschriftstellerin Auguste von der Elbe wurde hier 1827 geboren. Von 1885 bis 1932 war das Elbschloss Sitz der Verwaltung des Kreises Bleckede und von 1933 bis 1974 Amtsgericht. Der Otto Meißner Verlag hatte seinen Sitz von 1948 bis 1983 im Nordflügel. In den Jahren 1976 bis 1996 befand sich im Westflügel die Zweigstelle der Heimvolkshochschule Barendorf. Nach der umfassenden Restaurierung im Jahre 2000 zogen das Informationszentrum Niedersächsische Elbtalaue und ein Restaurant ein. Im Biosphaerium Elbtalaue kann man die

Elbschloss, Bleckede

Vielfalt der Vogel- und Wasserwelt entdecken und auf drei Etagen die Aquarienlandschaft. Alljährlich im Mai findet der „Musikalische Frühling“ mit namhaften Solisten und Orchestern im Schlosshof statt. Auch das Burgfest mit mittelalterlichen Ständen oder die umliegende Landschaft sind Anziehungspunkte für Besucher.

Schloss Blumenau

31515 Blumenau
Stadt Wunstorf
Region Hannover

Der kleine Ort Blumenau ist gemeinsam mit Liethe ein Ortsteil der Stadt Wunstorf westlich von Hannover. Gemeinsam mit Wunstorf fiel Blumenau im 15. Jahrhundert an die Welfen und 1467 bekam Herzogin Mathilde von Braunschweig-Lüneburg die hier stehende Wasserburg. Später wurde Blumenau Sitz eines umfangreichen Amtes, doch von 1519 bis 1523 wurde es in der Hildesheimer Stiftsfehde durch die Truppen des Bischofs von Hildesheim in Brand gesetzt. Anfang des 19. Jahrhunderts wurden im Amt auch Todesurteile verhängt, so richtete man 1817 den jungen Franz Vogt aus Mühlen in Sachsen wegen Meuchelmordes durch Enthaupten hin. Geplant wurde das heutige winkelförmige und zweigeschossige Schloss 1860 für das hannoversche Königshaus als Landsitz. Errichtet wurde es mit Architekturgliederungen in Sandstein und im Winkel stehendem achteckigem Ein-

Schloss Blumenau

Schloss Bodenburg

gangsturm mit Zinnenkranz von 1865 bis 1867. Mehr als 400 Jahre hatte das Amt bis 1859 seinen Sitz in Blumenau. Das Schloss wurde 1985/86 instand gesetzt, ist im Privatbesitz und nur von außen zu besichtigen.

Schloss Bodenburg

31162 Bodenburg
Stadt Bad Salzdetfurth
Landkreis Hildesheim

Bodenburg ist heute ein südlicher Ortsteil von Bad Salzdetfurth. Das hier stehende Schloss war früher ein dreiflügliger Renaissancebau mit einem Treppenturm im Hofwinkel, das jedoch im 18. Jahrhundert stark vereinfacht wurde und 1985/86 eine umfassende Restaurierung bekam. Noch heute ist es von Resten eines Wassergrabens umgeben. Von der einstigen mittelalterlichen Burg ist nur der unterkellerte Westflügel als dreigeschossiges Herrenhaus in

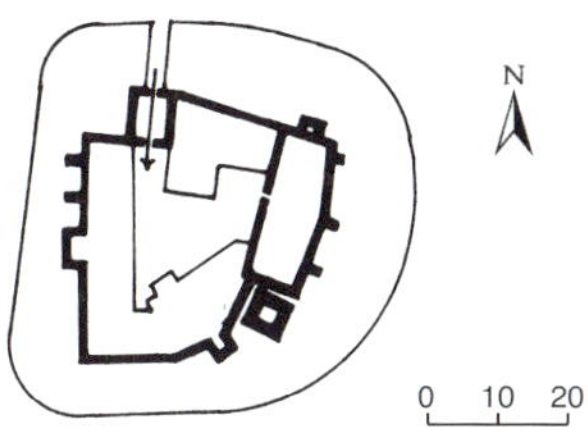

Schloss Bodenburg, Grundriss

Bruchsteinmauerwerk übrig geblieben. Der Ursprung der Anlage reicht sogar bis in das 10. Jahrhundert zurück und erstmals urkundlich erwähnt wurde sie 1142. Von den östlich gelegenen Bauten verblieb nur der frei stehende quadratische Turm mit Spitzhelm, dem sich der Wirtschaftshof mit einigen Gebäuden aus der Zeit nach dem Brand von 1669 anschließt. Die Familie von Bodenburg war wohl auch Erbauer der Burg, war zahlreich vertreten und sehr einflussreich, denn sie hatte Einkünfte aus dem Salzdetfurther Salz und dem Zehnten ihrer ausgedehnten Ländereien. Da dies vermutlich nicht reichte, besserten sie ihr Budget als Raubritter auf, indem sie Kaufleute überfielen. Im Jahre 1359 stellten sich die Ritter von Bodenburg in den Dienst der Braunschweiger Herzöge, was dem Hildesheimer Bischof keinesfalls behagte. Im Gutspark wurden einige Grabsteine des 16./17. Jahrhunderts aus St. Johannis aufgestellt. Heute finden im Schlossbereich, vor allem im denkmalgeschützten „Bullenstall“, gelegentlich Kunstausstellungen und verschiedene Veranstaltungen statt. Das Schloss wird seit 1905 von den Freiherren von Cramm bewohnt, dessen Familienmitglied Gottfried Freiherr von Cramm ein bekannter Tennisspieler war, der im November 1976 bei Kairo verstarb. Das Schloss ist für die Öffentlichkeit nicht zugänglich und nur von außen einsehbar. Im Jahre 2010/11 wurden Sanierungsarbeiten durchgeführt.

Schloss Münchhausen, Bodenwerder

Schloss Münchhausen

37619 Bodenwerder

Landkreis Holzminden

Bodenwerder ist eine Kleinstadt im Weserbergland zwischen Hameln und Holzminden an der Oberweser. Sie war Geburtsort und langjähriger Wohnsitz des „Lügenbarons“ Karl Friedrich Hieronymus von Münchhausen (1720–1797), dessen Geburtsstätte das hier stehende Gutshaus, seit 1936 Rathaus, war. Seinen rasanten Kanonenritt kennt man weltweit und seine erfundenen Jagdgeschichten begeistern seit Jahrhunderten nicht nur die Kinder. Bauherr des Gutshauses war 1603 Statius von Münchhausen und Erbauer soll vermutlich Johann Hundertossen aus Hameln gewesen sein. An das lang gestreckte, dreigeschossige Gebäude mit Solling-Plattendach und Gewänden mit Renaissanceornamentik grenzt ein gepflegter Park. In einem Nebengebäude befindet sich das Münchhausenmuseum. In den Jahren 1985/86 bekam das Objekt eine umfassende Sanierung. Unverhofft trifft man in dieser Region beim Spaziergang häufig auf Münchhausen, wenn auch nur auf eine plastische Nachbildung des kuriosen Geschichtenerzählers.

Herrenhaus Bolzum

Herrenhaus Bolzum

31319 Bolzum
Stadt Sehnde
Region Hannover

Die im Garten und Hof des Herrenhauses aufgestellte Stein- und Marmorkunst zieht zahlreiche Besucher nach Bolzum, das zwischen Lehrte und Hildesheim, südlich von Sehnde, liegt. Bolzum wurde 1247 erstmals urkundlich erwähnt und gehörte seitdem zum Hochstift Hildesheim. Der erste bekannte Ritter von Bolzum war Dietrich von Boltessen, belegt in einer Urkunde des Hochstiftes Hildesheim. Besitzer war auch der Calenberger Edelmann Hermann von Hauss, ein streitbarer Geselle, der in der Hildesheimer Fehde das Rittergut an den Hannoveraner Gebhard Steg abtreten musste, das von seinem Sohn Christoffer von Hauss 1555 wieder nach jahrelangen Verhandlungen erstritten wurde. Es war Statius von Münchhausen, der die zum Teil hoch ummauerte Gesamtanlage mit dem längsrechteckigen doppelstöckigen Herrenhaus erschaffen ließ. Das Obergeschoss zum Hof hin wurde wohl im 18. Jahrhundert in Fachwerk ausgeführt. Das Renaissanceportal versah man im Jahre 1608 mit ornamentiertem Gewände und das seitliche Ädikulaportal wurde wohl im 19. Jahrhundert geschaffen. Nur von 1513 bis 1643 war Bolzum Teil des Herzogtums Braunschweig-Lüneburg, bis es schließlich 1803 an das Königreich Hannover ging und 1866 zu Preußen zählte. Der Gutshof steht heute noch, wie ihn Statius von Münchhausen, ein Sohn des Lügenbarons, 1608 errichten ließ. Noch bis 1970 wurde hier Landwirtschaft betrieben, danach wurde das Gebäude restauriert und zum Hotel Garni umgestaltet. Auch der historische Garten wurde wieder annähernd hergestellt. Interessant sind die drei Bolzen an der Scheunenwand, die an die Edlen von Bolzum erinnern sollen.

Schloss Bothmer

29690 Bothmer
Gem. Schwarmstedt
Landkreis Soltau-Fallingbostel

Seit dem Ende des 12. Jahrhunderts war das zweigeschossige Herrenhaus in Fachwerk, das nördlich von Schwarmstedt zwischen Leine und Aller liegt, Stammsitz der Familie von Bothmer. Bereits 1340 wurde erstmals ein Wohnhof nachgewiesen. Zwischen 1500 und 1586 wurde das Alte Haus errichtet, dem später ein weiterer Flügel folgte, und der polygonale Treppenturm in der Eckposition aus Backstein sowie das ornamentierte Portal mit Wappen aus der Zeit von 1596. Die evangelische

Schloss Bothmer

Kapelle, ein einfacher Backsteinbau mit Sandsteinwappen von 1610, war einst die Gutskapelle. Das Rittergut Bothmer I hatte ursprünglich zwei große Flügel und einen prunkvollen Turm. Letzterer ist nicht mehr in diesem Zustand erhalten geblieben und auch der erste errichtete Flügel aus dem 16. Jahrhundert ist bereits verfallen. Der Schlosspark mit altem Baumbestand gewährleistet eine ruhige Atmosphäre im Bereich des Gästehauses, des Restaurants und der Reitanlage. In der umliegenden Heidelandschaft kann man ausgedehnte Radtouren unternehmen. Das Schloss ist in Privatbesitz und nicht zugänglich, aber vom Hotel aus einsehbar.

Burg Dankwarderode Stadtschloss Braunschweig

38100 Braunschweig

Kreisfreie Stadt

Die Stadt liegt am Nordrand der deutschen Mittelgebirge, zwischen dem nördlichen Harzvorland und dem Norddeutschen Tiefland. Der heutige Burgplatz war einst am Ostufer der Ocker und an den übrigen Seiten von Gräben umflossen und ist in seinen mittelalterlichen Umrissen erhalten geblieben. Gebaut wurde die Burg von 1160 bis 1175 für Heinrich den Löwen als Pfalzbau anstelle einer älteren brunonischen Anlage, die erstmals 1134 als castrum Tanquarderoth urkundlich genannt wurde. Die **Burg Dankwarderode** bestand im Hauptgebäude als doppelgeschossiger Palas mit Doppelkapelle und direktem Zugang vom Obergeschoss in das Nordquerhaus des seit 1173 im Bau befindlichen Domes. Ort und Burg wurden 1252 durch einen Brand weitgehend zerstört und der Palas wurde 1616 im Stil der Renaissance umgebaut, während die anderen Teile der Anlage in den kommenden Jahrhunderten abgetragen wurden. Von 1635 bis 1643 hatte Herzog August der Jüngere im bezeichneten „Mosthaus“ seinen Sitz, bis er diesen nach Wolfenbüttel verlegte. Herzog Anton Ulrich von Braunschweig-Wolfenbüttel ließ von 1690 bis 1700 Anbauten durch Johann Caspar von Völcker und Hermann Korb ausführen. Ende des 17. Jahrhunderts wurde die Burgkapelle St. Georg und St. Gertrud abgebrochen und von 1763 bis 1765 der südliche Teil des Palas durch Carl Christoph Wilhelm Fleischer für Ferdinand, den Bruder Herzog Karls I., umgebaut. Seit 1808 diente der Palas als Kaserne. Nach dem Brand 1873 verhinderten die Bürger den Abriss zugunsten eines Straßenbaues, sodass die Ruine

Burg Dankwarderode, Braunschweig

1878 an die Stadt kam. Von 1885 bis 1906 ließ Stadtbaurat Ludwig Winter auf Kosten des Regenten Prinz Albrecht den 42 Meter langen Palas als neoromanischen Bau rekonstruieren. Der heutige zweigeschossige Saalbau besitzt den „Knappensaal" im Erdgeschoss und den Rittersaal im Obergeschoss. Historisierend ausgemalt hat die Räume der Hofdekorationsmaler Adolf Quensen. Doch auch diese wurden erneut im Zweiten Weltkrieg durch eine Bombe zerstört und nach dem Krieg die Schäden provisorisch beseitigt. Schon 1963 beherbergte der Knappensaal die Mittelalterabteilung des Herzog Anton Ulrich-Museums. Eine aufwendige Restaurierung bekam in den 1990er-Jahren der Rittersaal, der heute vorrangig Veranstaltungen und wechselnden Ausstellungen dient. Burg Dankwarderode war über Jahrhunderte Residenz der Braunschweiger Herzöge und ist heute Teil des Herzog Anton Ulrich-Museums. In der Anlage werden Rahmenprogramme für Familien und Kinderprogramme angeboten sowie verschiedene Themenausstellungen.

Schloss Braunschweig: Die gewaltige Anlage liegt im Zentrum der Stadt nahe der Burg Dankwarderode. Das Schloss war von 1753 bis 1918 Residenz der Braunschweiger Herzöge, dessen ersten Bau ab 1718 Hermann Korb auf dem Gelände des „Grauen Hofes" errichtete. Doch erst 1790 während der Regierung Herzog Karl Wilhelm Ferdinands wurde die Anlage mit dem massiven Mittelbau unter Leitung von Hofbaumeister Christian Gottlob Langwagen in reinerem Klassizismus vollendet. Während der Besetzung durch Napoléon I. zwischen 1807 und 1813 gestaltete Peter Joseph Krahe das Gebäude für Jérôme Bonaparte im Empire-Stil um. Im Herbst 1830 kam es zur Braunschweiger Revolution gegen den verschwendungssüchtigen Herzog Karl II. Das Schloss wurde gestürmt, geplündert und in Brand gesetzt, während der sogenannte „Diamantenherzog" floh und nie wiederkehrte. Unter dem braunschweigischen Hofbaumeister Carl Theodor Ottmer entstand 1841 der zweite Bau, später ihm zu Ehren Ottmer-Bau genannt. Ab Juni 1937 saßen im Schloss die Nationalsozialisten und führten hier eine SS-Junkerschule zur militärischen und ideologischen Ausbildung späterer SS-Offiziere. Im Zweiten Weltkrieg wurde das Schloss erneut bei Luftangriffen stark beschädigt, sodass man es 1960 vollständig abreißen musste. An der Stelle legte man den Schlosspark an, der wiederum auf Beschluss des Stadtrates 2005 für das große Einkaufszentrum „Schloss-Arkaden" beseitigt wurde. Dessen Westseite bekam dafür eine originalgetreue Rekonstruktion der Fassade des Ottmer-Baus. 2007 eröffnete man das Einkaufszentrum, das auch Standort der Stadtbibliothek ist, und 2011 das Schlossmuseum. Die das Schloss krönende Quadriga mit Brunonia

Stadtschloss Braunschweig

entwarf Ernst Rietschel. Sie wurde vom Erzgießer und Kupfertreiber Georg Howaldt gleich zweimal gefertigt. Die dritte Version dieses Kunstwerkes entstand 2006/07 nach Rietschels Originalmodell, nachdem deren Vorgänger nach Kriegsende gestohlen worden waren. Im Oktober 2008 befand sich die Quadriga wieder auf dem Schlossbau.

Herrenhaus Sennickerode

37130 Bremke
Gem. Gleichen
Landkreis Göttingen

An der Deutschen Märchenstraße, zwischen Göttingen und dem thüringischen Heiligenstadt gelegen, findet man Bremke mit seinem bewirtschafteten, zwei Kilometer östlich vom Ort gelegenen Gutshof. Im Jahre 1277 bezogen die Freiherren von Uslar, aus der gleichnamigen Stadt stammend, zwei Burgen auf den „Gleichen"-Bergen. Diese beiden Berge mit den Burgruinen geben heute der Gemeinde den Namen. Nach längerer Zeit auf den Burgen zogen die Freiherren von Uslar in die Täler, setzten sich auf Gut Sennickerode fest, das 1309 erstmals urkundlich erwähnt wurde. Der Hof in reizvoller Lage im Talkessel am Fuße der „Gleichen" bildet ein Rechteck, um den sich mehrere Gebäude aus Fachwerk und Sandstein mit dem im klassizistischen Barock errichteten Haupthaus gruppieren. Der große englische Landschaftspark lädt zum Verweilen ein. Räumlichkeiten können in dem in Privatbesitz befindlichen Herrenhaus gemietet

Herrenhaus Sennickerode, Bremke

werden. Alljährlich werden auf der Brüder-Grimm-Waldbühne in Bremke Märchenfestspiele für Kinder aufgeführt.

Herrenhaus Brokeloh

31628 Brokeloh
Gem. Landesbergen
Landkreis Nienburg

Landesbergen liegt am Naturpark Steinhuder Meer direkt an der Weser. Brokeloh, erstmals 1277 erwähnt, liegt östlich der Gemeinde, ungefähr in der Mitte zwischen Nienburg/Weser und Stadthagen, oder westlich von Wunstorf. Clamor von Münchhausen hatte 1545 mit dem Bau des zweigeschossigen Herrenhauses um einen kleinen Innenhof begonnen, dem sogenannten Münchhausenschloss, einer Wasserburg, die sein Sohn Erich-Hans um 1600 als Vierflügelanlage im Stil der Weserrenaissance vollendete. Das Obergeschoss wurde in Fachwerk ausgeführt und an der Schauseite befindet sich ein rundbogiger, von Erkern flankierter Zugang. Im rückwärtigen einstöckigen Flügel liegt der Rittersaal. Die Wasserburg war früher von einem doppelten Wassergraben umgeben und hat ein massives Sockelgeschoss. Die sich über Jahrhunderte zum Rittergut entwickelnde Burg wurde auch das Brokeloher Schloss genannt. Mitte des 19. Jahrhunderts verhinderte der Geheime Kriegsrat Friedrich August Wilhelm Niemeyer den Abbruch des Herrenhauses und ließ es von 1871 bis 1875 wieder herstellen. Die Gebäude des bewirtschafteten Gutes werden vorwiegend zu Wohnzwecken vermietet und das Verwalterhaus wurde teils zu Ferienwohnungen umgestaltet.

Herrenhaus Brokeloh

Burg Brome

38465 Brome
Landkreis Gifhorn

Der Ort Brome mit der einstigen mittelalterlichen Wasserburg liegt unmittelbar an der Landesgrenze zu Sachsen-Anhalt, nördlich von Wolfsburg an der B 244. Die 2009–2011 sa-

Brome

Burg Brome

nierte Burganlage steht am Ostende des Ortes. Sie wurde erstmals im Erbschaftsvertrag Heinrichs des Löwen im Jahre 1203, in dem das väterliche Erbgut auf die drei Söhne aufgeteilt wurde, urkundlich erwähnt. Errichtet wurde die winkelförmige Anlage zum Schutz des Handelsweges von Braunschweig nach Salzwedel und erlebte im Laufe der Zeit einen regen Besitzerwechsel der braunschweigischen, lüneburgischen und brandenburgischen Herren, unter anderem die Adelsfamilien von Bartensleben, von der Schulenburg und von Knesebeck. Um 1214 saß auf Burg Brome der Ritter und Ministeriale Friedrich von Karow und 1219 gerieten die Welfen und der Erzbischof von Magdeburg aneinander, wobei die Anlage zerstört wurde. Im Jahre 1292 fiel Brome an den Markgrafen von Brandenburg und kam später wieder an die Welfen. Erneut zerstört wurde Burg Brome im Jahr 1300 und 1360 verpfändete Herzog Magnus von Braunschweig Ort und Burg an die Familie von Bartensleben, denen 1492 Fritz von der Schulenburg folgte. Dieser gab den Besitz jedoch 1583 an die von Bartensleben wieder zurück. Schließlich wieder im Besitz der von Schulenburg, ging die Anlage 2001 an den Flecken Brome. Der lang gestreckte Nordflügel aus Backstein stammt aus der Mitte des 16. Jahrhunderts. Der runde Treppenturm mit den schräg geschnittenen Fenstern stammt aus der gleichen Zeit. Der kurze Ostflügel aus Feldstein ist wohl älter und wurde 1974 bis 1978 restauriert. Historische Aufzeichnungen weisen nach, dass die Burg im Laufe der Jahrhunderte mehrfach bei kriegerischen Auseinandersetzungen zerstört wurde und der heutige Bau aus dem 16. Jahrhundert stammt. Mit dem Torturm und einem weiteren Nebengebäude bildete sich die Burg im 17. Jahrhundert zu einer nach allen Seiten geschützten Anlage aus. Im Jahr 1979 richtete man ein Heimatmuseum ein mit dem Schwerpunkt auf ländliche Selbstversorgung und altes Handwerk. Auch der mittelalterliche Kräutergarten wurde wieder hergerichtet, eine Korbimkerei geschaffen und ein Museumscafé eröffnet.

Schloss Bückeburg
Neues Palais
Jagdschloss Baum
31675 Bückeburg
Landkreis Schaumburg

Nördlich der A 2 und südlich von Minden am Weserbergland und am Rand der norddeutschen Tiefebene liegt Bückeburg. Graf Adolf I. von Schauenburg wird 1110 durch Herzog Lothar von Süpplingenburg mit der Grafschaft Holstein belehnt. Das **Schloss** ist eine unregelmäßige Vierflügelanlage aus Bruchstein, das durch den Grafen Adolf VI. nach 1302 als Wasserburg erbaut und 1304 erstmals erwähnt wurde. Graf Otto I. von Holstein-Schaumburg nahm um 1396 nach seinem Geschmack einige Erweiterungen vor und errichtete die Kapelle. Um 1500 baute man die Anlage festungsartig aus und von 1560 bis 1564 begann Graf Otto IV. mit dem Umbau der Burg im Stil der Weserrenaissance. Als 1601 die Residenz unter Fürst Ernst von Stadthagen nach Bückeburg verlegt wurde, ließ dieser eine künstlerisch anspruchsvolle Erneuerung vornehmen und im Stil des Manierismus vervollständigen. Die Umgebung wurde repräsentativ gestaltet und der Kleine sowie Große Lustgarten angelegt. Beendet war die umfangreiche Erneuerung 1622. Nachdem 1732

Schloss Bückeburg, Parkansicht

ein Brand das Schloss heimgesucht hatte, stellte man den Ostflügel nach Plänen Major Conradis wieder her und veränderte die Nord- und Südflügel im Stil des Frühbarock. Unter Fürst Wilhelm zu Schaumburg-Lippe wurde Bückeburg von 1744 bis 1777 zum Mittelpunkt des geistigen Lebens und auch er ließ die Anlage erweitern und befestigen. Fürstin Juliane ließ 1793 Teile des Gartens in einen englischen Landschaftsparks umgestalten. Der rechte Gebäudeflügel wurde ab 1893 im Stile des Neorokoko geschaffen. Im Park befindet sich ein monumentales Mausoleum, erbaut 1913 bis 1915 von P. Baumgarten aus Berlin. Im Jahre 1918 verzichtete Fürst Adolf als einer der letzten deutschen Fürsten auf den Thron, verließ Bückeburg und schlug seinen Wohnsitz am Starnberger See auf. Als Fürst Adolf und seine Gemahlin 1936 bei einem Flugzeugabsturz über Mexiko ums Leben kamen, übernahm Wolrad, der Bruder Adolfs, das Anwesen. 1945 besetzte die britische Rheinarmee das Schloss. Nach dem Abzug 1953 wurden Schloss und Park wiederhergestellt und 1958 bezogen Fürst Philipp-Ernst und seine Gemahlin Benita den Westflügel. Schloss Bückeburg ist der Stammsitz der Fürsten Schaumburg-Lippe. Teile der Anlage sind mit einem Museum und einer gastronomischen Einrichtung ausgestattet. Des Weiteren werden hier Konzerte und verschiedene Veranstaltungen gegeben. Das rechteckige **Neue Palais** aus Kleinquadern und Werksteinen liegt im Stadtbereich unweit des Schlosses und wurde von 1893 bis 1896 von

Schloss Bückeburg

H. Schaedtler als Witwensitz erbaut. Im Jahre 1945 suchte die Prunkanlage ein Brand heim, die 1962 vereinfacht wieder instand gesetzt wurde. Der Eckturm trägt eine Kupferhaube und die Innenausstattung des Palais blieb teilweise erhalten. Das Vestibül mit unterer und oberer Halle ist verbunden durch eine breite doppelläufige Treppe und die obere Halle besitzt korinthische Doppelsäulen beziehungsweise Pilaster und ein allegorisches Deckengemälde von O. Wichtendahl aus Hannover. Auf mehreren Ebenen gestaltet sich im rückwärtigen Bereich eine Terassenanlage. Während des Zweiten Weltkrieges diente das Palais als Reservelazarett, nach dem Krieg als Offizierskasino der Briten und beherbergt heute die Blindow-Schule. Das **Jagdschloss Baum** liegt gut 8 km nördlich von Bückeburg und dient als evangelisches Jugendheim. Der Name leitet sich von einem Schlagbaum ab, den hier im Schaumburger Wald ein Baumschließer bediente. Gebaut wurde das Jagdschloss durch Graf Wilhelm von Schaum-

Oben und unten Neues Palais, Bückeburg

Jagdschloss Baum, Bückeburg

burg-Lippe 1760/61 im spätbarocken Klassizismus anstelle eines Fachwerkbaus aus der Zeit um 1700. Am Hauptgeschoss befinden sich dicht gestellte ionische Säulen, und ein Säulenpaar mit kleinem bekröntem Dreiecksgiebel umschließt an der Ostseite einen Balkon. Die Westseite ziert ein Rechteckportal mit vorgelagerter zweiarmiger Freitreppe und das Hauptgeschoss besitzt einen zentralen Saal. Der von 1757 bis 1760 angelegte englische Garten umschließt das Schloss mit Teich und dort angelegter Grottenanlage mit Torso einer Nixenfigur. 1758 verbrachte man hierher aus Bückeburg zwei die Grottenanlage flankierende Portale des Frühbarock. Auf einer Lichtung südlich des Schlosses befindet sich das Grabmonument des Grafen Wilhelm und seiner Familie in Gestalt einer Stufenpyramide. Zwei Kilometer südwestlich liegt das Grabmal der Gräfin Juliane und ihrer Tochter, gestaltet als streng klassizistischer großer Haussarkophag. Der Park ist zugänglich.

Jagdschloss Baum, Bückeburg, Grabmonument

Schloss Bündheim

38667 Bündheim
Stadt Bad Harzburg
Landkreis Goslar

Der westliche Stadtteil von Bad Harzburg mit seinem Schloss liegt am Nordrand des Harzes. Bereits 1251 wurde Bündheim erstmals urkundlich genannt. Eine frühere Anlage wurde anstelle der Harzburg unter Herzog Julius zu Braunschweig-Wolfenbüttel 1573 als Amtssitz erbaut und im Dreißigjährigen Krieg beschädigt. Um 1685 wurde an der Südseite eine Erneuerung zum schlichten zweigeschossigen Bruchsteinbau mit oktogonalem Treppenturm vorgenommen. Das Schloss war bis 1750 Verwaltungssitz der Herzöge

Schloss Bündheim

und wurde dann aufgegeben. An den beiden Längsgiebeln befindet sich eine reiche Blendgliederung. Der Rittersaal hat eine einfache Ausstattung der Jahrhundertwende und wurde 1980 umfassend instand gesetzt. Die Herzöge brauchten für ihre Hofhaltung Gestüte mit Pferden, aber auch um die Wehrkraft zu stärken. Erstmals wurde 1542 urkundlich ein hiesiges Gestüt erwähnt, doch seine Blütezeit erlebte es Ende des 19. Jahrhunderts, als es die Heimat von Derbysiegern und Spitzengaloppern war. In den Napoleonischen Kriegen wurden die Harzburger Stuten und Fohlen ins Gestüt Neuhaus im Solling, die Hengste ins Sababurger Gestüt ausquartiert. Das alte Amtshaus und heutige Bündheimer Schloss kam 1861 zum Gestüt, welches durch einen Park und eine Reithalle ergänzt wurde und schließlich das jetzige Aussehen erhielt. Die Steine der alten Harzburg dienten dem Bau des „Langen Stalls". Im Schloss finden jährlich Veranstaltungen statt, darunter Bad Harzburger Musiktage, Jugendtreff mit verschiedenen Veranstaltungen und Konzerte sowie private Feierlichkeiten im Schloss und Park. Es ist heute auch Sitz des Harzburger Puppentheaters und des Kinderschutzbundes.

Schloss Bündheim

Burg Poppenburg, Burgstemmen

Burg Poppenburg

31171 Burgstemmen
Gem. Nordstemmen
Landkreis Hildesheim

Westlich von Hildesheim liegt Burgstemmen, in dessen Mitte die Poppenburg mit mächtigem Palas aus dem späten 14. Jahrhundert hoch über der Leine am Geestrand steht. Sie wird heute als Pflegeheim genutzt. 1049 schenkte Kaiser Heinrich III. das Gut bei der Bobbenburg, das ihm Herzog Bernhard II. von Sachsen überlassen hatte, dem Bischof Azelin und damit dem Bistum Hildesheim. Die 1227 erstmals urkundlich erwähnte Anlage gehört zu den alten Königsburgen, die das Leinetal und somit den Weg zur Stadt Hildesheim und das Gebiet des Hochstifts Hildesheim schützten. Sie unterlag in den Jahrhunderten häufigen Ausbau- und Renovierungsarbeiten. Umfangreichere Baumaßnahmen fielen in das 13. Jahrhundert, als das Grafengeschlecht von Poppenburg ausgestorben war und das Hochstift wieder an den Besitz kam. Es war Konrad II. von Riesenberg, Bischof von Hildesheim, der zwischen 1221 und 1246 die Poppenburg als Befestigungsanlage ausbaute, sie aber 1226 an Graf Hermann von Wohldenberg zu Lehen gab. Im Jahre 1240 erwarb der Bischof den Spiegelberger Anteil an der Poppenburg und setzte Bodo von Ilten als Vogt für die Verwaltung der Burg ein. Um der Brandgefahr vorzubeugen, ließ Otto II. von Wohldenberg, Bischof von Hildesheim, das Wohngebäude und den kleinen Turm mit Steinplatten decken. Die heutige Anlage ist ein zweiflügliger Hauptbau des Spätmittelalters und der Renaissance. Im 16. Jahrhundert wurde die Anlage gebrandschatzt und aufgrund unterschiedlicher Nutzung gab es zahlreiche Bauveränderungen. Im Südosten schließt sich an den mächtigen, dreigeschossigen Palas mit der katholischen Kirche in den unteren Geschos-

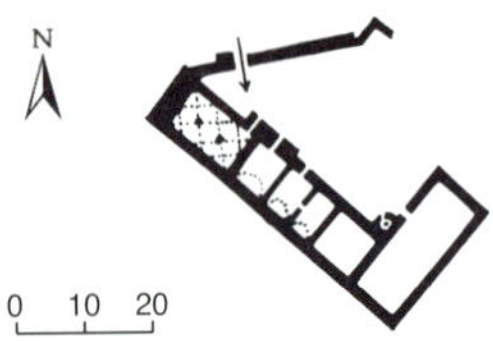

Burg Poppenburg, Burgstemmen, Grundriss

sen der sogenannte Wohnflügel an. Der Hof wird von einer Bruchsteinmauer und neuen Wirtschaftsgebäuden geschlossen. Der Kern des Palas entstand wohl unter Bischof Gerhard von Hildesheim als „palacium“, in dessen Obergeschoss vermutlich ein Festsaal gewesen war. Ein Grundriss der Burg aus dem Jahr 1774 zeigt trotz Umbauten noch die geschlossene Burganlage mit Mauer und Bergfried. Fürstbischof Friedrich Wilhelm von Westphalen, Bischof von Hildesheim, nutzte den Palas ehemals als Brauhaus und baute ihn zur katholischen Kirche um. Die Diakonischen Werke Hildesheim kauften den Wohnflügel mit Burghof und Park, ließen umfangreich restaurieren und richteten 1967 ein Heim für behinderte Frauen ein. Eine nochmalige Instandsetzung bekam die Anlage 1985/86.

Schloss Cadenberge

21781 Cadenberge
Landkreis Cuxhaven

Das ehemalige Rittergut mit dem zweigeschossigen Herrenhaus und dem achtseitigen Dachreiter aus Backstein von 1724 ist am Rande der Geest und südöstlich von Cuxhaven zu finden. Heute befindet sich im Schloss ein Schulinternat und auf dem Gutsgelände des Taubenhofs eine Gaststätte sowie ein Verkaufsladen. Erstmals wurde 1520 hier eine Gutsanlage erwähnt. 1724 ließen die Grafen von Bremer einen Neubau mit dem gräflich Bremerschen Schloss- und Gutspark mit seltenen Bäumen sowie ein Taubenhaus errichten. Gartenpläne aus dem 18. und 19. Jahrhundert bildeten 2008 die Grundlage für die Wiederher-

Schloss Cadenberge

Taubenhof Cadenberge

stellung des Parks in einstiger historischer Form, der 2009 eröffnet wurde. In das Freesenmoor von Wingst führt ein Rundwanderweg vom Park aus.

Schloss Celle

29221 Celle
Landkreis Celle

Gute 35 Kilometer nordöstlich von Hannover ist die im Urstromtal der Aller befindliche Stadt Celle zu finden. Die erste Vorläuferanlage war ein befestigter Wehrturm mit dem Charakter einer Wasserburg, die eine Furt über die Aller bewachte. Gebaut wurde sie um 980 durch einen Brunonen-Grafen. Herzog Otto der Strenge von Braunschweig-Lüneburg, ein Urenkel Heinrichs des Löwen, ließ 1292 an der Aller eine neue Burg errichten, da die alte abgebrannt war. Mit diesem Bau legte er den Grundstein für das Schloss und die Stadt. Das Schloss war von 1371 bis 1705 herzogliche Residenz des lüneburgischen Welfenhauses. Das erste vierflügelige Schloss mit rechteckigem Innenhof entstand von 1530 bis 1558 durch einen Um- und Ausbau zum Renaissanceschloss unter Herzog Ernst dem Bekenner. Er führte auch 1526 die Reformation in Celle ein und gab der 1485 errichteten spätgotischen Kapelle eine Innenausstattung im Stil der Renaissance. Michael Clare aus Gifhorn baute 1558 an der Anlage, schuf die polygonal ummauerten runden Ecktürme und gestaltete die Fassade des dreigeschossigen Ostflügels. Drei Flügel veränderte der venezianische Baumeister, Bildhauer und Kunstmaler Lorenzo Bedogni zwischen 1660 und 1680. Ihm ist auch der barocke Uhrturm als Bekrönung des Westflügels zuzuschreiben. Im Innern zeigt sich vor allem in den herzoglichen Wohn- und Repräsentationsräumen im Nordflügel eine prächtige barocke Gestaltung. Giovanni Battista Tornielli gestaltete nach Entwürfen von Guiseppe Arighini die Stuckdecken, Türbekrönungen und Kamine. Die zu dieser bewundernswerten Ausgestaltung passende bewegliche Ausstattung ging leider vollends verloren, da das Schloss nach dem Ersten Weltkrieg geplündert wurde. Das jetzige Inventar kam in den 30er-Jahren des vergangenen Jahrhunderts aus preußischen Schlössern und zeigt die fürstliche Wohnkultur des 17. und 18. Jahrhunderts. Durch Einflussnahme der hugenottischen Gemahlin des Herzogs Georg Wilhelm, Eleonore Desmier d' Olbreuse, bekam der Nordwestturm 1674/75 das heute in Deutschland älteste erhaltene Theater. Sie war eine sehr kunstsinnige Frau und holte nebst Architekten aus Italien auch Musiker und Schauspieler an den Hof. Ihr einziges Kind, Prinzessin Sophie Dorothea, wurde mit ihrem Vetter Georg Ludwig, dem Erbprinzen von Hannover, verheiratet, der 1714 als Georg I. den Thron Großbritanniens ohne seine Gemahlin bestieg. Sophie Dorothea verliebte sich in den Grafen Philipp von Königsmarck und beide beabsichtigten zu fliehen, welches misslang. Königsmarck verschwand unter mysteriösen Umständen und Sophie Dorothea wurde bis zu ihrem Tod 1726 auf Schloss Ahlden gefangen gehalten. Ab 1772 wohnte die dänische Königin Carolin Mathilde im Schloss Celle, die wegen einer angeblichen Affäre mit Johann Friedrich Struensee von Kopenhagen nach Celle verbannt wurde, hier bis 1775 Hof hielt und als junge Frau an einer Scharlachinfektion starb. Ab dem Jahre 1826 begann man die Gartenanlagen zu gestalten, während gleichzeitig die Verteidigungswälle geschleift und abgetragen wurden. So entstand im Laufe des 19. Jahrhunderts ein Landschaftspark. In den Jahren 1839/40 baute man das Schloss zur Sommerresidenz für die Könige von Hannover aus. Heute im Besitz des Landes Niedersach-

Schloss Celle

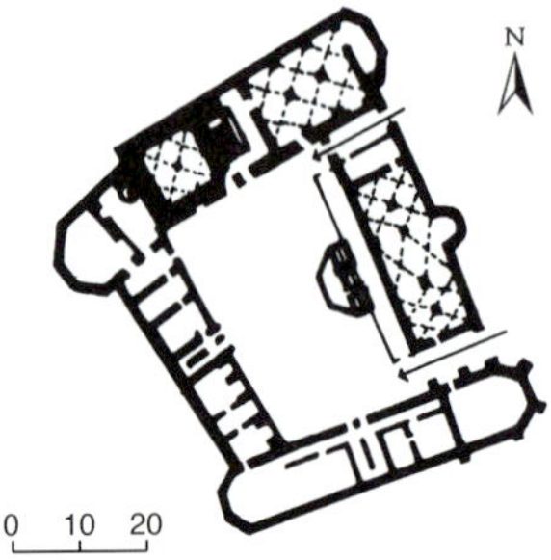

Schloss Celle, Grundriss

sen, präsentieren sich dem Besucher umfangreiche Sammlungen. Eine umfassende Sanierung bekam das Schloss 1935 und seit 2011 wird das Theater erneut saniert. Das Restaurant befindet sich gegenüber dem Schloss.

Cobbanburg

31863 Coppenbrügge

Landkreis Hameln-Pyrmont

Etwa 15 Kilometer östlich von Hameln liegt am Nordrand des Ithes der Ort mit der zwischen 1000 und 1300 errichteten und 1303 erwähnten Anlage, bestehend aus einem Torbau aus starkem Bruchsteinmauerwerk von zwei mächtigen, unterschiedlich dimensionierten Rundturmstümpfen flankiert. 1062 verlieh Kaiser Heinrich IV. dem Bischof Hezilo von Hildesheim den Forstbann bei Coppenbrügge. Um 1064 residierten hier die Bischöfe. 1303 ist auch die Rede davon, dass von Herzog Albrecht dem Feisten von Braunschweig für Graf Moritz II. von Spiegelberg ein Lehnsbrief ausgestellt wurde. Die steinerne Brücke über dem Burggraben stammt von 1789. In der Spiegelberger Fehde wurde 1434 die Anlage zerstört und 1494 wieder aufgebaut. Die Anlage wurde 1512 unter Graf Friedrich VI. von Spiegelberg zu einer modernen Festung umgebaut. In die Nordostecke des Innenhofes wurde ein Renaissanceportal versetzt, datiert 1541. Bis zum Jahre 1631 saßen hier auch die Grafen von Gleichen-Tonna und gaben den Besitz an die Fürsten von Nassau-Oranien weiter. Im Burghof befindet sich das ehemalige Amtshaus aus dem 19. Jahrhundert, ein schlichtes barockes Fachwerkhaus auf spätmittelalterlichem Sockelgeschoss, das von 1982 bis 1984 saniert wurde. 1860 und 1870 brach man das Vorgängerschloss oberhalb des Torbaues und des sogenannten Bauhauses ab. Heute befindet

Cobbanburg, Coppenbrügge

sich im ehemaligen Sitz des Amtsgerichts, dem Fachwerkhaus auf dem Burghof, ein kleines Museum.

Schloss Dankern

49733 Dankern
Stadt Haren (Ems)
Landkreis Emsland

Schloss Dankern

Haren ist eine kleine Stadt nördlich von Meppen, nahe der niederländischen Grenze und im Zentrum des Emslandes am gleichnamigen Fluss gelegen. Das hier abseits des Ortes stehende barocke Wasserschloss, erbaut als dreiflügelige Anlage unter Johann Heinrich Martels von 1680 bis 1688 anstelle einer frühmittelalterlichen Rundburg für den Bischof von Münster, liegt inmitten eines großen Freizeitparks. Schloss Dankern wurde in Ziegelbauweise mit Sandsteinrahmungen und figürlichen sowie ornamentalen Sandsteinarbeiten im Stil des flämischen Hochbarock errichtet. Ein triumphbogenartiges Portal gewährt den Zugang zum Innenbereich. Von 1632 bis 1729 befand sich hier der Sitz des bischöflichen Rentmeisters des Amtes Meppen. Im Jahre 1855 ging die Anlage in den Besitz des Geschlechts von Landsberg-Velen und wurde von 1890 bis 1894 um ein Stockwerk erhöht und mit Ecktürmen versehen. Das Corps de Logis ist durch eine zweiläufige geschwungene Freitreppe hervorgehoben und am Hauptportal prunkt das Wappen Johann Heinrich Martels und Maria Elisabeth Osthoffs von 1680. In Rundbogennischen befinden sich plastische Figuren der Tugenden und die Gartenterrasse trägt lebensgroße Figuren von Adam und Eva. Im Inneren des

Corps de Logis liegt der Festsaal von 1689 mit einem Sandsteinkamin auf vier Spiralsäulen. Die Wände zieren Fruchtgehänge und im Souterrain liegt ein völlig mit holländischen Fliesen verkleideter Speiseraum. Ebenso gefliest ist die Kapelle im Seitentrakt. Im weitläufigen Park findet man weitere überlebensgroße Sandsteinfiguren wie Atlas und weibliche Gestalten vom Ende des 17. Jahrhunderts. Zu Beginn der 70er-Jahre des letzten Jahrhunderts wurde das Ferienzentrum Schloss Dankern von Manfred Freiherr von Landsberg-Velen mit vielfältigen Spiel- und Sportmöglichkeiten vor allem für Kinder gegründet und ist ein großer Besuchermagnet für Groß und Klein. Das Schloss ist im Privatbesitz, wird heute noch von den Eigentümern bewohnt und ist für die Öffentlichkeit nur im Rahmen von Führungen teilweise zugänglich.

Waldemarturm Dannenberg

Waldemarturm Dannenberg

29451 Dannenberg

Landkreis Lüchow-Dannenberg

Dannenberg liegt im Osten des Landes an der Jeetzel, nahe der brandenburgischen Landesgrenze, und inmitten des Städtchens steht der 1150 unter Graf Heinrich I. von Dannenberg errichtete Turm der 1158 erwähnten Burg. In der Zeit von 1223/24 wurde im Turm der dänische König Waldemar II. für die Eroberung der Grafschaft Schwerin gefangen gehalten und gegen eine Lösegeldzahlung und einen Vertrag um die Grafschaft wieder freigelassen. Er gab dem Turm seinen Namen. Die Burg wurde im 14. Jahrhundert während der Erbfolgekriege des Hauses Braunschweig-Lüneburg zerstört, doch später wieder als Amtssitz aufgebaut. Im 15. Jahrhundert bekam der Waldemarturm einen Ausbau. Vom Wehrturm zum repräsentativen Schlossturm gewandelt, hatte dieser auch immer wieder die Funktion eines Gefängnisses inne. 1672 brannte der Fachwerkaufbau durch Blitzeinschläge ab, wurde 1720 renoviert und nach Abbruch von Teilen des Schlosses ein Treppenhaus angebaut. Nach Abnahme der baufälligen Turmspitze 1732 wurde diese durch die Haube in heutiger Form ersetzt. Der endgültige Abriss von Resten des Schlosses erfolgte von 1774 bis 1776. Die ehemalige Grafenburg und das welfische Fürstenschloss verschwanden, doch der Turm überlebte die stürmischen Zeiten der Geschichte und beherbergt heute in seinem Museum wechselnde Kunstausstellungen. Auch die Dauerausstellung zum Hochwasser und Thema „Die Slawen im Wendland“ stehen zur Besichtigung offen, nachdem eigens für diese das Wahrzeichen der Stadt 2000 renoviert wurde. Eine gastronomische Einrichtung befindet sich unterhalb des Waldemarturms.

Schloss Derneburg

31188 Derneburg
Gem. Holle
Landkreis Hildesheim

Zwischen der Hildesheimer Börde und dem Wohldenberg an der Kreisstraße 306, unmittelbar am Autobahndreieck Salzgitter, liegt Derneburg. Der einstige Hof ist im 12. Jahrhundert im Besitz der Grafen von Assel bezeugt und wird 1143 von Graf Hermann II. und dessen Bruder Heinrich von Winzenburg als Sühne für eine Mordtat dem Hildesheimer Bischof zur Gründung eines Klosters übergeben. Im Jahre 1213 wird der Augustinerinnenkonvent aus Holle nach Derneburg verlegt, 1443 befinden sich hier Zisterzienserinnen und 1643 Zisterzienser. Doch noch im 17. Jahrhundert befand sich das nach der Reformation lutherische Kloster im Besitz der Herzöge von Braunschweig. Das Schloss ist 1700 aus einer Klosteranlage hervorgegangen und von 1735 bis 1749 wurde unter Abt Arnu ein Kirchenneubau begonnen. 1803 folgte die Säkularisation und die Preußen lösten das Kloster

Schloss Derneburg

auf und es wurde Domäne. Die nachfolgenden Franzosen plünderten wie schon die Preußen den reichen Besitz komplett aus. König Georg III. schenkte 1815 den Besitz seinem Staatsminister Ernst Friedrich Herbert Graf zu Münster in völlig verwahrlostem Zustand. Als Adelssitz wurde das Schloss von 1815 bis 1819 und 1826 eingerichtet und die Dreiflügelanlage im Stil der englischen Neugotik ab 1846 durch Georg Ludwig Friedrich Laves umgebaut. Ein Landschaftspark umgab das Schloss bis hinunter ins Nette- und Innerste-Tal. Im Glasgewächshaus sind ein Café und ein Kulturzentrum eingerichtet. Eine Besichtigung des Schlosses ist nur von außen möglich, da es sich in Privatbesitz befindet.

Herrenhaus Destedt

38162 Destedt
Gem. Cremlingen
Landkreis Wolfenbüttel

Destedt, 1318 erstmals als „Dhestede“ erwähnt, liegt am Westrand des Elms zwischen Braunschweig und Helmstedt nahe der B 1. Die hier stehende ehemalige Wasserburg gehörte den Grafen von Wernigerode und war noch vor 1356 im Besitz derer von Veltheim. In den Jahren 1430 bis 1432 besetzten, zerstörten und brannten die Braunschweiger das Anwesen nieder. Anfang des 17. Jahrhunderts bis 1740 teilte man das Rittergut in eine Unter- und Oberburg. Nach dem Dreißigjährigen Krieg nahm sich Joachim Ludolf von Veltheim der Ruine an und begann unter Mitwirkung

Herrenhaus Destedt

des Landesbaumeisters Johann Balthasar Lauterbach einen Neubau der Oberburg zu schaffen, worauf 1693 der heutige Schlossbau im Barock entstand. Ionische Kolossalpilaster gliedern die Südfassade und ein Mittelrisalit mit kräftigem Dreiecksgiebel, gestaltet mit Rankenwerk, Bauinschrift und Allianzwappen, sowie eine geschwungene zweiarmige Freitreppe zieren den Bau. Der Gutshof mit Tor und zwei Rokokopavillons ist Mitte des 18. Jahrhunderts unter Mitwirkung von Landbaumeister M. Peltier entstanden. Die Stuckaturen im eingeschossigen Festsaal des Obergeschosses und in zwei angrenzenden Räumen mit zahlreichen barocken Porträts stammen wahrscheinlich von G. Perinetti. 1786 wurde der französische Garten westlich des Hofes durch Johann Friedrich von Veltheim durch den englischen Landschaftsgarten mit dendrologischen Besonderheiten nördlich des Schlosses erweitert. Legationsrat, Kammerjunker und Hofjägermeister Georg Philipp von Veltheim war wohl maßgeblich an der Parkgestaltung beteiligt. Der Gutspark, in dem gelegentlich Feste stattfinden, wurde 1953 unter Landschaftsschutz gestellt und der Öffentlichkeit zugänglich gemacht.

Herrenhaus Diedersen

31863 Diedersen
Flecken Coppenbrügge
Landkreis Hameln-Pyrmont

Der zweigeschossige verputzte Fachwerkbau auf Werksteinsockel stellt ein stattliches Herren-

Herrenhaus Diedersen

haus von 1791 dar und liegt inmitten von Diedersen. Der Ort befindet sich etwa 10 Kilometer östlich von Hameln. Erwähnt wurde eine Vorgängeranlage im 14. Jahrhundert. Besitzer seit 1551 war die Familie von Hake, denen drei Adelsgeschlechter gleichen Namens angehörten. Es waren die uradligen Hake aus der Mark Brandenburg, aus Niedersachsen und die briefadlige Familie Hake, eine Nebenlinie der märkischen Hake. Die Namensgleichheit und die Ähnlichkeit des Wappens weisen vermutlich auf gemeinsame Wurzeln der Geschlechter hin. Ursprünglich begann die Stammreihe mit Ernst Hake, der 1285 verstarb. Der Komtur der Kommende Lage war ein Hermann von Hake. Weitere Hake waren Burgmannen von Schloss Iburg, die einen Hof Haking in Glane besaßen und im 14. bis 17. Jahrhundert auf Burg Scheventorf ansässig waren. Andere wiederum lebten in Osnabrück. Ein Roman des Priesters Bernhard Köster aus dem Jahre 1924 erinnert mit dem Titel „Die schöne Anna von Hake zu Scheventorf“ an eine nicht belegbare Begebenheit. Diese Dame habe im Dreißigjährigen Krieg eine nicht standesgemäße Liaison gehabt, wofür sie ihr Vater lebendig in der Burg eingemauert haben soll. Ob wahr oder erfunden, von der Stadt Bad Iburg wurde der Anna-Hake-Weg im Stadtteil Ostenfelde nach ihr benannt. Der Neubau, in dem Alexander Freiherr von Hake wohnte, entstand durch die Familie von Hake. Die niedersächsische Linie erhielt 1859 den Freiherrentitel. Das Herrenhaus, auch als Schloss bezeichnet, ist mit den drei mittleren Fensterachsen zur Hofseite zwerchhausartig ausgebildet und von einem von Wappen und Ranken geschmückten Dreiecksgiebel betont. Die ältesten Gebäude um den malerischen Wirtschaftshof stammen vom Ende des 18. Jahrhunderts. Im Jahre 1901 haben sich die verschiedenen Familienzweige von Hake in einem Familienverband vereint. Die von Haacke traten diesem 1962 bei. Das Anwesen befindet sich in Privatbesitz und ist der Öffentlichkeit nicht zugänglich.

Schloss Diepholz

49356 Diepholz

Landkreis Diepholz

Gelegen auf halber Strecke zwischen Bremen und Oldenburg liegt Diepholz, nordöstlich der Dammer Berge und nördlich des Dümmers, des zweitgrößten Sees Niedersachsens. Häufig wurde die Wasserburg aus dem 10./11. Jahrhundert im Laufe der

Jahrhunderte um- und ausgebaut. Der monumentale, aus Granitquadern erbaute Sockel des Turmes geht in seinem Fundament auf die Bauzeit 980 bis 1030 zurück. Um 1350 ließ Edelherr Rudolf die bestehende Anlage völlig umbauen, bevor er mit seiner Gemahlin, der Gräfin Margarete von Hoya, hier sein Zuhause fand, worauf ein über der Nordtür des Schlosses eingefügter Steinfries mit dem Wappen der beiden Geschlechter von Diepholz und Hoya verweist. Im Jahre 1585 war das Diepholzer Grafengeschlecht ausgestorben. Obwohl sich das Schloss während des Dreißigjährigen Krieges als Schutz- und Trutzburg bewährte, konnten es die dänischen Truppen 1626 in Brand setzen und schwedische Soldaten unter Oberst Kratzenstein 1637 erobern und bis auf die Grundmauern zerstören. Ab 1651 begann man mit dem Wiederaufbau innerhalb der noch vorhandenen Gräfte. Um 1660 ließ Herzog Christian-Ludwig von Lüneburg-Celle das Schloss wiederherstellen. Das an den Turm anschließende Hauptgebäude stammt im Kern aus der Mitte des 16. Jahrhunderts, wohl durch Graf Rudolf von Diepholz und Bronkhorst errichtet. Nochmals suchte 1790 ein Brand das Schloss heim, vernichtete den Süd- und teilweise den Westflügel. Der Schlossturm erhielt 1660 und die Nebengebäude um 1837 und 1877 das heutige Aussehen. Als das Grafengeschlecht in männlicher Linie ausstarb, zogen bis 1723 Landdrosten und später Amtmänner im Schloss ein und es diente den Herzögen oder Kurfürsten von Celle und Hannover als Jagdschloss. Amtsgericht wurde es 1852, als die Justiz die herrschaftliche Anlage übernahm. Um das Schloss wurde ein Stelenrundweg zur Geschichte der Stadt angelegt und im Schlossturm, den man auch besteigen kann, befindet sich ein Museum zur Stadtgeschichte und Arbeitswelt.

Schloss Diepholz

Wasserburg Dinklage

49413 Dinklage
Landkreis Vechta

Die im Schellbrok durch die Ritter von Dinklage errichtete Burg, gelegen auf halber Strecke zwischen Bremen und Osnabrück, wurde als Raubnest 1374 durch Fürstbischof Florenz von Münster zerstört. Die vier Söhne der Familie von Dinklage errichteten ab 1392 in unmittelbarer Nähe vier nach ihnen benannte Burgen, die Diedrichsburg, Hugoburg, Herbortsburg und die schon früh aufgegebene Ferdinandsburg. Fürstbischof Christoph Bernhard von Galen verwandelte 1671 die noch bestehenden drei Dinklager Burgen zu einem Lehen. Die Diedrichsburg ist eine auf einer Gräfteninsel gelegene und um einen rechteckigen Innenhof aus mehreren Bauphasen gewachsene Anlage. Der Westflügel ist der älteste Teil mit kreuzgratgewölbten Kellern. Der Torbogen und das Haupthaus stammen aus der Zeit der Familie von Ledebur, zu deren Besitz die Burg ab 1588 gehörte. Hier ein sehenswertes rundbogiges Renaissanceportal aus der Zeit von 1557 mit Ziegelquadern und Masken und in der Bekrönung das Doppelwappen der Ledebur/Dinklage von 1597. Der Südflügel ist das zweigeschossige Herrenhaus. Das Innere birgt zwei unterkellerte große Säle mit zwischenliegendem Küchenbereich. Der Ostflügel war einst ein Wirtschaftsgebäude und enthält heute die Kapelle. Die Burgkapelle ist ein neugotischer Backsteinbau von 1841 bis 1844 und wurde als Gruftkapelle der Familie von Galen errichtet. Clemens August Graf von Galen wurde 1878 als elftes Kind der Eheleute Ferdinand Graf von Galen und Elisabeth geborene Reichsgräfin von Spee auf Burg Dinklage geboren, lehnte sich

Wasserburg Dinklage

Wasserschloss Norderburg, Dornum

1933 als Bischof gegen den Nationalsozialismus auf und wurde als „Löwe von Münster“ bekannt. 1946 verstarb er kurz nach seiner Ernennung zum Kardinal und wurde 2005 in Rom seliggesprochen. Graf Christoph Bernhard übergab 1949 der Gründungsgruppe Benediktinerinnen die Burg Dinklage zum Eigentum. 1997 wurde der 1992 begonnene Ausbau der Scheune abgeschlossen und die „Martinsscheune“ als Herberge für Menschen in Not eröffnet. Im Jahr 2001 eröffnete das „Klostercafé Burg Dinklage“. Christoph Bernhard Graf von Galen verstarb 2002 und wurde neben seiner Frau Sophie in der Klosterkirche beigesetzt. Auf dem Gelände stehen das Café und ein Laden Besuchern offen und im Rahmen von Gottesdiensten kann das Kloster betreten werden.

Wasserschloss Norderburg Beningaburg

26553 Dornum
Landkreis Aurich

Dornum liegt in Ostfriesland unmittelbar an der Nordsee. Die kleine Stadt kann gleich auf zwei Burgen verweisen, die Beningaburg und das Wasserschloss Norderburg. Beide Anlagen wurden wohl von Olde Hero von Dornum im 14. Jahrhundert erbaut. Sein Sohn und Erbe Lütet war mit Ocka tom Brok verheiratet. In diese Zeit fällt ein historisch belegtes Familiendrama: Im Jahre 1397 erschlug Lütet wohl auf Anraten seiner Schwiegermutter seine Frau Ocka wegen angeblicher Untreue und Aufsässigkeit. Daraufhin übernahm die

Schwiegermutter Foelke Kampana, Ehefrau des Häuptlings Ocko I. tom Brok, im Volksmund die „Quade Foelke“ genannt, ein böses Weib, die Burg. Lütet und sein Vater wurden auf Befehl der Schwiegermutter enthauptet. Durch die Heirat von Lütets Tochter Etta mit Mauritz Kankena gelangte 1420 die **Norderburg** in den Besitz der Kankenas. Im Jahre 1514 wurde die Anlage, wie auch die weiteren Dornumer Burgen, im Zuge der sächsischen Fehde zerstört und 1534 wieder aufgebaut. Schließlich kam die Anlage 1556 durch Heirat an den niederländischen Adligen Gerhard I. von Closter, der sie von allen Seiten mit Wasser umgeben ließ. Bis in das 18. Jahrhundert nannte die Familie von Closter die Norderburg ihr Eigen. Der letzte Erbherr Haro Joachim von Closter und seine Gemahlin Anna Zoete de Lake de Villers bauten die Anlage zwischen 1698 und 1707 zu einem ansehnlichen Barockschloss mit weitläufigem Park aus und ließen auch am Torbogen zum inneren Schlosshof den Spruch anbringen: „Neid ist mir lieber als Mitleid“. Inmitten eines Gräftenvierecks wurde der barocke Vierflügelbau errichtet. Der bekrönte Schlossturm war einer der letzten Bauten von 1707. Es kam die Zeit des häufigen Besitzerwechsels, bis die Norderburg 1942 in staatliches Eigentum überging und schließlich 1951 Realschule wurde. Den Zugang zum Wasserschloss bildet eine Holzbrücke von Süden durch ein längsrechteckiges, zweigeschossiges Torgebäude mit tiefer rundbogiger Durchfahrt. Das Erdgeschoss des Ostflügels birgt den Rittersaal mit einer hübschen umlaufenden Galerie und figürlicher Deckenmalerei. Nach einer umfassenden Restaurierung durch das Land Niedersachsen erstrahlt die Burg in alter Pracht. Ein Betreten des Schlossgeländes ist nur außerhalb der Schulstunden möglich.

Wasserschloss Norderburg, Dornum, Torhaus

Die zweiflügelige **Beningaburg** aus Backstein, auch Osterburg genannt, liegt auf einer leichten Erhebung in einem Gräftenviereck. Der Ostflügel mit bogiger Durchfahrt unter einer großen Kielbogenblende stammt aus der Zeit von 1567. Das Säulenportal des Südflügels ist mit der Jahreszahl 1669 datiert. Schon um 1380 soll hier von Häuptling Hero Attena die damalige Wasserburg gegründet worden sein, die 1410 an seinen Sohn Enno ging. Insgesamt soll es einst in Dornum drei Häuptlingsburgen gegeben haben, Westerburg, Norderburg und Osterburg. Zahlreiche Nachkommen des Hero Attena wechselten auf der Burg, die Sibo Attena bis zu seinem Tod 1473 besaß und seinem Sohn Eger Kankena vererbte. Ein weiterer Nachkomme, Remmer Kankena, blieb kinderlos, sodass die Osterburg an seine Schwester Nona fiel, die mit Folkmar I. Beninga von Grimersum verheiratet war. Beide starben 1512 an der Pest. In der Folge prägte die Linie der Familie Beninga 200 Jahre lang die Geschichte der Osterburg bis 1717. Letzter männlicher Vertreter war Folkmar Eger Beninga, der im erwähnten Jahr verstarb, dann übernahm den Besitz die weibliche Linie bis 1802. Aber 1817 war die Burg häufig in privatem Besitz, bis sie 1971 der Dornumer Kaufmann Erich Appelkamp kaufte und grundlegend renovieren ließ. Das heutige Hotel mit Teestube wird von alten Bäumen und dem Burggraben umgeben. Im Ahnensaal kann man anhand von Bildern die Familienfolge der Beningas nachvollziehen.

Beningaburg, Dornum

Schloss Radolfshausen

37136 Ebergötzen
Landkreis Göttingen

Nicht durch die wenigen Relikte des Schlosses, die noch vorhanden sind, ist Ebergötzen bekannt, sondern durch Wilhelm Busch, der hier zur Schule ging. Der Ort liegt östlich von Göttingen an der B 27. Eine Urkunde belegt ein Vorwerk Radolfshausen Ende des 14. Jahrhunderts, das seit 1437 im Besitz der Herren von Plesse gewesen war. Sie hatten das Vorwerk 1508 zu einer Wasserburg ausgebaut, die im Dreißigjährigen Krieg zerstört wurde. Von der einstigen Niederungsburg blieb der rechteckige, dreigeschossige Wohnturm der

Schloss Radolfshausen, Ebergötzen

Spätromanik aus Bruchstein mit drei gewölbten Geschossen und Resten originaler Innengestaltung aus der Erbauungszeit erhalten. Im 17. Jahrhundert wurde das Anwesen erweitert und in der ersten Hälfte des 18. Jahrhunderts entstand das barocke Amtshaus, das Ende des 19. Jahrhunderts verkürzt wurde. Das Wirtschaftsgebäude stammt aus der Zeit um 1845. Die Anlage war später Sitz der Forstverwaltung. Von der Gesamtanlage riss man nach Aufhebung des Amtes noch zahlreiche Gebäude ab, zu denen unter anderem das Gefängnis, die Brauerei und landwirtschaftliche Bauten gehörten. Heute befindet sich hier das Europäische Brotmuseum e. V. mit Brotback-Aktionen, wechselnden Ausstellungen, Schaubäckerei mit Café und Restaurant, Sonderveranstaltungen wie Theateraufführungen, Konzerten und Literaturlesungen. Verbinden kann man den Besuch mit der Besichtigung der angrenzenden Wilhelm-Busch-Mühle, der Gedenkstätte mit Mühlenmuseum zu Leben und Werk von Wilhelm Busch, der von 1841 bis 1846 in Ebergötzen wohnte.

Herrenhaus Eckerde

30890 Eckerde
Stadt Barsinghausen
Region Hannover

Eckerde umfasst zwei ehemalige Rittergüter der Familien Ausmeyer und von Heimburg. Die kleine Gemeinde ist ein nordöstlicher Ortsteil der Stadt Barsinghau-

Herrenhaus Eckerde

sen. Das hier stehende im Renaissancestil umgebaute Herrenhaus des Rittergutes I wird in das Jahr 1890 datiert, kann wohl aber auf einen Vorgängerbau verweisen. Sichtbar ist dies am Renaissanceportal des am Flügelbau stehenden Treppenturms. Dieses trägt ein Wappen, das mit 1580 bezeichnet ist. Ein Landschaftsgarten umschließt die Gesamtanlage und im östlichen Teil steht ein Mausoleum in Backstein, das C. W. Hase zugeschrieben wird. Über der als Rundbogenfries gestalteten Traufe liegt ein Zinnenkranz. Die historisch bedeutsame Gartenanlage mit altem Baumbestand des Rittergutes der Familie von Heimburg wurde im Stile eines englischen Landschaftsparks gestaltet, in dem heute Parkseminare und Führungen veranstaltet werden. Das Herrenhaus des Rittergutes II ist ein spätklassizistischer, zweigeschossiger Massivbau von 1895 und besitzt einen älteren Kern aus der Zeit um 1830 bis 1835. Im Norden befindet sich ein risalitartiger Portikus mit geschwungener Freitreppe. Das Gut der Familie Ausmeyer war 1999 Drehort für Szenen aus dem Roman „Jahrestage“ von Uwe Johnson in der Regie von Margarethe von Trotta.

Burg Plesse

37120 Eddigehausen
Gem. Bovenden
Landkreis Göttingen

Bovenden findet man an den nordwestlichen Ausläufern des Göttinger Walds, dessen nordöstlicher Gemeindeteil Eddigehausen ist, mit der aus hellem

Burg Plesse, Eddigehausen

Eddigehausen

Burg Plesse, Eddigehausen

Muschelkalk errichteten Burg Plesse. Die Ruine liegt in beherrschender Lage auf einer Kalksteinfelsgruppe über dem Leinetal nördlich von Göttingen. Einst stand an dieser Stelle eine frühgeschichtliche Fluchtburg, die 1160 urkundlich erwähnt wurde und früher im Besitz des Paderborner Bischofs Meinwerk gewesen war. Um das Jahr 1138 wurde hier ein Hermann II. von Winzenburg als Graf von Plesse bezeichnet und seit 1150 war sie Sitz der Edelherren von Plesse, die sich nach der Burg benannten. Kaiser Heinrich VI. tauschte 1192 die Anlage gegen die Burg Desenberg bei Warburg ein, doch schon 1195 wurde der Tausch rückgängig gemacht. Das Dynastengeschlecht von Plesse war 1447 in hessische Lehensverhältnisse mit dem Landgrafen Ludwig von Hessen eingetreten.1571 ging die Burg durch Erbfall an Hessen-Rotenburg. In diesem Jahr verstarb Dietrich IV. von Plesse und mit ihm starb das Geschlecht aus. Landgraf Wilhelm IV. von Hessen-Kassel übernahm die Herrschaft als heimgefallenes Lehen. Nach der Belagerung von 1627 wurden Burg und Herrschaft an den Landgrafen Georg II. von Hessen-Darmstadt abgetreten. Als man in der Folgezeit den Amtssitz nach Bovenden verlegte, wurde die Burg spätestens 1660 aufgegeben, geriet in Verfall und diente als Steinbruch. Im 18. Jahrhundert war sie beliebtes Ausflugsziel und wen verwundert es, dass sich 1801 auch Johann Wolfgang von Goethe auf der Plesse aufhielt. Im Tauschvertrag zwischen Preußen, dem Königreich Hannover und Kurhessen kam die Herrschaft, an deren Burgrelikten nun erste Restaurierungen erfolgten, 1817 an Hannover. Nochmals umfassend restauriert wurde die Anlage auf Initiative des hannover-

Burg Plesse, Eddigehausen, Grundriss

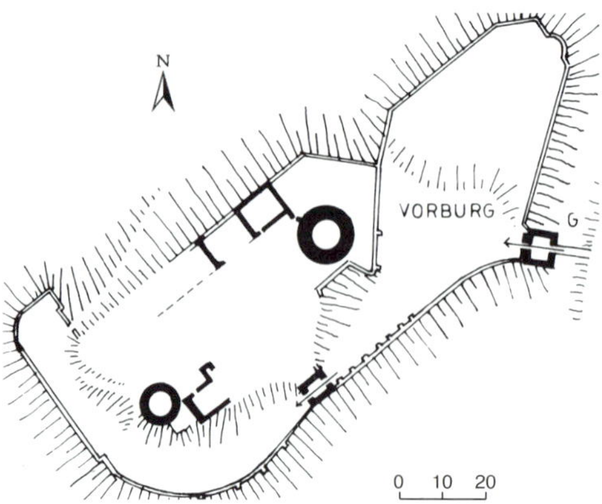

schen Königspaares in den Jahren 1853 bis 1864. Bis heute sind von der Gipfelburg Reste der Vorburg erhalten geblieben, deren Zugang an der Ostseite lag. Mittig in der Gesamtanlage steht der 23 Meter hohe Bergfried aus dem 12. Jahrhundert, dem von 1861 bis 1865 eine kunstvolle offene Wendeltreppe aus Holz mit inneren Galerien eingebaut wurde. Den oberen Abschluss bildet ein Zinnenkranz. Ebenso ist der zum westlichen Flankenschutz errichtete schlanke, kreisrunde Wartturm erhalten geblieben, auch Teile des Grabens, der Ringmauer, Reste der Kapelle St. Peter und Paul und des älteren Herrenhauses, des sogenannten „Steinernen Hauses“. Sicherungsmaßnahmen gab es an der Plessenburg seit 1969. Das Land Niedersachsen hat seit 1945 die Burg im Besitz und der 1978 gegründete Förderverein „Freunde der Burg Plesse e.V.“ widmet sich aktiv der Burgenforschung.

Burg Edenserloog

26427 Edenserloog
Gem. Werdum
Landkreis Wittmund

Edenserloog liegt nur wenige Kilometer hinter dem Nordseedeich im Harlingerland, nördlich von Wittmund. Die hier innerhalb einer Gräfte gelegene Burg der Häuptlinge von Werdum wird auch als Schinkenburg bezeichnet, ist im Kern spätmittelalterlich und wurde mehrfach umgebaut. Ulrich von Werdum, der von 1632 bis 1681 lebte, ließ die Burg mit Wehrtürmen versehen und einen Wassergraben anlegen. Während des Dreißigjährigen Krieges soll die Burg von den Mansfeldern belagert worden sein, um die Insassen auszuhungern. Den Belagerern zeigte man kurzerhand einen Schinken an einer langen Stange befestigt aus dem Schornstein, worauf die Mansfelder in dem Glauben abzogen, dass die Werdumer nicht auszuhungern seien. Heute zeigt sich dem Betrachter ein eingeschossiger Backsteinbau in Hufeisenform mit tonnengewölbtem

Burg Edenserloog

Keller. Ein großer, reich verzierter Kachelofen mit Wappen und Datum 1737 befindet sich im Wohnbereich. Zu Beginn des 18. Jahrhunderts brach man den Wohnturm ab und die Burg wurde als landwirtschaftlicher Betrieb genutzt. Heute ist das Anwesen in Privatbesitz und öffentlich nicht zugänglich.

Schloss Eggermühlen

49577 Eggermühlen
Landkreis Osnabrück

Einen Urlaub auf dem Bauernhof erleben, Konzerte genießen und sich in der Kapelle trauen lassen, das kann man auf Schloss Eggermühlen, gelegen im Nordwesten des Naturparks Nördlicher Teutoburger Wald und Wiehengebirge, nördlich von Osnabrück. Das Schloss ging aus einem Rittersitz des 13. Jahrhunderts hervor.

Schloss Eggermühlen

1654 kam Oberstleutnant Joachim von Boeselager in den Besitz des damaligen Anwesens, dessen Nachfolger noch heute hier sesshaft sind. Der bestehende zweiflügelige Bau von 1714 bis 1718 war von J. M. Güding ursprünglich als dreiflügelige Anlage unter Einbeziehung des eingeschossigen Herrenhauses von 1666 und mit zwei äußeren in die Graft vorspringenden Ecktürmen geplant. Im Winkel steht ein quadratischer Eckturm mit barocker Haube. Der Mittelrisalit des Hauptgebäudes mit flachem Dreiecksgiebel hat eine ausladende doppelläufige Freitreppe mit vorgelagerten Sandsteinbalustern. Im Wappen sind Franz Heinrich Anton von Boeselager und Juliane Helene Christine von Kettler zu Harkotten verewigt. Das Innere öffnet eine weiträumige Halle mit doppelten Treppenläufen und im Obergeschoss umlaufender Galerie. Im Erdgeschoss liegt ein großer Festsaal mit hohem Fayenceofen und Wandbespannungen, auf denen in Rokokorahmung Landschaftsbilder der vier Jahreszeiten dargestellt sind. Die Gutskapelle St. Nikolaus ist ein neugotischer Hallenraum von 1869 mit Rokokoaltar von 1755 und steht in einer weitläufigen gepflegten Parkanlage. Die Orangerie im Park auf einer Terrasse baute der münsterländische Baumeister Johann Conrad

Schloss Eggermühlen

Schlaun. Die einst aufgestellten großen Sandsteinfiguren der vier Erdteile wurden in den Osnabrücker Schlossgarten umgesetzt.

Herrenhaus Bruche

49324 Eicken-Bruche
Stadt Melle
Landkreis Osnabrück

Eicken-Bruche ist ein Ortsteil von Melle, östlich von Osnabrück, zwischen dem Teutoburger Wald und dem Wiehengebirge. Der barocke Gutshof am östlichen Rand von Melle besteht aus einer zweigeschossigen Wasserburg und einer Vorburg mit zwei Ecktürmen von 1733. Entstanden ist sie wie zahlreiche Anlagen im Osnabrücker Land zu einer Zeit, als im Hoch- und Spätmittelalter viele gräftenumsäumte Güter und Wasserburgen der Ministerialen des Osnabrücker Fürstbischofs gebaut wurden. Doch schon 1180 berichten Quellen von einem Meierhof und ab 1350 bereits von einer kleineren Befestigung. Des Weiteren konnte bei bauhistorischen Untersuchungen festgestellt werden, dass die Vorburg und der Westturm um 1450 als

Herrenhaus Bruche, Eicken-Bruche

Herrenhaus Bruche, Eicken-Bruche

Teil einer Wehranlage durch die Herren de Broke errichtet wurden. Auch eine Familie von Oer hatte die Burg im Besitz. Mit dem 18. Jahrhundert wandelte sich vor allem innen die Anlage von der mittelalterlichen Burg in ein repräsentatives Herrenhaus. Von 1733 bis 1736 begann man die Ringmaueranlage und Vorburg abzubrechen, um hier ein frei stehendes barockes Herrenhaus zu schaffen. Das spätmittelalterliche Erscheinungsbild ging nicht gänzlich verloren und ist mit dem Westturm und der anschließenden Burgmauer mit Schießscharten erhalten geblieben. Eine umfassende Renovierung erfuhr die gesamte Anlage von 1983 bis 1985. Besichtigt werden kann das in Privatbesitz befindliche Anwesen nur äußerlich bis zum Vorhof. Zu bestimmten Anlässen werden im Innenhof und in der Parkanlage Konzerte gegeben.

Jagdschloss Elsfleth

Jagdschloss Elsfleth

26931 Elsfleth

Landkreis Wesermarsch

Das ehemalige zweigeschossige Jagdschloss entstand von 1655 bis 1657 für Graf Anton Günther. Es steht inmitten des Städtchens Elsfleth, zu finden nordöstlich von Oldenburg an der B 212. Anton Günther lag 1653 im bitteren Streit mit den Bremer Kaufleuten, da er eine Zollerhebung am Elsflether Weserufer einführte und gewann. Man vermutete, dass mit dem herrschaftlichen Haus die ständige Präsenz des Grafen an der Weser symbolisiert werden sollte. 1718 ging der Besitz an die Familie von Münnich aus Neuenhuntorf und 1852 kam er an Gerhard Cornelius Heye. Er ließ den heutigen schlichten, durch Eckpilas-

Schloss Erichsburg

ter und durchlaufendes Gesimsband gegliederten Putzbau errichten. Das große Portal mit Tür stammt aus dem späten 18. Jahrhundert und die Südseite zeigt ein steinernes Doppelwappen von Graf Anton Günther und seiner Frau. Im Jahr 1886 erbte die Tochter des Bauherrn, Doris Christine Heye, das Jagdschloss und verfügte, dass nach ihrem Tod, der 1930 eintrat, der gesamte Nachlass in eine nach ihrem Vater benannte mildtätige Stiftung (Gerhard Cornelius Heye-Stiftung) eingehen sollte. Die Stadt als Nutzer renovierte das Haus im Jahr 2006 und richtete eine Bibliothek und das Standesamt mit Trauzimmer ein. Der neu geschaffene Mehrzweckraum dient verschiedenen Veranstaltungen.

Schloss Erichsburg

37586 Erichsburg
Stadt Dassel
Landkreis Northeim

Obwohl das Schloss verlassen sein Dasein fristet, befindet es sich in einer gepflegten Parkanlage. Zu finden ist Dassel westlich von Einbeck am nordöstlichen Rand des Sollings und Erichsburg nordöstlich von Dassel. Das Schloss wurde von 1527 bis 1530 von Herzog Erich I. zu Braunschweig-Lüneburg anstelle der zerstörten Niederungsburg Hunnesrück errichtet. Letztere hatten die Grafen von Dassel im 13. Jahrhundert erbaut. Benannt wurde die Erichsburg nach dem 1528 geborenen Leibeserben und späteren Herzog Erich II. Herzog Heinrich Julius von Braunschweig baute im 17. Jahrhundert das Anwesen zur fürstlichen Hofhaltung aus. Nach der Zerstörung im Dreißigjährigen Krieg blieb das vom Wolfenbütteler Baumeister Paul Francke 1604 bis 1612 errichtete rechteckige „Neue hohe Gebäude" mit achteckigem Treppenturm und verzierten Portalen sowie welscher Haube erhalten. Das Portal am Westende ist von 1612, versehen mit Prunkwappen und drei bekrönenden Kriegerstatuen. Das Treppenturmportal zeigt eine Statue, auf dem Gebälk einen Löwen sowie das königliche Wappen aus dem 18. Jahrhundert. Die Portale stellte man 1989 zur Konservierung sicher. Gegenüber den Werken der Weserrenaissance ist deutlich der stilistische Fortschritt des Frühbarock zu verspüren. In der Zeit von 1891 bis 1980 war die Anlage im Besitz der Hannoverschen Landeskirche, die ein Predigerseminar unterhielt. Heute ist sie in Privatbesitz und vor noch nicht zu langer Zeit wurden im Schlossrestaurant und Park Feste gefeiert.

Burg Esbeck

38364 Esbeck
Stadt Schöningen
Landkreis Helmstedt

Esbeck, im Jahre 1012/13 erstmals urkundlich unter dem Namen Aesebiki erwähnt, liegt nördlich von Schöningen an der B 244 und direkt am südöstlichen Waldrand des Elms. Den Ort prägt die als Wasserburg vermutlich zwischen 1150 und 1200 erbaute Anlage. Sie war wohl das Stammhaus des braunschweigi-

Burg Esbeck

schen Uradelsgeschlechts von Esebeck. Im Jahre 1260 verkaufte Ludolf von Esebeck seinen Stammsitz an den Bischof Volrad von Halberstadt, der ihn 1263 an den Markgrafen Johann von Brandenburg verpfändete. Sein Nachfolger Waldemar der Große übernahm die Burg nach dessen Tod. Als auch dieser verstarb, verlieh 1322 der neue Bischof Albrecht das Anwesen an seine Base Agnes, die in zweiter Ehe Herzog Otto von Braunschweig heiratete. Danach kam die Burg Esbeck ganz in das Eigentum der Braunschweiger Herzöge. Elfmal wurde das Anwesen noch verpfändet, bis es 1454 als Lehen an die Familie von Hoym überging. Im untersten Raum des Turmes der St.-Andreas-Kirche wurde 1681 das Erbbegräbnis der Familie von Hoym eingerichtet und nach Erlöschen der Familie verschlossen. Doch 1929 öffnete man diesen Raum wieder, die Särge wurden versenkt und darüber eine Zementdecke gezogen und darauf eine Begräbniskapelle gesetzt. Nach 40 Jahren wurde sie nicht mehr benötigt, da man 1968 eine neue baute. Im Jahre 1689 brannte das gesamte Gut nieder. Trotzdem verblieben die von Hoyms auf dem Besitz, bis schließlich 1838 August von Hoym wegen hoher Verschuldung das Gut an den Landwirt Friedrich Proetzel im Rahmen einer Versteigerung verkaufen musste. Heute ist das Anwesen noch in Privatbesitz. Das Ehepaar Susanne und Heiko Proetzel engagiert sich liebevoll für die Erhaltung und Pflege von Burg und reizvoller Parkanlage mit altem und seltenem Baumbestand. Neben dem Wohnbereich der Besitzer gibt es heute einige Mietwohnungen.

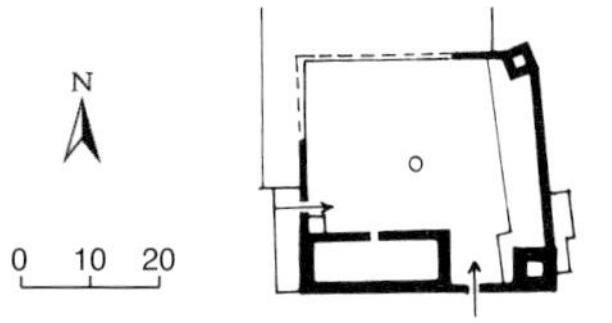

Burg Esbeck, Grundriss

Schloss Essenrode

38165 Essenrode
Gem. Lehre
Landkreis Helmstedt

Essenrode liegt auf halber Strecke zwischen Braunschweig und Wolfsburg und besitzt abseits des Ortes gelegen ein stattliches verputztes, zweigeschossig walmdachgedecktes Herrenhaus, das 1738 für die Familie von Bülow errichtet wurde. Die knapp vorspringenden Risalite besitzen kleine Halbkreisgiebel. Im Vestibül liegt eine doppelläufige Treppe und im Obergeschoss ein reizvoller Saal mit zwei Kaminen, geziert mit Regence-Ornamenten. Das Schloss befindet sich inmitten eines kleinen englischen Landschafts-

Schloss Essenrode

parks und ist von einem Wassergraben umgeben. Um das Jahr 1337 wurde hier eine Wehranlage mit Zugbrücke, umringt von Wirtschaftsgebäuden, als Vorgängerbau errichtet. Das Anwesen befand sich von 1337 bis 1625 im Besitz der Familie von Garssenbüttel, die von 1627 bis 1837 durch das Adelsgeschlecht von Bülow abgelöst wurde und den heutigen Bau errichtete. Das nicht zugängliche Schloss ist seit 1837 Privatbesitz des niedersächsischen Reichsadelsgeschlechts von Lüneburg.

Schloss Etelsen

27299 Etelsen
Gem. Langwedel
Landkreis Verden

Karl Hantelmann aus Hannover baute von 1886 bis 1888 Schloss Etelsen als zweigeschossigen Backsteinbau mit aufwendiger Sandsteingliederung und Mansarddach, das man zwischen Bremen und Verden, südöstlich von Achim in der nördlichen Mittelweserregion findet. Bauherren des Schlosses waren die Brüder Karl Christian und Gottlieb Ernst August von Heimbruch, die im militärischen Dienst des Königs Georg V. von Hannover standen. Als diese kinderlos starben, vererbten sie ihr Vermögen dem Sohn ihrer Schwester, die mit dem Grafen Eduard Wilhelm zu Reventlow verheiratet war. Graf Christian von Reventlow bezog das Schloss im Herbst 1896 und bewohnte es mit seiner Familie bis zu seinem Tode. Der herzogliche Promenadeninspektor F. Kreiß aus Braunschweig wurde mit der Gartenplanung beauftragt und legte einen Park mit seltenen Pflanzen, Bäumen und heimischen Tieren an. Die Hauptfassade des Schlosses, die in der Mittelachse mit Loggia und Kuppelbekrönung hervorgehoben ist, bekam Formen der Neorenaissance. Die Gartenfassade ähnelt dem französischen Schlossbarock. Der älteste Sohn, Lehnsgraf und königlicher Hofjägermeister Rudolf zu Reventlow, erbte den Besitz. Da er sich meist auf Reisen befand, verkaufte Rudolf alle Ländereien bis auf das leer stehende Schloss und den Park. Beides wurde 1937 an die SA-Gruppe

Schloss Etelsen

Nordsee verkauft und diente bis zum Kriegsende als SA-Gruppenschule und nach dem Zweiten Weltkrieg als britisches Lazarett. Von 1948 bis 1953 war es Krankenhaus und wurde danach wiederum einige Jahre nicht genutzt.
Ein Bremer Kaufmann setzte sich 1959 für einen Tierpark und ein Schlossrestaurant auf dem Gelände ein, worauf im Mausoleum Löwen ihre Unterkunft fanden. Nach kurzzeitiger Nutzung durch ein Spielcasino verkamen Schloss und Park. Der 1979 gegründete Förderverein „Förderkreis Schloss Etelsen" und die Nachfolgeinstitution von 1981 „Schlossparkverein Etelsen" setzten sich sehr für die Instandhaltung und Erneuerung des Anwesens ein. In den Jahren 1982/83 restaurierte als Eigentümer der Landkreis Verden den Herrensitz, in dessen Landschaftspark das neugotische Mausoleum von C. W. Hase aus dem Jahre 1873 steht. Das Schloss dient dem Bildungswerk der Niedersächsischen Wirtschaft (BNW), es gibt wechselnde Ausstellungen und zu besonderen Anlässen werden Konzerte gegeben sowie seit 2004 standesamtliche Eheschließungen vollzogen.

Schloss Etelsen, Rückansicht

Herrenhaus Evensen

Herrenhaus Evensen

31535 Evensen
Stadt Neustadt am Rübenberge
Region Hannover

Evensen liegt nördlich von Neustadt am Rübenberge und nahe der Leine. Das hiesige Herrenhaus des einstigen Rittergutes wurde um 1700 für ein Mitglied des hannoverschen Kurfürstenhofes durch den Gartenarchitekten Martin Charbonnier von Herrenhausen errichtet. Zuvor diente es dem Grafen Philip Christoph von Königsmarck als Jagdschloss. Sesshaft war hier auch die Familie von Mandelsloh, deren Besitz wegen Verschuldung 1709 an den Oberamtmann von Windheim zu Wölpe durch Ersteigerung überging. Elisabeth von Windheim, die letzte der Familie, vermählte sich mit dem frommen Dichter David Denicke. Aus dieser Verbindung ging Sohn Georg Moritz, späterer Justizkanzleidirektor des Kurfürsten Georg Ludwig von Hannover, hervor. Der Besitz wechselte mehrfach. Mit seiner Volljährigkeit verkaufte 1958 Joseph Graf von Stillfried und Rattowitz das Rittergut an die Niedersächsische Landgesellschaft m.b.H und schließlich erwarb Manfred Seehawer das Anwesen. Das Herrenhaus und die Wirtschaftsgebäude stammen zum Teil aus dem 19. Jahrhundert und sind um einen rechteckigen Hof gruppiert. In dieser Zeit fand ein Umbau statt, wobei der Herrensitz im Wesentlichen seinen einstigen Glanz verlor. Der heutige holzverschalte zweigeschossige Fachwerkbau mit Walmdach zeigt keinerlei Zierformen. Im rückwärtigen Bereich finden sich Reste eines französischen Gartens. Heute ist es weiterhin ein nach ökologischen Maßstäben bewirtschaftetes Gut, dessen Bioöle begehrt sind. Seit 1998 können Familien hier „Urlaub auf dem Bauernhof" verleben, sich im kleinen Museum über alte Traktoren sowie land- und hauswirtschaftliche Geräte informieren und die Entspannung im „Rittergutcafé" genießen.

Herrenhaus Exten

31737 Exten
Stadt Rinteln
Landkreis Schaumburg

Das repräsentative Wohnhaus des früheren Rittergutes der Familie von Karl Christian Graf von Wartensleben wurde 1727 als eingeschossiger Putzbau auf hohem Sockelgeschoss errichtet. Baumeister des spätbarocken Herrenhauses im Régencestil war der Bremer Conrad Georg Conradi. Es ist im größten Ortsteil der Stadt Rinteln, südlich des Wesergebirges und der Weser, zu finden. Das Mansarddach weist dekorative Kaminaufbauten und eine zierliche mittige Laterne auf. Der Mittelrisalit mit doppelarmiger Freitreppe springt geringfügig vor und das Hauptportal mit Wappenrelief wird von Pilastergruppen flankiert. In der Mitte des Giebels befindet sich eine von Früchten- und Muschelmotiven umschlossene Uhr. Die Zufahrt liegt in der Mittelachse durch ein Tor mit vasenbekrönten Pylonen. Das Orangeriegebäude entstand 1810, es beherbergte einst eine wertvolle Sammlung exotischer Pflanzen. Der Gutspark war früher ein Barockgarten nach dem Vorbild von Hannover, eine mit Graft, Hecken und Alleen gestaltete Anlage, die man um 1800 in einen Landschaftsgarten umwandelte. Hier befindet sich im westlichen Teil eine Grablege

Herrenhaus Exten

Schloss Fallersleben

der Familie von Meien mit einem hohen Sandsteinobelisken. Besucher können das Herrenhaus nur von außen einsehen, doch kann man zu den Gartenmessen die Orangerie besuchen.

Schloss Fallersleben

38442 Fallersleben
Stadt Wolfsburg
Kreisfreie Stadt

Schloss Fallersleben im gleichnamigen Stadtteil von Wolfsburg hat nicht den Bekanntheitsgrad der beiden anderen Schlösser der Stadt, doch eine sehr lange und interessante Historie. Erbaut wurde es von Herzog Franz von Braunschweig und Lüneburg zwischen 1520 und 1551 an der Stelle eines früheren Vorgängerbaus, der in der Hildesheimer Stiftsfehde zerstört wurde. Der Herzog erlebte die Vollendung nicht mehr, da er 1549 im Alter von 41 Jahren verstarb. Gemeinsam mit dem Schlossteich, der Michaeliskirche und dem Alten Brauhaus bildet die Anlage ein historisch-romantisches Ensemble. Nach dem Tod von Herzog Franz diente das Schloss seiner Gemahlin, Herzogin Klara von Sachsen-Lauenburg, als Witwensitz, die 1576 im pommerschen Barth verstarb und dort bestattet wurde. Zu ihrer Lebzeit ließ sie am Schloss Um- und Erweiterungsbauten vornehmen. Nach ihrem Tod wurde auf dem Schloss ein Drost als

Verwalter eingesetzt und schon 1616 ließ Herzog Christian den Bau renovieren, wie auch seine Nachfolger, die Herzöge August und Friedrich. Noch bis 1760 umgab das Schloss ein tiefer Wassergraben und es war nur über zwei Brücken zu erreichen. Im Jahre 1855 wurde der historische Bau Amtssitz, mit Finanzamt, Amtsgericht und Rathaus. Von 1551 blieb ein lang gestreckter Fachwerkbau mit Schnitzverzierungen erhalten, wobei das hohe massive Kellergeschoss noch älter sein dürfte. Von den einstigen drei Schlossflügeln besteht heute nur noch der Westflügel mit dem polygonalen Treppenturm im Innenhof. Zahlreiche Wirtschaftsgebäude und umfangreiche Ländereien gehörten einst zu diesem Besitz. Das Hoffmann-von-Fallersleben-Museum besteht seit 1991 im Schloss und beschäftigt sich mit der Geschichte deutscher Dichtung und Demokratie im 19. Jahrhundert. Auch über das Leben des Dichters ist viel zu erfahren. Eine Gemäldegalerie mit Bildern von Franz Hoffmann-Fallersleben kann ebenfalls besichtigt werden. Von 2001 bis 2003 bekam die Anlage eine umfassende Sanierung. Aufgrund von Rekonstruktionsmaßnahmen und einer Neugestaltung ist das Museum bis voraussichtlich Ende 2012 geschlossen, doch der gepflegte Park steht den Besuchern immer offen.

Burg Campen

38165 Flechtorf
Gem. Lehre
Landkreis Helmstedt

Flechtorf liegt zwischen Braunschweig und Wolfsburg, nödlich von Lehre. Burg Campen, auch als Schloss bezeichnet, war eine frühere Niederungsburg in Insellage an der Schunter und gehörte den Welfen. Während der Zeit Heinrichs des Löwen, der 1195 in Braunschweig verstarb, war die Anlage Sitz eines Ministerialen. 1158 saß hier ein welfisches Dienstmannengeschlecht von Blankenburg. Die Burg wurde erstmals 1279 im Zusammenhang mit der Eroberung durch Herzog Heinrich den Wunderlichen und Herzog Albrecht den Feisten erwähnt. Im Jahre 1326 musste der Ritter Jordan von Campe die Rechte auf die Burg abgeben. Bis 1512 wechselte die

Burg Campen, Flechtorf

Schloss Friedland

Anlage mehrfach den Besitzer, kam somit durch Verpfändung an die von Saldern, von Knesebeck und schließlich an die Stadt Braunschweig. Als Nebenresidenz hergerichtet wurde die Anlage 1558 bis 1596 durch die Herzöge Wilhelm und Ernst von Braunschweig-Lüneburg und so entstand eine fünfflügelige Schlossanlage mit Wirtschaftsgebäuden, Marstall und Vorwerk, Kavalierhaus, Gefängnis und Lustgarten. Später wurde das Schloss, nachdem es 1706 an das Fürstentum Braunschweig-Wolfenbüttel gekommen war, als Amtssitz genutzt. Im Jahr 1860 ging die Schlossanlage an die Gemeinde Flechtorf und wurde anteilig verpachtet, bis sie 1875 an einen Gastwirt verkauft wurde. Die NSDAP richtete 1932 für die Hitlerjugend eine „Gauführerschule" ein. Nach Kriegsende wurde das Schloss Eigentum des Landes Niedersachsen, ist heute wieder in Privatbesitz und dient Wohnzwecken. Erhalten blieb das lange zweigeschossige Hauptgebäude, dessen Nordwand im Erdgeschoss in Bruchstein aufgeführt wurde. Südlich der Hoffront, deren Steinarchitektur der Renaissance in Fachwerk nachgebildet wurde, befindet sich die Jahreszahl 1596.

Schloss Friedland

37133 Friedland
Landkreis Göttingen

Im Dreiländereck Niedersachsen, Hessen und Thüringen, südlich von Göttingen, findet man Friedland mit dem im Ort liegenden Schloss. Die einstige landesherrliche Burg „Fredeland", die 1285 erstmals urkundlich erwähnt wurde, war der Ursprung des Ortes. Sie diente der Sicherung der Grenze zu den bereits erwähnten Ländern und wurde später in die Göttinger Landwehrlinie einbezogen. Graf Diedrich von Eberstein wurde im 13. Jahrhundert von den Braunschweiger Herzögen mit dem Amt Friedland belehnt. Da er sich jedoch diesen gegenüber als treulos erwies, bestrafte ihn Albrecht I. 1252 an der Asseburg mit dem Galgen. Im Dreißigjährigen Krieg wurde die Burganlage zerstört und 1743 trug man die Ruine großteils ab. Mit einem Teil des Materials wurde das damalige Amtshaus, welches das spätere Schloss wurde, errichtet. Heute befindet sich in diesem eine moderne Pflegeeinrichtung mit Parkanlage.

Schloss Fürstenau

49584 Fürstenau

Landkreis Osnabrück

Fürstenau liegt südwestlich der Ankumer Höhe des Nationalparks Nördlicher Teutoburger Wald und Wiehengebirge, nordwestlich von Osnabrück an der B 214. Die Burg gründete Fürstbischof Gottfried von Arnsberg und Osnabrück im Jahre 1344 zum Schutze gegen die Vorstöße der Tecklenburger Grafen. Dieser erste Bau bestand nur aus einem Festungsturm mit kleinem Anbau. Bis 1600 kamen die weiteren Gebäude dazu, zuerst der Südflügel, in dem sich heute die Katharinenkirche befindet. 1818 wurde sie für die Katholiken eingerichtet, die zuvor nach der Reformation die Schlosskapelle nutzen durften. Um 1950 wurde sie zur zweischiffigen Halle ausgebaut. Es folgte der Nordflügel und schließlich der Zwischenflügel. Das zum Renaissanceschloss durch Bischof Johannes

Schloss Fürstenau

IV., Graf von Hoya zu Stolzenau, gewandelte Anwesen diente den Osnabrücker Landesherrn als Residenz. Bereits im 15. Jahrhundert war hier ein Ort der Rechtsprechung, dessen zugehöriges Amtsgefängnis aus dem 17. Jahrhundert stammt. Die Torhäuser dienten seinerzeit als Stallgebäude. Im Dreißigjährigen Krieg bauten die Besitzer die Anlage zu einer starken Festung mit Wall und Gräben sowie Bastionen aus. Das Amtsgericht wurde 1972 aufgelöst und der Westflügel entstand erst 1974. Der Schlosskomplex mit starkem Bergfried wird durch seine breite Graft mit dem einzigen Zugang über eine lang gestreckte alte Brücke bestimmt. Der zweigeschossige Torflügel trägt über seiner Durchfahrt einen flachen Dreiecksgiebel aus Sandsteinrahmung mit dem Wappen des Bischofs Heinrich III., Herzog von Sachsen-Lauenburg. Die Verwaltung der neu gegründeten Samtgemeinde Fürstenau zog 1977 nach erfolgter Renovierung in das Schloss. Gegenüber befindet sich eine gastronomische Einrichtung.

Schloss Fürstenberg

Schloss Fürstenberg

37699 Fürstenberg

Landkreis Holzminden

Hoch über der Weser, auf einem Solling-Plateau zwischen Beverungen und Höxter, südlich von Holzminden, liegt Schloss Fürstenberg. Eine als Grenzfestung dienende Burg von 1350 entstand vermutlich unter einem welfischen Herzog aus Göttingen, der die Region als Lehen innehatte. Schon 1399 musste die Burg aus finanziellen Gründen verpfändet werden und 1545 wurde sie während einer Fehde weitgehend zerstört. Die Wehrmauern der Burg zur Weserseite und zwei Wohntürme im Osten sind noch heute erhalten. Heinrich Julius von Braunschweig-Lüneburg ließ 1589 bis 1613 wohl durch Paul Francke aus Wolfenbüttel die bestehende Anlage zum Renaissanceschloss umbauen. Im Jahr 1747 gründete dessen Nachfolger Herzog Carl I. von Braunschweig eine Porzellanmanufaktur, die in den Räu-

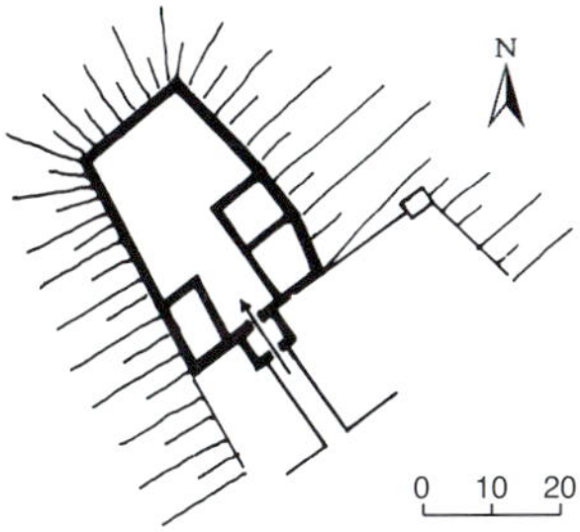

Schloss Fürstenberg, Grundriss

men des Schlosses untergebracht wurde, in dem bis 1972 das berühmte Fürstenberg-Porzellan hergestellt wurde. Später zog man in modernere Gebäude um. In dem 1957 eingerichteten Museum kann man das berühmte Porzellan aller Stilepochen seit dem Rokoko bestaunen oder im Laden ein gutes Stück erwerben. Darüber hinaus finden auf Schloss Fürstenberg Konzerte statt und im „Schlosscafé Lottine" kann man das verlockende Angebot genießen. Bei der Restaurierung von 1975 bis 1977 wurden der Kern der Anlage, die beiden Wohngebäude, sowie das vorgelagerte Torhaus mit Erker und reichem Volutengiebel von Zubauten befreit. Ein offenes hölzernes Treppenhaus aus der Mitte des 18. Jahrhunderts befindet sich im inneren Hof. Der äußere Hof ist heute von Wohn- und Betriebsgebäuden der Manufaktur umstellt.

Schloss Gartow

29471 Gartow

Landkreis Lüchow-Dannenberg

Zwischen Lüchow und Schnackenburg, in der historischen Landschaft Wendland, am westlichen Ufer der Seege, liegt an der B 493 Gartow. Schon 1225 soll es hier eine Wasserburg der

Schloss Gartow

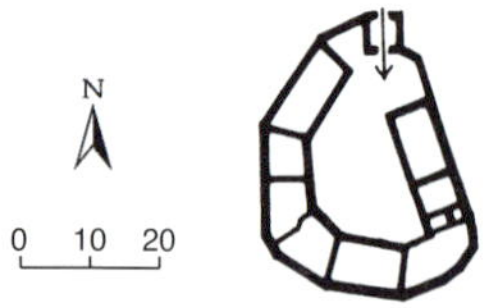

Schloss Gartow, Grundriss

Herren von Gartow gegeben haben, die von 1360 bis 1438 Sitz des Herrenmeisters vom Johanniterorden war. In der Zeit von 1438 bis 1694 wurde die Burg von der Familie von Bülow bewohnt, dann erwarb sie Andreas Gottlieb von Bernstorff, der sie wegen Baufälligkeit abreißen ließ. Der angesehene Premierminister des Kurfürsten von Hannover, des späteren Königs Georg I. von England, kaufte die Gartower Herrschaft zusammen mit 24 Dörfern und erwarb sich Macht und Ansehen. Das heute hier stehende stattliche Barockschloss mit Ehrenhofanlage wurde nach Plänen von J. C. Borchmann in der Zeit von 1710 bis 1727 für A. G. von Bernstorff erbaut. Zum Mittelbau mit Säulenvorbau und Mansarddach führt eine geschwungene Auffahrtsrampe. Die ursprünglich eingeschossigen Seitenflügel aus Backstein wurden 1843 durch G. L. F. Laves aufgestockt. Ein weitläufiger Park schließt sich an das Schloss an. Schloss und Park können nur zu Veranstaltungen, u. a. Konzerte, besichtigt werden. Eine Verkaufsstelle für Wild befindet sich in einem Vorgebäude.

Burg Gebhardshagen

Burg Gebhardshagen

38229 Gebhardshagen
Stadt Salzgitter
Kreisfreie Stadt

Gebhardshagen liegt zwischen Salzgitter und Bad Salzgitter an der Schnellstraße. Einst stand hier eine mittelalterliche Burg, die 1129 unter den Edelherren von Hagen bezeugt und nach deren Aussterben 1280 von den Welfen an verschiedene Geschlechter verlehnt wurde. Die Burg diente vor allem als Grenzfeste gegen den Hildesheimer Bischof. Als herzoglicher Amtssitz nebst Domäne fungierte die Anlage seit 1539 und bestand als Letzteres bis 1986. Bis in das 19. Jahrhundert war die Burg von einem Wassergraben umgeben. Die Gebäude, deren Gesamtanlage einst eine Vierflügelanlage

Schloss Gesmold

gewesen ist, sind um einen rechteckigen Hof gruppiert. Im Ostteil des Nordflügels verstecken sich Reste des mittelalterlichen Palas und der Südflügel war das ehemalige Amts- bzw. Herrenhaus, das im 17. Jahrhundert mit Fachwerkobergeschoss aufgeführt wurde. Als amerikanische Truppen 1945 in die Stadt kamen und die Produktion des Gutes vorangetrieben wurde, fanden auch viele Heimatvertriebene hier Arbeit und ein Zuhause. Die Erzbergbau Salzgitter GmbH übernahm das Gut. Auch 1980 war das Gut Gebhardshagen im Besitz der Salzgitter Güterverwaltung GmbH. Als die Stadt einen Teil der Anlage erwarb, begann sie 1987 im ehemaligen Schafstall eine Turnhalle zu errichten. Nachdem sich 1990 die PREUSSAG AG der Verantwortung für die Burg entzog, ging sie komplett an die Stadt. Heute finden hier Feste und Märkte statt und sie wird als Sportzentrum genutzt.

Schloss Gesmold

49326 Gesmold
Stadt Melle
Landkreis Osnabrück

Gesmold ist ein Stadtteil von Melle zwischen dem Teutoburger Wald und dem Wiehengebirge an der A 30. Die hier abseits des Ortes gelegene umfangreiche Anlage des 12. bis 18. Jahrhunderts, mit Kernburg, doppelter Vorburg und Torturm, ist aus einer einstigen Wasserburg hervorgegangen. Die ältesten bekannten Besitzer waren die Herren von Gesmele, die hier bis in

Gesmold

Schloss Gesmold

das 14. Jahrhundert saßen. Von 1400 bis 1540 waren die von dem Bussche durch Erbschaft im Besitz des Anwesens. Von 1540 bis 1608 kamen die von Amelunxen durch Heirat an die Burg. Im 16. Jahrhundert entstand der zweiflügelige Renaissancetrakt, im späten 17. Jahrhundert wurden die Vorburgen erweitert und um 1700 die Terrasse errichtet. Noch im Jahre 1725 war die Kernburg mit dreifachen rund verlaufenden Hausgräben umgeben. Von 1608 ist bekannt, dass Cord von Amelunxen das Gut an den Osnabrücker Fürstbischof Philipp Sigismund von Braunschweig-Wolfenbüttel verkaufen musste, worauf es zeitweise vom Hofmarschall des evangelischen Fürstbischofs Ernst August I., Georg Christoph von Hammerstein, verwaltet wurde. Dieser tauschte Gesmold 1664 gegen seine Güter Scheventorf und Schleppenburg ein. Georgs Halbbruder Christoph Rudolf von Hammerstein zu Apelern und Hornoldendorf gestaltete nach 1688 den großzügig angelegten Herrensitz und errichtete 1703 die hohe Mauer um den an das Schloss grenzenden Tiergarten. Der kolossale dreigeschossige quadratische Wohnturm ist der Kern der Anlage und stammt aus der Zeit um 1200. Auf dem Turm des Schlosses befinden sich vier Evangelistenstatuen, die aus der Zeit des Bischofs von Osnabrück stammen. Zur Renaissanceburg wandelte sich der Bau nach 1544, als man den Nord- und Ostflügel anfügte. Die der Zugbrücke zugewandte Torseite der Durchfahrt um 1600 trägt eine prachtvolle Kartusche von 1688 mit dem Doppelwappen von Christoph Ludolf von Hammerstein und Sophie Schenk von Winterstädt. Das Herrenhaus besitzt im Innern nur ein enges, 1771 eingebautes Treppenhaus und große Fayenceöfen ebenfalls aus dieser Zeit. Der Ausbau der Vorburgen, wo sich eine Orangerie,

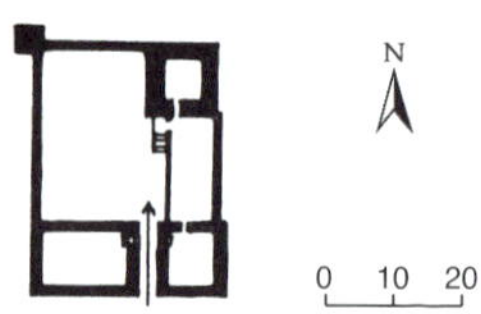

Schloss Gesmold, Grundriss

Brauerei und der Pferdestall des 18. Jahrhunderts befinden, geht auch in die Hammerstein'sche Zeit zurück. Im äußeren Wirtschaftshof liegt ein großer Garten, auf dessen Terrassen sich Plastiken von Kriegerinnen der Zeit um 1700 befinden. Bemerkenswert sind auch die qualitätsvollen Brückenleoparden und Götter am Rand der inneren Graft. Das äußere runde Torhaus mit mächtiger Haube von 1767 trägt ein Wappen von Hammerstein-Gesmold-von Seestedt. Das Mausoleum von 1687 bis 1739 weist eindeutiger auf die Bestimmung eines Lusthauses hin und wurde im 19. Jahrhundert als Erbbegräbnis genutzt. Im Schloss und in der Gartenanlage werden von der Familie Hammerstein Führungen angeboten, Lesungen gehalten, ein Café sorgt für das leibliche Wohl und im Bio-Laden kann man einkaufen.

Herrenhaus Gestorf

31832 Gestorf
Stadt Springe
Region Hannover

Ein Herrenhaus in Gestorf, gelegen zwischen Springe und Hildesheim, wurde im 14. Jahrhundert erstmals erwähnt und 1794 ein Neubau geschaffen. Nach einem Brand 1881 wurde der bestehende Herrensitz durch einen schlossartigen Bau nach Plänen von Chr. Hehl 1883/84 für die Herren von Ilten ersetzt. Nahezu die Hälfte des Dorfkerns wurde von dem Besitz derer von Ilten eingenommen, dem größten der drei Gestorfer Rittergüter, das aus dem weitläufigen Hof mit Scheunen, Ställen, Remisen und weiteren Wirtschaftsgebäuden bestand. Das Herrenhaus ist geprägt von einem Mittelrisalit mit Treppengiebel und dem altanartig überbauten Portikus sowie dem Turm. Ein weitläufiger Park umschließt das Anwesen. Heute ist Schloss Gestorf ein Therapiezentrum zur Wiedereingliederung ehemals Alkoholabhängiger und kann nur von außen besichtigt werden.

Herrenhaus Gestorf

Herrenhaus Gieboldehausen

37434 Gieboldehausen
Landkreis Göttingen

Zwischen Göttingen und Herzberg am Harz liegt an der B 27 am nördlichen Rand des Untereichsfelds Gieboldehausen mit seinem einstigen Adelssitz aus der Zeit um 1400. Zur Erbauungszeit wurde das Herrenhaus noch zweigeschossig aufgeführt. Der dreistöckige massive Wohnbau mit zwei Fachwerkgeschossen von 1528, der um 1800 Veränderungen erfuhr, diente als Burgmannsitz der Herren von Minnigerode und wird auch als „Schloss" bezeichnet. Von 1502 bis 1971 war es Wohnsitz der Freiherren von Minnigerode. Ursprünglich war die Gesamtanlage ein Gut, von dem dieser repräsentative Bau mit massivem Untergeschoss und überwölbtem Keller aus der Zeit eines Vorgängerbaus übrig blieb. Auch Wassergräben umgaben die Anlage. Sucht man nach früheren Besitzern, stößt man auf einen Hans von Brudenhusen, der Hans von Minnigerode dem Jüngeren im Jahre 1502 sein Anwesen verkaufte. Letzterer fungierte hier von 1521 bis 1532 als Amtmann und ließ 1520 das Herrenhaus in seiner heutigen Form errichten. Nachdem es 1986 durch den Flecken Gieboldehausen erworben wurde, ließ man es grundlegend 1987/88 sanieren. Seit 1991 besteht im schönen historischen, von einem gepflegten Park umgebenen Herrenhaus ein Kultur- und Begegnungszentrum.

Herrenhaus Gieboldehausen

Schloss Gifhorn

38518 Gifhorn
Landkreis Gifhorn

Die Kreisstadt Gifhorn liegt nördlich von Braunschweig am Großen Moor und am Rande der Lüneburger Heide. Neben dem Freilandwindmühlenmuseum ist auch das am nördlichen Stadtrand gelegene Schloss eine Attraktion der sehenswerten Stadt. Bereits im 10. Jahrhundert soll im

Schloss Gifhorn

Schutz der Aller und Ise eine runde Wasserburg auf künstlichem Hügel gestanden haben. Erstmals erwähnt wurde 1296 ein „Castrum Gifhorne". Das Schloss war im 14. und 15. Jahrhundert Gegenstand zahlreicher Verpfändungen und wurde schließlich in der Hildesheimer Stiftsfehde 1519 gänzlich zerstört. Die Celler Herzöge Otto und Ernst von Braunschweig-Lüneburg begannen 1525 mit dem Bau eines neuen Schlosses, vor allem mit dem Baumeister Michael Clare und dessen Sohn. Herzog Ernst machte das Schloss bei seiner Vermählung 1528 zum Hochzeitsgeschenk für seine Ehefrau Sophie von Mecklenburg-Schwerin. Das im Stile der Weserrenaissance gebaute Schloss war mit starken Umwallungen, Bastionen und Gräben befestigt und schützte die Anlage, die nie eingenommen wurde. Unter Herzog Franz, dem jüngsten Bruder von Ernst und Otto, war das Schloss von 1539 bis 1549 nur zehn Jahre Residenz des Herzogtums Gifhorn. Da dieser ohne männlichen Erben blieb, kam es wieder an die Celler Linie und diente als Witwensitz. Vollendet war der Schlossbau 1581, an dessen Hofseite sich eine ausgezeichnete Wappentafel des Herzogs Franz befindet, die um 1540 vermutlich von Levin Storch mit spätgotischem Rankenwerk und Engeln geziert wurde. Als 1639 der schwedische Feldherr Banér während des Dreißigjährigen Krieges durch Gifhorn zog, verzichtete er auf die Belagerung der starken Festung. „Lasst die Ente schwimmen", soll er gesagt haben. Der ursprüngliche West-

Schloss Gifhorn

flügel wurde Ende des 18. Jahrhunderts abgebrochen und von 1978 bis 1983 annähernd wiederhergestellt. Ein Schmuckbau ist das Torhaus, ältestes Gebäude, dessen halbkreisförmiger Giebel wohl nirgendwo anders so zu finden ist. In der Nordostecke befindet sich die protestantische Schlosskapelle von 1547, im einstigen Ablagerhaus der Rittersaal. Der Treppenturm mit Wendeltreppe von 1568 steht zwischen dem Torturm und dem Ablagerhaus. Ende des 18. Jahrhunderts wurden die Wehranlagen abgetragen, da sie nicht mehr benötigt wurden. Auch die Holzbrücke zum Torhaus riss man 1783 ab. Als 1791 der Drost Ulrich von Veltheim verstarb, verlegte man in das Schloss das erste herzogliche Amt mit Amtmann. Heute befindet sich in der prächtigen Anlage der Sitz der Kreisverwaltung, ein Heimatmuseum zur Entwicklung des Landkreises Gifhorn von der Urzeit bis zur Gegenwart und ein Restaurant. Im Rittersaal werden verschiedene Veranstaltungen durchgeführt.

Kaiserpfalz Goslar

38640 Goslar

Landkreis Goslar

Goslar liegt zwischen den nordwestlichen Ausläufern des Harzes an der B 241. Die im Kern staufische, zweigeschossige Anlage der Kaiserpfalz aus dem ausgehenden 12. Jahrhundert steht am Fuße des Rammelsbergs im Süden der Stadt. Der Palas birgt einen gewaltigen Saal für große Veranstaltungen. Entstanden ist hier um 1005 ein Pfahlbau für Kaiser Heinrich II., in den er 1009 den ersten Reichstag einberief. Von dieser einstigen Anlage ist nur noch die Ulrichskapelle nachgewiesen. Es war der Salier Heinrich III., der um 1050 die bestehende Pfalz erbaute. Heinrich IV. wird im November 1050 im Pfalzbezirk geboren und 1056 besuchte Papst Viktor II. für mehrere Wochen Heinrich III. in seinem Domizil.

Auch als sein Gastgeber verstorben war, kam der Papst und organisierte die Regierungsübernahme durch Heinrichs Witwe, Kaiserin Agnes. Zu Pfingsten im Jahre 1063 kam es beim „Goslarer Rangstreit“ zu einer blutigen Auseinandersetzung zwischen Bischof Hezilo von Hildesheim und dem Abt Widerad von Fulda, dessen Zeuge der junge Heinrich IV. wurde. Auch Kaiser Friedrich I. und Herzog Heinrich der Löwe lagen sich zwischen 1152 und 1188 in der Kaiserpfalz zu verschiedenen Angelegenheiten in den Haaren. Im Jahre 1150 entstand die Vorhalle am Dom und 1182 vollendete Friedrich I. Barbarossa das Kaiserhaus. Im Jahre 1253 hielt sich Wilhelm von Holland, deutscher König, in der Pfalz auf. Dann setzte der Verfall der Anlage ein. Viele adlige Herrensitze wurden im Laufe der Jahrhunderte durch Brand zerstört, so ereilte dieses Schicksal auch 1289 die Kaiserpfalz in Goslar und vernichtete zahlreiche Gebäude der Anlage. Im 16. Jahrhundert lagerte man landwirtschaftliche Produkte in den Pfalzgebäuden und 1672 stürzten die Türme der Liebfrauenkirche ein, deren Relikte ab 1722 als Steinbruch genutzt wurden. Die Dezimierung der Anlage setzte sich 1820 mit dem Abbruch des Doms bis auf die Vorhalle fort und 1865 stürzten im Kaiserhaus erneut Mauern ein. In den Jahren 1868 bis 1879 machte die preußische Regierung dem Niedergang ein Ende und ließ die verbliebenen Bauten historisierend rekonstruieren und von Hermann Wislicenius 1876 bis 1897 die Fresken im Kaiserhaus malen. 1913/14 und 1922 entdeckte Professor Uvo Adolf Hölscher, Archi-

Kaiserpfalz Goslar

tekt, Bauforscher und Ägyptologe, bei archäologischen Untersuchungen im Pfalzbezirk die Fundamente der Liebfrauenkirche. Von 1997 bis 2005 wurden die Fresken restauriert und ein Pfalzmuseum in Deutschlands besterhaltenem Profanbau des 11. Jahrhunderts eingerichtet. Der Chronist Lampert von Hersfeld sprach bereits damals vom „berühmtesten Wohnsitz des Reiches“. So überrascht es nicht, dass der Pfalzbezirk 1992 mit der Goslarer Altstadt und dem Rammelsberg zum Weltkulturerbe der UNESCO erhoben wurde. Im Pfalzgarten steht seit 1975 die Plastik „Goslarer Krieger“ des Kaiserringträgers Henry Moore.

Burgruine Greene

Burgruine Greene
Herrenhaus Greene

37547 Greene
Gem. Kreiensen
Landkreis Northeim

Zwischen Einbeck und Bad Gandersheim liegt der Ortsteil Greene der Gemeinde Kreiensen, direkt an der Leine. Die **Burg Greene**, eine mittelalterliche Spornburg, steht auf einer vorspringenden Bergnase über dem Leinetal. Die Anlage geht auf eine 1306 erwähnte Höhenburg der Edlen von Homburg zurück, die den Schutz der Handelsstraße über die Leine gewährleisten sollte. Als 1409 der letzte Homburger verstarb, erhielt die Witwe Schonette das Witwenrecht an der Burg, dies ging aber vertragsmäßig 1409 an Herzog Bernhard von Braunschweig als Erbe. Die Folge war ein Streit mit dem Bischof von Hildesheim, dem die Welfen schließlich 1414 die Burg für 12 000 rheinische

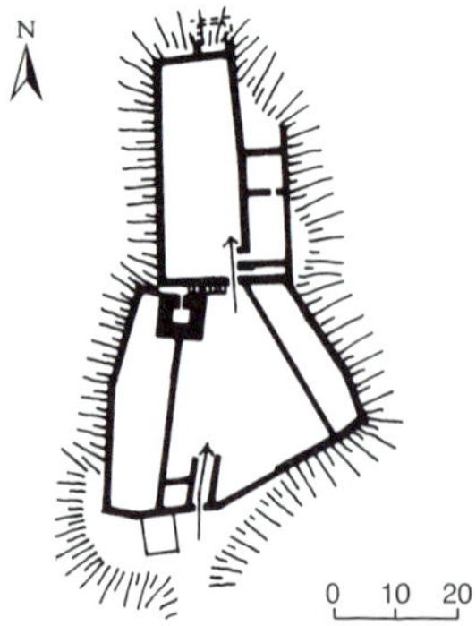

Burgruine Greene, Grundriss

Herrenhaus Greene

Gulden überließen, sich aber das Wiederkaufsrecht vorbehielten, weshalb die Anlage Ende des 15. Jahrhunderts wieder welfisch wurde. Im Jahre 1553 zerstörte Vollrad von Mansfeld auf Anweisung des Markgrafen Albrecht von Brandenburg-Kulmbach die Burg. Unmittelbar darauf ließ sie Herzog Heinrich der Jüngere wiedererstehen, doch im Dreißigjährigen Krieg wurde sie erneut mehrfach zerstört und kam nach der Schlacht bei Lutter an die Kaiserlichen. Nach der Nutzung als Sitz des Amtes Greene galt sie 1704 als verlassen, als auch die Tagelöhner aus der Burg ausgezogen waren. Ihre Steine dienten zum Bau von Häusern im Dorf. Neben kleineren Relikten war 1757 nur noch der Turm vorhanden. Erste Instandsetzungen begannen 1880. Bis heute sind der quadratische Bergfried aus Bruchstein und die Umfassungsmauern von Vor- und Hinterburg erhalten geblieben. Im Jahre 1953 erklärte man die Burg zur Bundesweihstätte für die deutschen Kriegsgefangenen des Zweiten Weltkrieges. Im Bergfried waren bis 1961 sieben Millionen Unterschriften für die Petition des Verbandes der Heimkehrer, Kriegsgefangenen und Vermisstenangehörigen Deutschlands untergebracht. Des Weiteren wurde auch die Freilassung der Kriegsgefangenen aus der Sowjetunion gefordert. Symbolisch wird daran erinnert durch Wandschreine der damaligen Bundesländer im Turm sowie an der Außenmauer mit Kreuz und Gedenktafel. Vom Bergfried hat man einen schönen Ausblick in das umgebende Land. Zu besonderen Anlässen finden hier Konzerte und andere

Veranstaltungen statt. Das **Herrenhaus** inmitten des Ortes ist eine Vierflügelanlage um einen annähernd quadratischen Hof, erbaut von 1696 bis 1704 von Oberstleutnant J. C. Völcker, Braunschweig. Hier befinden sich ein kleines Heimatmuseum, ein Café, Einkaufszentrum, Arztpraxen und ein Kindergarten.

Schloss Grohnde

31860 Grohnde
Gem. Emmerthal
Landkreis Hameln-Pyrmont

Grohnde mit seinem ehemaligen Schloss liegt zwischen Hameln und Bodenwerder. Bereits um 1300 wurde eine Burg an der Weser erbaut. Das Kernstück der

Schloss Grohnde

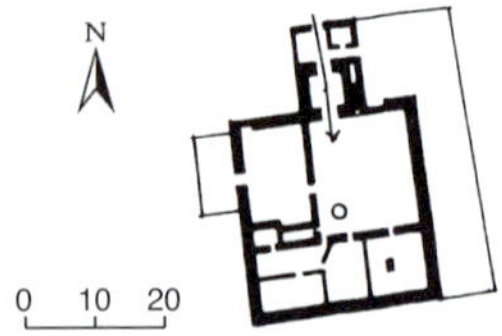

Schloss Grohnde, Grundriss

heutigen schmucklosen Vierflügelanlage bildet das ehemalige Amts- und heutige Pächterwohnhaus der Domäne. Die Anlage, deren mächtiger Torturm mit Dachreiter im Nordflügel alle Bauten überragt, gruppiert sich um einen quadratischen Innenhof. Heute sind die einzelnen Bauten verputzt, zum Teil mit Bruchsteinmauerwerk oder Fachwerkbau gestaltet. Nicht nachgewiesen ist, ob der Drost Jürgen von Holle beim dreigeschossigen Anbau der Anlage von 1557 bis 1559 mittelalterliche Mauern einbezog und wie viel davon noch erhalten sind. Kriegsobrist Georg von Holle baute das Anwesen weiter aus und letzter Pfandinhaber war Statius von Münchhausen. Als das Lehen 1619 eingezogen wurde, gründete man das Amt Grohnde und besetzte es bis in das 19. Jahrhundert mit Amtmännern als Verwalter des Landesherrn. Die Neubauten des Nord- und Ostflügels entstanden laut Inschrift 1649, wohl einer davon wurde von Behling geschaffen. Im 18. Jahrhundert baute man die repräsentative Weserseite mit zweigeschossigem Mitteltrakt und zwei Eckrisaliten. Die gesamte Anlage ist mit dem sich nach Süden des Flusses erstreckenden ehemaligen Landschaftspark von einer Bruchsteinmauer umgeben. Heute ist das Land Niedersachsen Eigentümer und verpachtet die Domäne mit Ländereien.

Osterburg Groothusen

26736 Groothusen
Gem. Krummhörn
Landkreis Aurich

Groothusen ist ein altes Langwurtendorf im Westen Ostfrieslands, 15 Kilometer nordwestlich der Seehafenstadt Emden. Von den ursprünglich drei Burgen, der Oster-, Middel- und Westerburg, hat nur die Dreiflügelanlage der im 18. Jahrhundert umgebauten ehemaligen Osterburg überdauert. Sie wurde um 1490 neu errichtet, doch die beiden anderen fielen den Fehden mit den Hamburgern von 1400 und 1432 zum Opfer. Der Zugang führt über eine Brücke mit vier barocken Torpfeilern, deren zwei mittlere mit Wappen haltenden Löwen geziert sind. Während der Mittelbau zum Hof eingeschossig ist, hat der zur Gräfte zwei Geschosse, ist im Kern wohl noch mittelalterlich und wurde im 18. Jahrhundert umgebaut. Die eingeschossigen Flügelbauten stammen ebenfalls aus dieser Zeit. Der Westflügel hat eine Datierung von 1707. Im Innern befinden sich eine ansehnliche Ledertapete mit großem Brokatmuster sowie Kamine. Ein kost-

Osterburg Groothusen

barer Grabstein in Blaustein geschlagen, der Adda von Meckenaborg, Herrin von Groothusen, verweist auf das Jahr 1590. Die Osterburg befindet sich im Privatbesitz, hat eine denkmalgeschützte Gartenanlage und es werden Gruppenführungen angeboten.

Herrenhaus Großgoltern

30890 Großgoltern
Stadt Barsinghausen
Region Hannover

Großgoltern ist ein nordöstlicher Ortsteil der Stadt Barsinghausen. Sein 1558 erwähntes, dreiflügliges Herrenhaus mit Fachwerk im Obergeschoss ist von einem Wassergraben umgeben. Der Südflügel stammt zum Teil wohl aus der Mitte des 16. Jahrhunderts, dagegen der Mitteltrakt von 1700. Den Nordflügel, der 1911 einen Vorbau mit indischem Türblatt bekam, baute 1886 H. Schaedtler aus Hannover. Im Innenhof befinden sich einige Grabplatten, deren älteste mit Ritzzeichnung von 1492 versehen ist. Herzog Erich zu Braunschweig-Lüneburg übertrug im April 1558 Rittmeister Ernst von Alten das Gut Groß Goltern. Dessen Nachkommen sind noch heute im Besitz des Anwesens. Die Geschichte des Gutes geht allerdings noch weit vor das 16. Jahrhundert auf das Geschlecht

Herrenhaus Großgoltern

derer von Goltern zurück. Nach originalgetreuer Restaurierung wird ein Großteil der Anlage heute für Kunst, Kultur und Gastronomie genutzt und das Hofcafé sowie der Rittersaal bieten ein angenehmes Ambiente, insbesondere für Eheschließungen. Im Alten Speicher können Tagungen, Ausstellungen und verschiedene Veranstaltungen durchgeführt werden.

Burg Hagen

Burg Hagen

27628 Hagen

Landkreis Cuxhaven

Die ehemalige Wasserburg, die in der Gemeinde Hagen östlich der A 27 zwischen Bremen und Bremerhaven zu finden ist, wurde von den Bremer Erzbischöfen erbaut und erstmals 1182 erwähnt. Sie sollte dem Schutz der Bramstedter Kirche vor den aufständischen Stedingern dienen. Im Jahr 1575, als bereits die Reformation nahte, heiratete Erzbischof Heinrich III. von Sachsen-Lauenburg in der mit Malereien geschmückten Burg zu Hagen eine Bürgermeistertochter aus Köln und noch 1820 fanden in der Burg Gottesdienste statt. Sie diente nun als Amtshaus, Gefängnis und von 1846 bis 1978 als Wohnung für die Bediensteten des Amtsgerichtes. Es ist ein schlichter zweigeschossiger Backsteinbau von 1502 mit Walmdach. Der Türsturz des Eingangsportals trägt ein schönes Sandsteinrelief mit Wappen und Festons vom Anfang des 18. Jahrhunderts. Bemerkenswert sind auch die im Obergeschoss ab 1979 freigelegten und 1987/88 restaurierten Wandmalereien. Mit der ungewöhnlichen Grisaille-Malerei ist der Bau heute ein bedeutendes Baudenkmal und ein gern besuchtes Kulturzentrum. Der kulturelle Bogen spannt sich von wechselnden Ausstellungen über kulturelle Veranstaltungen, Konzerte und Lesungen bis zum Kindertheater. Eheschließungen im mittelalterlichen Ambiente sind immer ein besonderes Ereignis, aber auch im Landfrauen-Café kann man es sich gut gehen lassen.

Burg Ohsen

31860 Hagenohsen
Gem. Emmerthal
Landkreis Hameln-Pyrmont

Hagenohsen liegt südöstlich von Hameln im Weserbergland Schaumburg-Hameln. Die Burg wurde ursprünglich als eine „villa osen" angelegt, 1004 bezeugt und 1259 „castrum" genannt. 1329 wurde die Burg durch Graf Hermann von Everstein urkundlich erwähnt. Um 1335 mussten die Eversteiner die noch nicht fertiggestellte Burg den Braunschweiger Herzögen überlassen, die sie wiederum den Homburger Grafen, Erzrivalen der Eversteiner, überließen. Die noch heute erhaltenen Teile der Burg wurden von den Homburgern erbaut. Die dreiflügelige Anlage errichtete man um 1700 mit einem Innenhof, nach Nordwesten geöffnet. Die eingeschossigen Wohnbauten sind in Bruchstein und mit Mansarddächern aufgeführt. Der mächtige Bergfried vom Anfang des 13. Jahrhunderts wurde im Südostflügel eingebaut und der stämmige Torturm befindet sich in der Vorburg mit Wappen der Grafen von Spiegelberg aus der ersten Hälfte des 15. Jahrhunderts. Heute ist die Anlage Domäne, in Privatbesitz und nicht zugänglich.

Burg Ohsen, Hagenohsen

Schloss Hämelschenburg

31860 Hämelschenburg
Gem. Emmerthal
Landkreis Hameln-Pyrmont

Im Emmerthal des Weserberglandes liegt zwischen Hameln und Bad Pyrmont das Schloss Hämelschenburg. Es ist mit seiner Lage am Berghang imposant über der Emmer gelegen, geht auf eine alte Lehensburg der Welfen zurück, die sie von den Grafen von Everstein bekamen, und ist das bedeutendste Werk der Weserrenaissance. Es zählt mit seinen Kunstsammlungen, den Gartenanlagen, Wassermühle, Wirtschaftsgebäuden und der Kirche zu den schönsten Renaissanceanlagen Deutschlands. Um 1414 kam das Lehen, noch unter dem Namen „Hemer-

Schloss Hämelschenburg

senburg", in die Hände der Herren von Lügde und 1437 erhielt die Familie von Klencke die nun als Hämelschenburg genannte Anlage zum Lehen. Sie ist bis heute im Besitz der Familie geblieben. Die Geschichte berichtet, dass 1485 die Burg von westfälischen Truppen besetzt wurde und zwei Jahre später Herzog Wilhelm von Braunschweig einen angeblich von der Burg aus durchgeführten Straßenraub als Vorwand nutzte, die Burg zu zerstören und den Klenckes das Lehen zu nehmen. Erst 1493 bekam Wilken von Klencke das Lehen zurück. Im Jahre 1544 zerstörte ein Großbrand die Anlage fast völlig, sodass man von einem Wiederaufbau Abstand nahm. 1556 wurde deshalb unmittelbar unterhalb des heutigen Schlosses der noch vorhandene Wirtschaftshof errichtet und diente als Wohnung. Zusätzlich zum Neubau ließ Ludolf von Klencke 1563 die zerstörte Schlosskapelle neu errichten, doch Vater des Schlosses sollte Rittmeister Jürgen von Klencke werden. Er heiratete 1587 die Nichte des Bischofs Ebhard von Holle, Anna von Holle, und begann ein Jahr später mit dem Bau des heutigen Schlosses. Unter dem Baumeister Eberhard Wilkening aus Hameln, auch Everd Wilken genannt, entstand der Nordbau und bis 1599 der Südflügel, der westliche Verbindungstrakt, vermutlich von Johann Hundertossen aus Hameln. Mit inzwischen 14 Kindern setzten sich Jürgen von Klencke und seine Frau Anna von Holle im Schloss zur Ruhe.

Die unterhalb liegende Kapelle und der Wirtschaftshof sind ursprünglich wie die Schlossanlage durch hohe Wälle und einen tiefen Graben befestigt. Dieses Befestigungssystem wurde von 1845 bis 1850 reduziert. Der dreiflügelige Schlossbau wurde nach Nordosten hin geöffnet und an der späteren Nutzung orientiert. Es entstand ab 1588 der zweigeschossige Nordflügel mit der ehemaligen Gerichtsstube. Der Rittersaal befindet sich im Obergeschoss und der mittlere Flügel birgt die Wirtschaftsräume. Die Treppentürme datieren aus der Zeit von 1592 und 1599 und der dreigeschossige Wohntrakt im Süden wurde wohl erst 1606/07 beendet. Im Inneren befindet sich im Erkerzimmer des Südflügels ein schöner Kamin von 1606, aber auch ein Kachelofen mit reliefgeschmücktem eisernem Unterbau von 1613 ziert einen Raum und ein weiterer prachtvoller Kaminunterbau – ursprünglich aus dem Rittersaal – von 1593 befindet sich heute in der ehemaligen Küche des Westflügels. Zahlreiches Mobiliar vom Ende des 16. bis Ende des 19. Jahrhunderts gibt den Räumlichkeiten ein repräsentatives Flair. Auch ein schräg zur Burg über den ehemaligen Festungsgraben gestelltes Brückentor von 1603 ist sehenswert. Besichtigt werden können heute im 1973 eröffneten musealen Bereich Räume aus der Bauzeit und Säle des 19. Jahrhunderts. Räumlichkeiten können auch für festliche Anlässe gemietet werden und ein Café sowie der Park laden zum Verweilen ein. Des Weiteren gibt es hier noch ein Kunstatelier, ein Malstudio und eine Seifensiederin in der Schlossmühle. 1993 erfolgte die Gründung einer Gemeinnützigen Stiftung zum Erhalt des Schlosses.

Welfenschloss Hannover Herrenhäuser Gärten

30167 + 30419 Hannover
Landeshauptstadt

Das **Welfenschloss**, heute Sitz der Technischen Universität, das nach dem Abriss des Schlösschens Mont Brillant ab 1857 als Sommerresidenz für Georg V. nach Entwurf von C. H. Tramm erbaut wurde, befindet sich am Welfengarten. Noch in den ersten Baujahren erweiterte man das Schloss zur Hauptresidenz. Im Jahre 1861 setzte E. Heldberg nach Tramms Tod die Arbeit fort. Als Hannover und somit die Anlage 1866 in preußischen Besitz kam, wurde der fertige Außenbau stillgelegt. Von 1875 bis 1879 baute man das zwischenzeitlich als Lazarett genutzte Schloss zur Technischen Hoch-

Welfenschloss Hannover

schule durch H. Hunaeus um. Im Endergebnis kam eine breite, um drei Höfe gruppierte Anlage aus hellem Deistersandstein und gelben Ziegeln zur Ausführung. Der im ersten Bauabschnitt erstellte Mittelbau wurde mit fünf Türmen umstellt und bei den späteren Umbauten schloss man die monumentalen rundbogigen Tordurchfahrten. Die Terrassen und Freitreppen der Gartenseite wurden entfernt und die einstige Kapelle durch Hörsaalneubauten ersetzt. Auch das Innere wurde drastisch verändert, wobei nur die dreiläufige Treppe mit gusseisernem Maßwerkgeländer im Westflügel bestehen blieb. An der Südseite stehen beiderseits der Freitreppe Bronzelöwen von A. Rosenthal von 1861 und das 1865 in Bronze gegossene Sachsenross von F. W. Wolff wurde 1878 von Hunaeus in der Mittelachse des Schlosses auf hohem Granitsockel aufgestellt. Aus dem einstigen Schloss Mont Brillant besteht noch andeutungsweise der umgebende Welfengarten, der unter König Georg III. 1779 in einen Landschaftspark umgewandelt wurde. Die Eisenbrücke im Bereich der 1828 in ein landschaftsgebundes Gewässer umgestalteten Graft stammt von Laves aus der Zeit 1843/44.

Im Westen Hannovers, im heutigen Ortsteil **Herrenhausen**, erwarb Herzog Georg von Calenberg 1638 Ländereien und aus diesem herzoglichen Vorwerk entwickelte sich seit 1666 unter

Herrenhäuser Gärten, Hannover, Galeriegebäude

seinem Sohn Johann Friedrich die Sommerresidenz Herrenhausen der Calenberger Herzöge. Vom abgebrochenen Schloss Lauenstadt bei Coldingen errichtete man ein Lusthaus als Fachwerkbau durch S. J. Stoers, nach einem Entwurf von L. Bedogini. Im Jahre 1676 stattete H. Satorio den Bau zum Schloss aus. Klassizistisch wurde dieses 1820/21 durch Georg Ludwig Friedrich Laves erweitert. Bedauerlicherweise wurde die sich zum großen Garten öffnende Dreiflügelanlage des Schlosses 1943 durch einen Bombenangriff nahezu vollständig zerstört. Nur die halbkreisförmige Abschlussmauer blieb erhalten. Seit 2010 wird Schloss Herrenhausen nach dem alten Vorbild wieder aufgebaut. Das bestehende Galeriegebäude mit barocker Ausmalung östlich des Schlosses war als Orangerie geplant und ist heute der dominante Bau der Gartenanlage. Errichtet wurde dieser mit Sandsteingliederungen von 1694 bis 1698 nach einem Entwurf des kurpfälzischen Hofbaumeisters J. P. Wachter durch den Bauverwalter B. Westermann. Der Mittelteil wurde über beide Geschosse als Orangerie und Festsaal genutzt und die pavillonartigen Flügel an den Kopfenden als Wohnräume. Das Mittelportal der Gartenseite ist von

Herrenhäuser Gärten, Hannover, Orangerie

Herrenhäuser Gärten, Bibliothek, Hannover

Pilastern eingefasst und übergiebelt. Das Mansarddach wurde attikaartig zum Mezzanin mit Figurenbekrönung ausgebaut. Der schon äußerlich beeindruckende Bau wird noch übertroffen von der prächtigen Innenausstattung, die der Venezianer T. Giusti schuf. Die Ausmalung des Festsaales ist der größte barocke Freskenzyklus Norddeutschlands und auch an den weiteren Räumen kann man sich erfreuen. Die nördlich gelegene neue Orangerie, gebaut von J. Chr. Boehme, stammt aus der Zeit von 1720 bis 1723 und wurde in Fachwerk ausgeführt. Einst musste sie 600 Orangenbäume beherbergen. Im Jahre 1823 wurde sie in Putz und mit rundbogigen Fenstern umgestaltet. Der Große Garten ist einer der bedeutendsten Barockgärten überhaupt. Zunächst entstand 1666 von M. Grosse ein erster bescheidener Lustgarten zeitgleich mit dem Schloss, der von 1674 bis 1678 durch den Celler Hofgärtner H. Perronet reicher mit Grotte und Kaskade ausgestaltet wurde. Wesentliche Erweiterungen und Umgestaltungen vollzogen sich ab 1682 unter der Leitung von M. Charbonnier aus Osnabrück, auf Betreiben der Kurfürstin Sophie, die den Großen Garten als „ihr Leben" bezeichnete. Das Gartentheater, ältestes Heckentheater der Barockzeit, wurde 1689 bis 1693 errichtet und ab 1696 begann man mit der Ausschachtung der Graft.

Die Friederickenbrücke über die Graft wurde als Spannbogenkonstruktion von Laves geschaffen. Sein Sohn, E. A. Charbonnnier, legte 1726/27 die vierreihige lange Lindenallee als Verbindung zur Stadt an, sie wurde 1973/74 neu bepflanzt. Die Was-

Herrenhäuser Gärten, Hannover

serkünste entstanden unter Mitwirkung von Gottfried Wilhelm Leibnitz 1720. Zahlreiche Gartenplastiken zieren die Anlage. Das Marmordenkmal von Kurfürstin Sophie wurde 1878 vom Maler und Bildhauer Friedrich Wilhelm Engelhard aufgestellt. Im Fürstenhaus Herrenhausen befindet sich das Herrenhausenmuseum mit kostbaren Möbeln, Gemälden, Porzellan und Skulpturen aus dem Besitz der Herzöge und Könige von Hannover. Es liegt nördlich gegenüber dem Großen Garten. Gebaut wurde das zweigeschossige Fürstenhaus von 1719 bis 1721 und diente als Wohnsitz der Gräfin Louise von Delitz, einer natürlichen Tochter von Georg I. An diesem Berggarten über der Herrenhäuser Allee steht auch der im französischen Klassizismus von Laves gebaute Bibliothekspavillon mit Mittelkuppel vom Beginn des 19. Jahrhunderts. Konzipiert wurde er ursprünglich als „Gartenmeister-Wohnung“. Der Berggarten wird ebenfalls in die Führungen einbezogen. Das Ausflugsziel in der Landeshauptstadt setzt besonders in den Sommermonaten Glanzpunkte mit Konzerten und Beleuchtung des Großen Gartens.

Welfenschloss

34346 Hannoversch Münden
Landkreis Göttingen

Hannoversch Münden liegt an der hessischen Grenze nordöstlich von Kassel. Hier fließen Werra und Fulda zur Weser zusammen, was der Stadt die Zusatzbezeichnung „Drei-Flüsse-Stadt" einbrachte. Auf einer mäßigen Erhebung am Südufer der Werra liegt das Welfenschloss, wohl an der Stelle einer hochmittelalterlichen Burg. Der welfische Herrschaftssitz besteht hier bereits seit 1247. Es war Herzog Erich I., der ab 1501 das Residenzschloss neu im gotischen Stil und mit Fachwerkoberteil und Holzgalerien sowie spätgotischem Treppenturm gestaltete. Mit Glück im Unglück blieben beim Brand 1561 zahlreiche Teile im Nordosten verschont, wie der benannte Turm und das zum Fluss hin stehende polygonal gebrochene zweigeschossige Chörlein sowie der Werraflügel bis zum zweiten Obergeschoss. Herzog Erich II. ließ in zwei Bauabschnitten die Flügelbauten in Renaissanceformen von 1735 bis 1741 wieder entstehen. Auf Geheiß König Georgs II. von England wurde das Schloss zur Kaserne umgebaut und nach Verwüstungen im Siebenjährigen Krieg wurden Magazine eingerichtet. Zum En-

Welfenschloss, Hannoversch Münden

Welfenschloss, Hannoversch Münden

de des 18. Jahrhunderts führte man den Ostflügel neu auf, doch 1849 brannte der ehemalige Südflügel aus Fachwerk ab und wurde nicht wieder aufgebaut. Schon seit 1861 ist das Welfenschloss, dem in den 80er-Jahren des 20. Jahrhunderts umfangreiche Restaurierungen und Rekonstruktionen am Außenbau zuteil wurden, Sitz verschiedener Behörden. Aus der Zeit Herzog Erichs II. befinden sich im Museumsbereich bedeutende Wandgemäldezyklen sowie Gemächer mit polygonalem spätgotischem Erker, die am Außenbau als zweigeschossiges Chörlein zusammengezogen sind. Sehenswert sind das Gemach zum weißen Ross und das Römergemach sowie wertvolle Mündener Fayencen. Ebenfalls im Schloss beheimatet sind Stadtarchiv und -bücherei sowie das Amtsgericht.

Burg Hardegsen

Burg Hardegsen

37181 Hardegsen
Landkreis Northeim

Die Stadt Hardegsen nordwestlich von Göttingen bezeichnet sich als das Tor zum Solling und ist ein staatlich anerkannter Luftkurort. Auf einem Felsvorsprung über dem Tal der Espolde liegt Burg Hardegsen, die seit Anfang des 14. Jahrhunderts Sitz der Edlen von Rosdorf war. Conrad und Ludwig von Rosdorf erbauten 1324 das Muthaus (Palas) und erweiterten den Burgkomplex umfangreich. Im Jahre 1379 ging die Burg an Herzog Otto von Braunschweig zu Göttingen über, der hier zeitweilig nach seiner Vertreibung residierte und auch hier verstarb. Später wurde das

Anwesen Witwensitz seiner Gemahlin Margarethe. Nachdem 1560 die Burg weder als Residenz noch Witwensitz fungierte, wurde sie von 1568 bis 1823 Verwaltungssitz des Amtes Hardegsen. Für die geplante künftige Domäne führte man von 1725 bis 1780 weitreichende Umbauarbeiten an der Burganlage durch, sodass nur Muthaus, Hagenhaus und Teile der Burgmauer erhalten blieben. Das Mos- oder Muthaus, ursprünglich ein Wohnturm beziehungsweise ein Vorratshaus, ist heute Fremdenverkehrszentrum und wurde 1974 bis 1976 restauriert. Es ist ein dreigeschossiger, rechteckiger Quaderbau aus Rotsandstein über einem Sockelgeschoss, in dessen Keller sich gotische Kreuzgewölbe mit Achteckpfeilern befinden. Der mittelalterliche Rittersaal reicht über zwei Geschosse und besitzt eine Holzbalkendecke mit Unterzug. An der Nordseite ein gotischer Sandsteinkamin und südlich vorgelagert das ehemalige Amtshaus aus der Zeit um 1780. Der Burghof ist von Wirtschaftsgebäuden der ehemaligen Domäne umschlossen und entstand im 18. Jahrhundert. 1972 erfolgte die Auflösung der Domäne und der gesamte Burgbereich wurde von der Stadt Hardegsen aufgekauft. Zusätzlich zu den musealen Ausstellungen finden im Muthaus Burgkonzerte statt. Der Reitsportverein ist ebenfalls auf dem Gelände untergebracht, im Nebengebäude befindet sich eine Spielzeugausstellung und der Sitz Kulturinitiative Hardegsen e. V. in der Burg. Hier werden Lesungen und im Außenbereich Veranstaltungen zu besonderen Anlässen durchgeführt. Räumlichkeiten im Muthaus können für Feierlichkeiten und Veranstaltungen gemietet werden und im Rittersaal kann man sich im Frühjahr und Sommer das Ja-Wort geben.

Herrenhaus Harderode

31863 Harderode

Flecken Coppenbrügge
Landkreis Hameln-Pyrmont

Harderode mit seinem Herrenhaus ist etwas südlich zwischen Hameln und Hildesheim sowie

Herrenhaus Harderode

westlich von Salzhemmendorf gelegen. Gebaut wurde das Herrenhaus in den Jahren 1899/1900 durch den Architekten Otto Luehr für Bauherr Rudolf von Blum als Ersatz für ein baufälliges Fachwerkhaus. Die Garten- und Parkanlage schuf der Gartenkünstler Julius Tripp. Dass dieses Haus einem Schlösschen gleichen sollte, ist unschwer an der architektonischen Arbeit zu erkennen. Der drei Hektar große Park, der das Herrenhaus umgibt, unterstreicht das Schlossartige. Teilweise wird die Anlage von einer Mauer umgeben. Nachdem der vorgesehene Erbe Hans-Jürgen von Blum mit 19 Jahren zu Beginn des Ersten Weltkrieges gefallen war, wurde nach dem Tode des Erbauers 1935 der landwirtschaftliche Betrieb verpachtet und das Herrenhaus geräumt. Einige Jahre darauf stand das Haus ungenutzt, worauf es 1940 mit Park an die Landwirtschaftskammer Hannover vermietet und die Landfrauenschule (Trillkegut Hildesheim) dorthin verlegt wurde. 1958 wurde das Herrenhaus an das „Frauenheim vor Hildesheim“, das heutige Diakonische Werk Hildesheim e. V. in Himmelsthür, vermietet. Zunächst wurde es als Kinderheim genutzt, später wurden dort geistig und körperlich schwerst behinderte Kinder betreut. 1996, nach einem Jahr Leerstand, kam der historische Bau an Sven-H. von Wedemeyer und seine Frau Cornelie, eine geborene von Blum. Sie renovierten das Herrenhaus umfassend unter Berücksichtigung der Auflagen des Denkmalschutzes und nutzen dieses ausschließlich privat. Das Haus und der Park sind der Öffentlichkeit nicht zugänglich, doch zu Himmelfahrt findet in jährlicher Tradition ein Freiluftgottesdienst für alle Bewohner der umliegenden Dörfer im Park statt.

Herrenhaus Düneburg

49733 Haren (Ems)
Landkreis Emsland

Nahe der niederländischen Grenze, nördlich von Meppen, liegt das Städtchen an der Ems. Die hier stehende ehemalige Wasserburg des Gutes „Düneburg“ war seit 1729 im Besitz des Oberkriegskommissars von Meppen, Johann Bernhard Lipper, der seinem Landsitz auch den Namen gab. Er heiratete Maria Hermine Pictorius und gründete den emsländischen Zweig der Familie. Das Gut ging später auf den Sohn Peter Franz Lipper über und nach dessen Tod 1794 übernahm das Anwesen sein Bruder Hermann. Amtsrentmeister Dr. jur. Josef Reinking erbte 1836 den Besitz von seinem Großon-

Herrenhaus Düneburg, Haren

kel Hermann Lipper und wurde Herr auf „Gut Düneburg“. Seine Nachkommen haben noch heute das Gut in Besitz. Das Herrenhaus ist ein eingeschossiger Bau aus der Mitte des 18. Jahrhunderts und nur ein Teil einer größeren, nicht ausgeführten Planung von Lipper. Mitte des 19. Jahrhunderts wurde die Anlage umgebaut und erweitert. Im Saal des Hauses befinden sich Gemälde der Familien Pictorius, Lipper und Reinking. Gut Düneburg hat sich von seiner landwirtschaftlichen Bestimmung zu einem Freizeitunternehmen mit modernem Dreisterne-Hotel und Restaurant gewandelt. Von hier werden gern Radtouren und Bootsfahrten unternommen oder Reitausflüge gestartet. Ein Golfpark, Golfschule und Golfclub runden das Freizeitvergnügen ab.

Schloss Hasperde

31848 Hasperde
Stadt Bad Münder am Deister
Landkreis Hameln-Pyrmont

Der Ortsteil Hasperde liegt im Weserbergland südlich von Bad Münder, abseits der B 217. Das prächtige, 1675 erbaute Renaissanceschloss, heute als Seniorenheim genutzt, ist am östlichen Randbereich des kleinen Dorfes zu finden und ist zugleich Wahrzeichen des Ortes. Die Geschichte hat nur wenig über das Schloss zu berichten. So kann man vermuten, dass das alte niedersächsische Adelsgeschlecht der Familie von Hake dieses errichten ließ, die auch gegen Ende des 19. Jahrhunderts als Besitzer nachgewiesen ist. Bereits vor ihnen hatten die Familien von Lenthe und von Ellin-

Schloss Hasperde

gerodt Besitzrechte. Freifrau von Hake lebte hier mit ihren Kindern. Ihre gute Beziehung zum ansässigen Bischof sicherte die katholische Erziehung des Nachwuchses und für die ansässigen Bürger des Ortes einen Seelsorger. Die daraufhin errichtete Kapelle im Schloss galt fortan als neue Missionsstation. Von 1883 bis 1893 erfolgte ein historisierender Um- und Ausbau zahlreicher Gebäude sowie des alten Herrenhauses durch den Architekten A. Lingemann aus Hannover. Dieser schuf eine stattliche und dennoch verspielte Dreiflügelanlage der Neorenaissance mit zahlreichen Türmchen, Zwerchhäusern und einem Mausoleum. Der kurze Nordflügel stammt im Kern von 1675 und

Schloss Hasperde

das eigentliche Herrenhaus, der lange zweigeschossige Ostflügel, aus der Zeit um 1700. Der südliche Flügel kam im 18. Jahrhundert hinzu und das am südlichen Rand des Parks befindliche Mausoleum entstand von 1881 bis 1884. Letzteres ist ein polygonaler Zentralbau mit offener Ringhalle und wurde durch eine breite Freitreppe monumentalisiert. Nach den von Hakes sind auf Hasperde noch die von Hammerstein-Equord und die Freiherren von Kipe genannt. In diesem historischen Ambiente und dem gepflegten Park mit vielen botanischen Besonderheiten verbringen Senioren einen angenehmen Lebensabend und sollten durch die Öffentlichkeit nicht gestört werden. Eine Außenbesichtigung ist möglich.

Schloss Hastenbeck

31789 Hastenbeck
Stadt Hameln
Landkreis Hameln-Pyrmont

Der Stadtteil von Hameln, 1197 erstmals erwähnt, befindet sich südöstlich der Stadt am Fuße des Schecken. Erstmals wurde hier 1228 ein Rittergut als Lehen der Familie von Hastenbeck erwähnt. Nach deren Aussterben mit Hartung von Hastenbeck 1545 kam es in den Besitz derer von Salder. Als 1618 Minister Arnd von Wobersnow die alte Burg von Herzog Friedrich Ulrich übernahm, ließ er sie zu einer Festung ausbauen. Im Dreißigjährigen Krieg zerstörte und plünderte Johann Tserclaes Graf von Tilly mit seinen Truppen das Gut, worauf 1639 Henning von Reden durch Herzog Georg mit Dorf und ruinöser Burg belehnt wurde. Das Schloss Hastenbeck entstand 1869 anstelle des 1655 gebauten Herrenhauses unter Ferdinand von Reden. Es wurde ein neugotischer Repräsentationsbau aus Rotsandsteinquadern mit zwei doppelgeschossigen Flügelbauten im stumpfen Winkel und mächtigem quadratischem Treppenturm. Dem Turm ist ein von zwei polygonalen Ecktürmen flankierter, zweigeschossiger Saalbau auf hohem Sockelgeschoss vorgelagert. Im Risalit des Osttrakts befindet sich eine Kielbogendurchfahrt und der nach Süden gerichtete Seiten-

Schloss Hastenbeck

trakt trägt einen Balkon. Die ehemalige Orangerie ist ein Fachwerkbau von Ende des 18. Jahrhunderts, und im rückwärtigen Bereich schließt sich ein Park an, der im 19. Jahrhundert gestaltet wurde und in den die Reste einer alten Festung einbezogen wurden. Bruno von Reden war der letzte Gutsherr, denn sein Sohn Ernst-August fiel 1943 im Zweiten Weltkrieg. Somit ging 1947 das Rittergut an Anna Hohlt, geborene von Reden. Im Jahre 1952 zerstörte ein Brand die wichtigsten Wirtschaftsgebäude. Zwei Jahre später errichtete man als Ersatz auf einem Feld ein neues Wohnhaus mit dazugehörigen Wirtschaftsgebäuden. Anna Hohlts Sohn Hermann-Garlich Hohlt übernahm den Besitz 1967 und gab ihn wiederum 1995 an seinen Sohn Frank-Garlich weiter. Heute befinden sich im Schloss Mietwohnungen. Führungen durch den Park werden angeboten.

Schloss Hehlen

37619 Hehlen
Stadt Bodenwerder
Landkreis Holzminden

Bodenwerder liegt zwischen Hameln und Holzminden an der Weser und der B 83. Nachdem die homburgischen Lehensträger 1409, die herzoglich-braunschweigischen 1558 ausgestorben waren, ging das Lehen an die Familie von Schulenburg. Das Schloss wurde 1579 bis 1584 durch die vom Kriegsoberst Fritz von der Schulenburg getrennt lebende Ehefrau Ilse von Saldern als dreigeschossige Vierflügelanlage mit quadratischem Hof und zwei polygonalen Treppentürmen erbaut. Es liegt an der Weser und ist von einem Wassergraben umgeben. Die äußeren Rundtürme tragen welsche Hauben. Der ursprüngliche Zugang mit steinerner Brücke befindet sich im Westen durch die von Rustikapilastern gerahmte Einfahrt mit Dreiecksgiebel. Im Tympanon prunkt das Allianzwappen Fritz von der Schulenburgs und seiner Gemahlin Ilse von Saldern von 1579. In den Jahren von 1886 bis 1888 wurde das Innere wie Treppenhaus und „Rittersaal“

Münchhausen, Hehlen

Schloss Hehlen

verändert, indem man in Letzteren aus der Hehlener Kirche einen bedeutenden historischen Innenraum übertrug, wobei von der ursprünglichen Ausstattung wenig erhalten blieb. Im Hof gegenüber der Durchfahrt steht der Gedenkstein für den Erbauer in voller Rüstung, wohl von Ebert Wolff d. J. geschaffen. Im Park befinden sich frühbarocke Sandsteinputti und vier mythologische Figuren. Das Schloss Hehlen blieb bis 1956 im Besitz der Familie von Saldern und von der Schulenburg. Wieder in Privatbesitz übergegangen, kann es nicht besichtigt werden. Einen schönen Blick auf das Schloss hat man vom gegenüberliegenden Ufer der Weser. Einladend ist ein Restaurant-Café mit Rösterei in einem Wirtschaftsgebäude von 1898.

Schloss Henneckenrode

31188 Henneckenrode
Gem. Holle
Landkreis Hildesheim

Abseits in einem schönen Tal gelegen, findet man im Harzvorland an der L 493 zwischen der Hildesheimer Börde und dem Wohldenberg den Ort Henneckenrode. Das Schloss liegt hinter starken Mauern an einem Teich und ist durch die rundbogige Toreinfahrt zugänglich. Dahinter eröffnet sich dem Besucher der Blick auf den im Stil der Weserrenaissance errichteten Bau. Das einstige Herrenhaus entstand 1580 unter Heinrich von Saldern als doppelstöckiger Rechteckbau teils über einem Terrassenunterbau. Ein Mittelrisalit und ein 1733 datiertes Portal sowie drei Zwerchhäuser an den Längsseiten und dekorierte Giebel an der Hauptfront zieren die Schlossanlage. Die terrassierte Gartenseite ist zum Teil durch barocke Freitreppen mit dem Teichufer der Nette verbunden und der westlich vorgelagerte Gutsbereich durch eine Balusterbrüstung mit zwei offenen Rundpavillons von 1689 vom Schloss getrennt. Die hufeisenförmig angeordneten Gebäude wurden größtenteils in Fachwerk ausgeführt. An der Toreinfahrt befindet sich das Wappen von Bocholtz mit der Jahreszahl 1687. Von 1834 bis 1838 nutzte man das Gebäude, dessen letzte Restaurierung in die Jahre 1983/84 fiel, als katholisches Waisenhaus. Noch heute befindet sich hier ein Kinderheim.

Schloss Henneckenrode

Welfenschloss

37412 Herzberg am Harz
Landkreis Osterode am Harz

Am Südrand des Harzes liegt am Austritt der kleinen Flüsse Sieber und Lonau die Stadt Herzberg, knapp 35 Kilometer nordöstlich von Göttingen. Über dem Ortskern auf einem Felsrücken liegt das Schloss. Heinrich der Löwe tauschte bereits 1157 die auf einem Bergrücken oberhalb der Sieber liegende Burg mit Kaiser Friedrich Barbarossa gegen schwäbische Besitzungen. Im Jahr 1510 vernichtete ein Brand nahezu die gesamte Burganlage, worauf ein kompletter Neubau zunächst in spätgotischen und dann in Renaissanceformen als ausgedehnte Vierflügelanlage um einen annähernd rechteckigen Hof entstand. Der Zugang befindet sich durch den ehemaligen Torzwinger mit Pforthaus von 1735, dahinter liegt der sogenannte Hirschgraben und seitlich der Stammhausflügel mit rundbogig überwölbter Tordurchfahrt und zwei Wappentafeln des Herzogs Johann Friedrich sowie Sachsenross. Hinter

Welfenschloss, Herzberg am Harz

dem erkerartigen Treppenturm liegt die einstige Kapelle und darüber der frühere Rittersaal. Der einst als spätklassizistisches Jagdschloss dienende „Graue Flügel“ mit Fachwerkobergeschoss entstand 1861 neu. Herzog Christian Ludwig baute von 1648 bis 1660 den „Sieberflügel“, der einst von loggiaartigen Galerien umzogen war. 1722 bekam der Stammhausflügel ein Fachwerkobergeschoss aufgesetzt. Die welfischen Herzöge, die zuvor hier ein Amtsgericht einrichteten, hatten Herzberg bis 1866 in Besitz. An der Ostecke steht der Schloss- oder Uhrturm, mit drei Fachwerkobergeschossen und mit Blei gedeckter welscher Haube. Sehenswert an diesem sind die figürlichen und ornamentalen Schnitzereien an den Ständern und den Zifferblättern. Von 1948 bis 1967 erfolgte nach Kriegsschäden eine umfassende Restaurierung der Anlage. Das Zinnfigurenmuseum sowie Ausstellungen zur Geschichte der Forstwirtschaft und des Schlosses, nebst einem Restaurant, sind einen Besuch wert.

Welfenschloss, Herzberg am Harz, Uhrturm

Herrenhaus Münchhausen

31840 Hessisch Oldendorf

Landkreis Hameln-Pyrmont

Nordwestlich vor Hameln liegt an der Weser und an der Deutschen Märchenstraße die Stadt Hessisch Oldendorf. Hier steht einer der größten ritterlichen Burgmannenhöfe der ehemaligen Grafschaft Schaumburg, der im 13. Jahrhundert entstand. Im Jahre 1536 war dieser im Besitz der Familie von Büschen, ersichtlich am Familienwappen am Torpfeiler. Als 1557 Heilwig von Büschen Börries von Münchhausen heiratete, ging der Hof an das Schaumburger Geschlecht über, worauf Börries ab 1583 mit dem Ausbau der bestehenden Anlage, dem heutigen Weserrenaissanceschloss, begann. Die hohe doppelgeschossige Zweiflügelanlage mit achteckigem Treppenturm im Innenwinkel steht am Rande der Stadt mit der Schauseite zur Weser. Das Portal des Südflügels stammt aus dem Jahre 1585, doch der von Dreiecksgiebeln mit Kugelaufsätzen bekrönte polygonale Treppenturm dürfte noch älter sein, wohl von 1536. Im Rittersaal befinden sich eine Tür und ein Kamin mit Beschlagwerkornament. Von 1570 bis 1640 legte Ludolph von Münchhausen eine einzigartige wissenschaftliche Bibliothek an, die jedoch nach seinem Tod verloren ging. Ab 1783 bewirtschafteten die Münchhausen ihr Gut nicht mehr selbst, sondern verpachteten es. 1947 war es nicht mehr in ihrem Besitz. Der Park, von dem man eine gute Sicht auf das privat bewirtschaftete Anwesen hat, ist öffentlich.

Herrenhaus Münchhausen, Hessisch Oldendorf

Burg Hinta (Osterburg), Hinte

Burg Hinta (Osterburg)

26759 Hinte

Landkreis Aurich

Hinte grenzt im Süden an die kreisfreie Stadt Emden. Häuptling Abbo der Ältere tho Hinta, ein angesehener Richter, ließ sich wohl hier um 1312 eine Burg errichten, die 1421 an Folkmar Allena ging. Die vierflügelige, von Gräften umflossene Wasserburg wurde nach 1436 und nochmals 1480 neu gebaut und ist die einzige erhaltene Häuptlingsburg Ostfrieslands. Danach kam die Anlage 1496 an Omko Ripperda und 1567 an die von Freese aus dem westfälischen Hoya. Noch heute sind die Nachkommen seit nun schon 400 Jahren im Besitz der Wasserburg. Betreten kann man diese von Osten her über eine Zugbrücke. Am äußeren Ende befinden sich zwei Torpfeiler mit wappenhaltenden Löwen und am frei stehenden Portal ein Chronogramm von 1704. Der hohe Westflügel mit Treppengiebel ist der älteste Teil, wohl nach der Zerstörung der alten Wasserburg um 1436 entstanden. Das am Portal der Hofseite befindliche Chronogramm von 1714 bezieht sich auf die flacheren Seitenflügel. Aufgrund der zahlreichen Neu- bzw. Erweiterungsbauten wurde die Innengestaltung mehrfach, zuletzt 1714, verändert. Die in Privatbesitz befindliche Burg kann nur von außen besichtigt werden.

Schloss Holdenstedt

29525 Holdenstedt
Stadt Uelzen
Landkreis Uelzen

Südlich von Uelzen, am Rande der Lüneburger Heide, ist Holdenstedt mit seinem vierflügeligen Renaissanceschloss zu finden. Bereits 1266 ist in einer Urkunde des Hochstiftes Hildesheim eine Wasserburganlage erwähnt. Hier saßen seit 1296 die Edelfreien von Boldensen. 1572 starb Christoph von Boldensen, worauf seine Witwe Agnes von Thale den Pfandinhaber der Burg Bodenteich, Heinrich von der Wense, ehelichte, der ein Jahr darauf mit dem Gut Holdenstedt belehnt wurde. Zwölf Jahre später brach dieser 1584 die Wasserburg ab und baute das Schloss in Fachwerk. Als der schwedische Feldmarschall Johan Baner im Dreißigjährigen Krieg 1636 mit seinen Truppen anrückte, quartierte er sich kurzerhand im Schloss ein. In den Wirren dieser Zeit hatte die Anlage sehr gelitten, worauf Erbherr Christian Ludwig von der Wense sie 1694 abreißen ließ. Von 1700 bis 1708 ersetzte er sie durch einen Barockbau. Adolf von der Wense, ebenfalls Erbherr auf Holdenstedt, lebte hier bis 1835. Er war als Hof- und Gartenbaudirektor im königlichen Hannover der Vorgesetzte des Baumeisters Georg Ludwig Friedrich Laves. In den Jahren von 1838 bis 1840 veränderte man die Schlossfassade, das Mansarddach und der Giebel des Mittelrisalits wurden entfernt. Im Innern befinden sich Stuckdecken der italienischen Meister C. F. Tagliata und J. Saba. Seit 1985 stellt hier das Heimatmuseum Uelzen seine Sammlungen zur Stadtgeschichte sowie Exponate aus den Stilepochen von der Renaissance bis hin zum Jugendstil aus. Besonders sehenswert ist die Röversche Gläsersammlung, die alle Glasformen seit dem 17. bis zum frühen 20. Jahrhundert umfasst. Erstmalig wurde 2002 der Internationale Uelzer Glaskunstpreis „Caspar Lehman" verliehen und mit einer Sonderausstellung geehrt. Die jährlichen Holdenstedter Schlosswochen ziehen im September zahlreiche Besucher an und im Schlosscafé kann man den Gaumen verwöhnen.

Schloss Holdenstedt

Burg Hornburg

38315 Hornburg
Landkreis Wolfenbüttel

Die Burg auf einem Bergrücken über dem staatlich anerkannten Erholungsort am Fuße der Ilse, zwischen Bad Harzburg und Wolfenbüttel, hatte bereits eine Vorgängeranlage.
Auf dieser wurde 1005 Graf Suitger von Hornburg geboren, der 1046 zum Papst Clemens II. avancierte. Die Aufgabe dieser Anlage war es, als Grenzburg des Bistums Halberstadt zu fungieren. 1178/79 baute Heinrich der Löwe die Burg neu, nachdem er den Ort vorher zerstört hatte, und von hier aus zog 1181 Barbarossa gegen Heinrich den Löwen in die Schlacht. Bereits zweimal vorher und 1430 ein drittes Mal wurde das Anwesen zerstört, und bekam um 1500 einen fes

Burg Hornburg

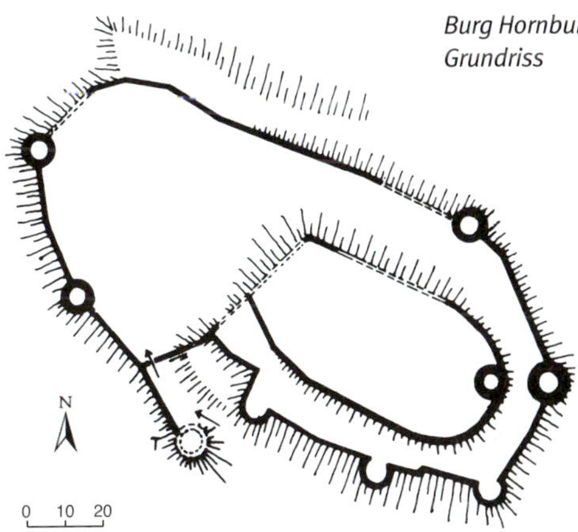

Burg Hornburg, Grundriss

tungsartigen Ausbau. Um mehrere Rundtürme, einen Zwinger und die zum Teil erhaltene Ringmauer der Vorburg wurde die Anlage erweitert. Während des Dreißigjährigen Krieges beschädigte 1645 General Königsmarck die Anlage schwer, nachdem zuvor die Kaiserlichen unter Tilly und danach die schwedischen Truppen von 1626 bis 1630 die Burg gestürmt hatten. Die verbliebenen Relikte wurden im 19. Jahrhundert als Steinbruch freigegeben und 1909 die Anlage privatisiert. Es war Bodo Ebhardt, der 1921 bis 1927 von Georg Lüdecke an der Stelle des einstigen Palas ein neues Wohnhaus in historisierenden Formen errichten ließ. Die Burg ist heute das Wahrzeichen der Stadt, durch einen Weg mit dieser verbunden und nicht für die Öffentlichkeit zugänglich.

Schloss Hoya
Herrenhaus Hoya

27318 Hoya
Landkreis Nienburg

Der Ort liegt nördlich von Nienburg am Abzweig nach Bassum. Von 1202 bis 1503 war er der Stammsitz der Grafen von Hoya. Doch bereits 1189 wurde hier ein altes niedersächsisches Adelsgeschlecht von Behr urkundlich erwähnt. Nach dem Aussterben der Hoyas kam der Besitz an die Herzöge von Braunschweig zu-

Schloss Hoya

Herrenhaus Hoya

rück, die ihn wiederum als Lehen weiterreichten. Danach fungierte die Anlage als Amtssitz. Das damalige Herrenhaus wurde wohl im Dreißigjährigen Krieg 1625 völlig zerstört und nur notdürftig wieder aufgebaut. Der Amtssitz verlor durch Verlagerung in eine andere Stadt an Bedeutung. Fast 100 Jahre später entstand 1721 ein schlossähnliches Gebäude, welches ebenfalls bei kriegerischen Auseinandersetzungen im Siebenjährigen Krieg 1758 auf Befehl des französischen Generals Chabot niedergebrannt wurde. Das heutige **Schloss** stammt aus dem Jahre 1765 und wurde 1830 um einen Anbau erweitert. Es stellt eine dreiflügelige Anlage auf dem östlichen Weserufer mit einem mittelalterlichen Kern dar. Der Turm und die Fenster wurden im 19. Jahrhundert zum Teil klassizistisch verändert. Der Mittelbau ist aus der Zeit von 1840, der 1852/53 aufgestockt wurde. Ab 1859 wurde das Schloss als Sitz des Amtsgerichtes genutzt, das inzwischen aufgelöst und nur noch Zweigstelle des Amtsgerichtes Nienburg ist. Das dem Schloss gegenüberliegende **Herrenhaus** ist ein zweistöckiger Fachwerkbau vom Anfang des 18. Jahrhunderts. Eine schöne pylonenbewehrte Toreinfahrt mit bekrönenden Fruchtvasen von 1733 führt zur Gutsanlage mit dem Herrensitz. Östlich der alten Martinskirche befindet sich eine ähnliche Pyloneneinfahrt von 1728. Das gesamte landwirtschaftliche Anwesen mit kleinem gepflegten Garten ist privat und das Herrenhaus von außen nicht einsehbar.

Wasserschloss Hülsede

Wasserschloss Hülsede

31867 Hülsede

Landkreis Schaumburg

Hülsede liegt südwestlich von Barsinghausen am Nordosthang des Deister-Sünteltals. Die hier stehende vierflügelige Schlossanlage ist ein Bau der frühen Renaissance im Weserraum und noch dazu historisch in nahezu original erhaltener Bausubstanz des 16. Jahrhunderts. Im Jahre 1310 wurden die Rottorps vom Grafen von Schaumburg mit dem Hof in Hülsede belehnt. Im Laufe des 16. Jahrhunderts wurde das Wasserschloss durch die Familie von Rottorp errichtet. Das vorhandene Steinhaus baute man 1529 um und es entstand eine Verteidigungsanlage mit Schießscharten. Clawes, ein berühmter Heerführer, stellte 1548 die vierflüglige Gesamtanlage mit dem „Neuen Wohnhaus", einem Außenwall, vier Ecktürmen, Zugbrücke und einem zweiten Graben fertig. Der zuletzt um

1555 mit den Arkaden des Torbaus entstandene Ostflügel im Hofwinkel schloss das Geviert. Als 1584 die Familie im männlichen Stamm ausstarb, belehnten Graf von Schaumburg und der Bischof von Minden Hermann von Mengersen, Drost in Rotenberg und Sachsenhagen, mit dem Gut. Die Aufstockung des polygonalen Treppenturms im südöstlichen Hofwinkel schloss man 1589 ab. 1908 wurde das Lehen freier Besitz der Mengersen und 1970 übernahm Monika von Bronsart, eine geborene von Mengersen, das Anwesen und begann 1979 mit einer intensiven Restaurierung. Seit über 400 Jahren befindet sich das Wasserschloss nebst Gut in Privatbesitz. Zu besonderen Anlässen können hier Räumlichkeiten gemietet werden, wobei sehr gern Eheschließungen in der beschaulichen Kirche angenommen werden. Eine Besichtigung der romantischen Wasserschlossanlage von außen ist gestattet.

Schloss Imbshausen

37154 Imbshausen
Stadt Northeim
Landkreis Northeim

Der Stadtteil Imbshausen liegt an den Südwestausläufern des Harzes, an der B 248, nördlich von Northeim. Bereits um 900 bis 1000 wird eine große und trutzige Burganlage von starken Wällen und Palisaden umgeben benannt, auf der auch Heinrich II. des Öfteren auf seinen Reisen

Schloss Imbshausen

verweilte. Unter Heinrich I. von Sachsen entstand die erste befestigte Anlage und nachgewiesen wurde hier als erster Schlossherr Meinwerk von Immendingen, der 1009 zum Bischof von Paderborn avancierte und nach dessen Tod der Besitz bis 1803 an das Bistum Paderborn fiel. Der schmucke Bau im Stile der englischen Neugotik entstand in den Jahren von 1862 bis 1864 nach einem Entwurf des Bauinspektors Johannes Rasch aus Hannover im Auftrag des Bauherrn Freiherr Adolf II. von Stralenheim unter Einbeziehung älterer Grundmauern als reich gegliederter doppelstöckiger Bau mit Haupt- und Nebenflügel. Im Innern wurden nach mehrfachen Besitzerwechseln auch meist Veränderungen vorgenommen. Zu den Eigentümern des Schlosses zählten unter anderem 1541 Gerd von Hardenberg und die Familie von Steinberg. Die Freiherren von Kipe kamen 1777 an Imbshausen, worauf Wilhelmine in die Familie von Stralenheim einheiratete. Im Jahre 1919 war Freiherr Henning von Stralenheim Besitzer des Anwesens. Zum Kriegsende 1945 besetzten die Amerikaner das Schloss und Gut. Nach deren Abzug pachtete es die Evangelisch-lutherische Landeskirche Hannover. Henning Baron von Stralenheim hatte das Nutzungsrecht auf dem Schloss behalten. Schloss und Park wurden 1998 an das Missionswerk Campus für Christus verkauft und als Predigerseminar eingerichtet. Der Verein Christliches Begegnungszentrum Schloss Imbshausen erwarb im November 2010 die Anlage und betreibt diese als christliches Tagungs- und Gästehaus.

Schloss Jever

26441 Jever

Landkreis Friesland

Jever liegt im nordöstlichen Teil Ostfrieslands, nahe der niedersächsischen Nordseeküste und 15 Kilometer westlich von Wilhelmshaven. Der Vorgängerbau des Schlosses geht auf eine Wehranlage des späten 14. Jahrhunderts durch Häuptling Edo Wiemken den Älteren zurück. Im Jahre 1355 wurde er der erste Häuptling der Gaue Östringen und Rüstringen, Bant sowie Wangerland. Die Burg wurde 1398 erstmals zerstört. 1417 baute sie Edos Enkel Sibot Papinga mit einer Erweiterung um eine Vorburg wieder auf. Nur drei Jahre später eroberte und zerstörte die gerade neu aufgebaute Anlage der Ostfriese Ocko II. tom Brok und wieder baute man 1428, nun unter Hajo Harlda, die Burg auf. Der massive runde

Bergfried stammt aus dieser Zeit, diente einst zur Verteidigung und ist heute mit seinem barocken Helmaufsatz das Wahrzeichen der Stadt. Auch die unregelmäßige Vierflügelanlage hatte wohl schon bestanden, wurde aber in den folgenden Jahrhunderten mehrfach umgebaut. Edo Wiemken der Jüngere vollzog 1505 einen Innenausbau des Turmes, dem er auch eine neue Spitze gab. Maria von Jever ließ 1546 die Befestigungsanlagen verstärken, was zur Umschließung der Oberburg durch ein inneres Gräftenviereck führte, das jedoch 1794 verschüttet wurde. Der runde „Kleine Zwinger" an der Nordecke des Schlosses wurde 1572 hinzugefügt und der „Große Zwinger" an der Südecke entstand von 1579 bis 1581. Ein weiterer, zum Teil noch vorhandener, äußerer Schlossgraben schützte die Vorburg. Ihre Wirtschafts- und Querbauten brach man 1818 ab. Die beiden sehenswerten eingeschossigen Torhäuser stammen wohl von Lasius aus der Zeit um 1830. Den alten Herrensaal im Innern ließ Fräulein Maria, die letzte friesische Regentin, von 1560 bis 1564 zu einem Audienzsaal ausgestalten, in dem auch die prächtige Kassettendecke aus Eiche gefertigt wurde. Letzte, das Schloss prägende, umfassende Veränderungen wurden im 19. Jahrhundert unter den Oldenburger Großherzögen vollzogen. Nach den Oldenburgern kamen die Fürsten von Anhalt-Zerbst, die 1667 das Schloss erbten und hier 130 Jahre lang regierten, bis die Herrschaft 1793 an die russische Zarin Katharina II. abgetreten wurde. Sie war die Schwester des verstorbenen letzten regierenden Fürsten von Anhalt-Zerbst. Russland blieb bis 1818 im Besitz des Jeverlandes, mit Ausnahme der zeitweiligen fran-

Schloss Jever

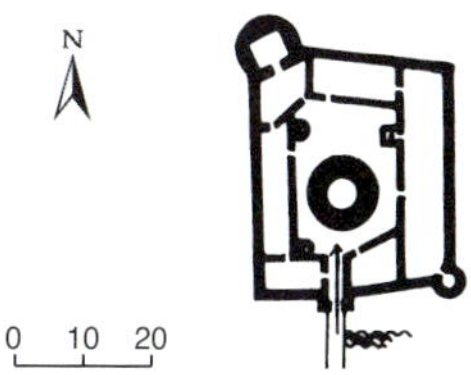

Schloss Jever, Grundriss

zösischen und holländischen Besetzungen von 1807 und 1813. Zar Alexander I. trat die Herrschaft an Herzog Peter Friedrich Ludwig von Oldenburg ab. Die Ausstattung der Schlossräume mit Wandvertäfelungen, Ledertapeten, gemalten Tapeten, Gobelins, Möbeln und Porträts ist einen Besuch wert. Des Weiteren enthält das Schloss seit 1919 auch die Sammlungen des Regionalmuseums für das Jeverland. Für die Besucher werden Führungen in plattdeutscher Sprache, Entdeckungstouren für Kinder, Konzerte und Vorträge sowie Parkführungen veranstaltet.

Schloss Jühnde

Schloss Jühnde

37127 Jühnde

Landkreis Göttingen

Zwischen Göttingen und Hannoversch Münden liegt am Fuße des Hohen Hagens der Ort Jühnde, der 960 erstmals von Otto I. urkundlich erwähnt wurde. Zu jener Zeit lag bereits an der alten Handelsstraße von Münden nach Göttingen eine Ritterburg, auf der 1290 eine Familie von June lebte, die 1463 ausstarb. Im Jahre 1484 eroberten die Göttinger wegen der ständigen Überfälle auf die Handelsleute die Burg. Nachdem die Anlage im Dreißigjährigen Krieg abgebrannt war, ließ ab 1668 der Premierminister von Hannover, Otto Freiherr Grote, die Anlage wieder aufbauen. Ein weiterer Minister war der Nachfahr Otto Ulrich Freiherr Grote, der 1805 in der Zeit der Romantik den bemerkenswerten Landschaftspark anlegen ließ, nachdem er 1802 seinen Abschied von Hannover genommen hatte und nach Jühnde verzogen war. Das Gut mit der stattlichen Schlossanlage von 1668 bis 1671 wird durch den Umbau von 1806/07 bestimmt. Der hohe Schlossturm mit Fachwerkaufsatz steht wohl auf Fundamenten des 13. Jahrhunderts. Das äußere Burgtor und Reste der Zwingermauer

Schloss Jühnde

stammen vermutlich aus dem ausgehenden 15. Jahrhundert. Die Nebengebäude sind im Kern zum Teil mittelalterlich und wurden im 17. bis 19. Jahrhundert überbaut. An die Gartenterrasse aus der Renaissancezeit schließt sich der Landschaftspark an. Das Grabmal der Freiherren von Grote liegt im nördlichen Bereich auf dem Friedhof an der Kirche, als flache Gruftanlage von 1861. Das Schloss befindet sich in Privatbesitz und ist nur von außen einsehbar. Der aus Jühnde stammende Dichter und Sozialreformer Heinrich Sohnrey bekam im Schlossturm eine Gedächtnisstätte und das „Heinrich-Sohnrey-Archiv".

Wasserburg Alt Barenaue Schloss Neu Barenaue

49565 Kalkriese
Stadt Bramsche
Landkreis Osnabrück

Gleich zwei Herrensitze stehen abgeschieden vom kleinen Ort Kalkriese im Osnabrücker Land, nur 15 Kilometer nördlich von Osnabrück und direkt am Mittellandkanal. Schon seit dem 13. Jahrhundert ist die **Wasserburg Alt Barenaue** im Besitz der Familie von Bar und seit 1366 stellte sie fast immer durch den ältesten Sohn den Erblanddrosten des Fürstentums Osnabrück. Im 17. Jahrhundert wurde die

Wasserburg Alt Barenaue, Kalkriese

Schloss Neu Barenaue, Kalkriese

alte Wasser- und Moorburg am Übergang vom Wiehengebirge zur norddeutschen Tiefebene in Kalkriese errichtet. Nur Teile der Nordwest- und der Nordostseite sind noch von der einstigen Vierflügelanlage erhalten geblieben. Über dem Torgebäude mit Dreiecksgiebel von 1689 erhebt sich der im Untergeschoss quadratische Torturm mit gedrungener Haube. An das Torhaus grenzt der frühere, im 18. Jahrhundert architektonisch mit Pilastern ausgemalte Marstall mit dem in die Graft ragenden Eckturm der alten Burganlage. Die ehemalige Brauerei des 17. Jahrhunderts befindet sich an der Nordseite und vom ehemaligen barocken Herrenhaus blieb nur der 1823 stark umgebaute, zweigeschossige Teil mit gewölbtem Keller erhalten. Die Wasserburg ist auch heute noch ein bewirtschaftetes Gut und in privater Hand. Die Familie von Bar ließ von 1857 bis 1862 von dem Hannoveraner Architekten Hermann Hunaeus das große, zweigeschossige neuromanische **Schloss Neu Barenaue** im englischen Landhausstil bauen. Es liegt getrennt durch den Kanal vom Gut Alt Barenaue, unterhalb des Kalkrieser Berges. Der Schlossbau ist mit neuromanischen Türmchen und Terrassen geziert. Die das Schloss schmückende Parkanlage mit Springbrunnen ist in einem gepflegten Zustand. Hier kann man Ferienwohnungen mieten.

Katlenburg

37191 Katlenburg-Lindau
Landkreis Northeim

Der Ort mit der Katlenburg liegt an der B 247 südöstlich von Northeim im westlichen Harzvorland. Sehr früh stand hier eine erste hölzerne Burg, die von 1002 bis 1006 durch die Grafen von Katlenburg als Höhenburg aus Stein neu entstand. Nachgewiesen sind auch seit dem Beginn des Baujahres die Brüder Heinrich und Udo von Katlenburg. Einer der drei Nachfahren gleichen Namens, Graf Dietrich II. und seine Gemahlin Adela von Beichlingen, wandelte 1105 die Burg zum Kloster um und beseitigte die Ringmauer. Gestiftet wurde es zu Ehren des Evangelisten Johannes. Gelebt haben hier ab 1141 die Augustinerchorherren. Das Kloster mit hochgotischem Chor und barockem Kirchenschiff bestand bis 1534. Brände, die Pest und Überfälle machten den Be-

Katlenburg, Katlenburg-Lindau

Herrenhaus Kirchberg

sitzern der Anlage über Jahrhunderte schwer zu schaffen. Fürstensitz wurde sie ab 1560 unter dem Welfenfürsten Philipp dem Jüngeren und späteren Philipp II. von Grubenhagen bis 1595. Im Dreißigjährigen Krieg wurden die Gebäude zerstört, 1648 wieder aufgebaut. In den Jahren von 1807 bis 1813 wurde die Anlage als kaiserlich-französische Domäne genutzt und bis 1832 residierten hannoversche Amtmänner auf dem Gut, das bis 1950 als solches bestand. Von 1952 bis 1963 ließ sich in dem Anwesen eine Siedlerschule nieder, das dann bis 2007 von der Deutschen Schreberjugend Hannover als Freizeiteinrichtung genutzt wurde. Ein Teil der Gebäude wird seit 2007 als Hotel mit Restaurant betrieben. Von der Panoramaterasse hat man einen prächtigen Ausblick. Open-Air-Sommer mit Theateraufführungen und Konzerte sowie Frühlings- und Burgfeste ziehen jährlich zahlreiche Besucher an.

Herrenhaus Kirchberg

38723 Kirchberg
Stadt Seesen
Landkreis Goslar

Südlich von Seesen an der B 243 liegt der Ortsteil Kirchberg. Zum Ort gehören mehrere Teiche und durch ihn fließt das Bächlein Markau, das später in die Nette mündet. Im Jahre 1233 wurde Kirchberg erstmals urkundlich erwähnt, in seiner Nähe befand sich das seit 1344 belegte Kloster Walkenried. Herzog Otto II. nahm 1438 die Herren von Oldershausen und von Freden in das Kirchberger Lehen auf. Heinrich II. bekam das Rittergut über die Herren von Uslar-Gleichen und Herzog Heinrich I. Mit Eva von Trott hatte Heinrich II. uneheliche Kinder, die im 16. Jahrhundert im schlichten barocken Herrenhaus des Gutes wohnten. Dieses ging jedoch 1597 an das Fürstentum Braunschweig-Wolfenbüttel, da die Söhne von Eva von Trott keine Nachkommen hatten. Später erwarb Friedrich Ulrich über die Herren von Dorstadt das Anwesen und gab es als Pfandlehen an das Haus derer von Campen weiter. Im Jahre 1849 wurde dieses wieder eingelöst, und das Herrenhaus ist somit seit Jahrhunderten mit dem Gut verbunden. Der Gutsbereich ist in Privatbesitz, doch im Herrenhaus kann man Gästezimmer mieten. Es steht ein Seminarraum für Tagungen bis zu 40 Personen und der alte Kornspeicher für Veranstaltungen bis zu 150 Personen zur Verfügung.

Schloss Schwöbber

31855 Königsförde

Gem. Aerzen

Landkreis Hameln-Pyrmont

Südwestlich von Hameln und nördlich von Aerzen im Weserbergland ist Königsförde mit seiner prächtigen Schloss-Hotel- und Golfanlage zu finden. Erstmals wurde hier ein „Swichbere" 1282 bei einer Übertragung von Ländereien der Grafen von Everstein an die Domkirche zu Minden erwähnt. Es ging später in den Besitz des Bonifatius-Stiftes in Hameln, das 1510/11 die von Münchhausen damit belehnte. Gebaut wurde das Schloss von 1565 bis 1573 vom Hamelner Baumeister Cord Tönnis. Auftraggeber war Hilmar von Münchhausen. Das dreiflügelige Schlossgebäude baute bis 1606 Hilmar der Jüngere von Münchhausen. Der um 1574 bis 1578 erbaute Mittelflügel ist dreigeschossig, mit verputztem Bruchsteinmauerwerk und Eckquadern. Der zweigeschossige Südflügel entstand bis 1588 als

Schloss Schwöbber, Königsförde

Tor- und Magazingebäude mit Schmuck an den Treppengiebeln und Zwerchhäusern. Den als Teichflügel bezeichneten Spätrenaissancebau errichtete der Hamelner Baumeister E. Wilkening von 1602 bis 1604. Der Teichflügel wurde 1908 durch einen Brand zerstört und von 1921 bis 1923 durch den Architekten J. von Wangenheim wieder hergestellt und gleichzeitig die Außenanlagen neu gestaltet. In diesem Flügel befindet sich der Große Saal mit reich gestaltetem Kamin von 1606 sowie mit Wappen verziertes Gebälk auf Hermenpilastern und Konsolen. Den Mittelflügel zieren im Innern qualitätsvolle Stuckarbeiten in Rosetten- und Maskendekor von 1581. Hier wirkten unter anderem der Maler O. Wichtendahl und der Bildhauer M. von Hugo. Eduard Meyer, Pächter eines Saatgutbetriebes in Friedrichswerth, erwarb 1919 das Schloss, das jahrhundertelang im Besitz derer von Münchhausen gewesen war. Die Gartenanlage von 1923 befindet sich an Stelle des ehemaligen Wirtschaftshofes, gestaltet mit barocken polygonalen Eckpavillons, Balustraden und figürlichen Plastiken, im Zentrum eine Sonnenuhr, vermutlich aus der zweiten Hälfte des 17. Jahrhunderts. Der unter Otto von Münchhausen Mitte des 18. Jahrhunderts zu einem englischen Garten veränderte Park erstreckt sich vorwiegend in westlicher Richtung. Die Schlosskapelle liegt südlich des Schlosses, besitzt einen schlichten Saal von 1840 und ein an der Renaissanceornamentik orientiertes Architekturdekor. Nach Kriegsende 1945 legte man ein Lehrerfortbildungsheim in das Schloss. Von 1985 bis 2002 fungierte die Anlage als Clubhaus und Hotel des Golfplatzes Schloss Schwöbber. Während dieser Zeit kam es im Mittelflügel zu einem Großbrand und ab 2002 erfolgte eine beginnende Umnutzung durch die neuen Besitzer zum 5-Sterne-„Golf- und Schlosshotel Münchhausen“. 2004 wurde es eröffnet und 2006 hatte die französische Fußball-Nationalmannschaft hier ihre Unterkunft.

Herrenhaus Landegge

49733 Landegge
Stadt Haren (Ems)
Landkreis Emsland

Das vom Fluss und vom eigenen Wald umgebene Gut des Ortes Landegge ist nördlich von Haren nahe der A 31 und den Niederlanden zu finden. An der früheren Heerstraße durch die Emsniederung liegt ein Burghügel, der die 1178 gebaute Stiftsburg trug. Die einstige Wasserburg

Herrenhaus Landegge

wurde als eingeschossige Dreiflügelanlage im ausgehenden 17. Jahrhundert in Ziegelbauweise errichtet und ist somit keine Nachfolgeanlage. Sie war Rittersitz eines zugehörigen Burgmannen und die Teilung in Vorburg und Kernburg ist erhalten geblieben. Ein Löwe mit Schild prangt am Tor und auf dem Wappen des Mittelrisalits von 1695 im Innenhof sind die damaligen Herren Wilhelm Dietrich von Schade und Agnes von Ittersum verewigt, die wohl auch eine Verbindung zu den Niederlanden hatten. Heute befindet sich auf dem ehemaligen Gut in reizvoller Naturlage, besonders für Familienurlaub geeignet, eine anerkannte Reitschule. Des Weiteren gibt es einen Abenteuerspielplatz, einen Waldlehrpfad und einen Rhododendronpark.

Schloss Schwedesdorf
Schloss Meysenbug

31867 Lauenau
Landkreis Schaumburg

Im Deister-Sünteltal südwestlich von Hannover an der A 2 nahe Barsinghausen ist Lauenau mit seinen beiden Schlössern zu finden. **Schloss Schwedesdorf** ist ein rechtwinkliges, aus zwei Trakten bestehendes Haupt- und Nebenhaus, an dessen Vorderfront sich ein sechseckiger dreigeschossiger Treppenturm mit Renaissanceportal und einem Wappenstein von 1600 befindet. Gebaut wurde die Anlage von 1596 bis 1600 für Otto von Münchhausen, der bereits seit 1583 in zweiter Generation als Drost auf dem Amtsschloss eingesetzt war. Baumeister war der Hamelner Johann Hundertossen. Im 19. Jahrhundert erneuerte man das Fachwerkobergeschoss. Um- und Erweiterungsbauten vollzog 1892/93 Hermann Schaedtler aus Hannover. Im Innern zieren drei zum Teil mit Roll-, Beschlag- und Schweifwerk sowie Masken und Wappen versehene Kamine die Räume, wovon einer mit dem Jahr 1587 datiert ist. Annemarie und Adelbert Hubertus von Münchhausen gaben das Gut in Vahlberg auf, zogen nach Lauenau und nutzten das Schloss als Alterssitz. Das Schloss wird auf der Westseite von einem Garten mit exotischen Bäumen flankiert, der in neuerer Zeit Teil des Volksparks wurde. Schon 1499 wird das **Schloss Meysenbug** als Castrum erwähnt, mit dem später Wulfferd von Zerßen vom Grafen Anthonius von Holstein-Schaumburg belehnt wurde. Das Schloss in englischer Neugotik ist der Herrensitz des von Meysenbugschen Gutes aus dem frühen 17. Jahrhundert. Mehrere Neu- und Umbauten erfolgten

Schloss Schwedesdorf, Lauenau

Schloss Meysenbug, Lauenau

am Anwesen, bis 1828 Carl Rivalier von Meysenbug vom hessischen Kurfürsten Wilhelm II. mit dem Gut belehnt wurde. Zum Staatsminister und Minister für auswärtige Angelegenheiten des kurfürstlich-hessischen Hauses 1831 ernannt, bestieg dieser eine steile Karriereleiter. Zu erwähnen sei, dass Malwida von Meysenbug, eine Tochter Rivaliers, eine bekannte Schriftstellerin gewesen ist. Ab 1858 wurde das Schloss prägend umgebaut, die bestehende Graft verfüllt sowie 1897 die Anlage erweitert. Der Kern des Schlossbaus ist aus dem Jahre 1610. Der ehemalige Treppenturm wurde 1776 abgebrochen. Beide Schlösser sind Privatbesitz und für die Öffentlichkeit nicht zugänglich.

Haneburg Harderwykenburg

26789 Leer

Landkreis Leer

Leer liegt im südlichen Ostfriesland an der Mündung der Leda in die Ems. Der Dreiflügel-Backsteinbau der **Haneburg** mit Sandsteingliederungen aus der Renaissance ist heute Sitz der Volkshochschule. Die erste Burg entstand Mitte des 15. Jahrhunderts durch den Häuptling von Leer, Hayo Unken. Später ging der Herrensitz über die Familie Frese an die Familie Hane. Der gräfliche Drost zu Stickhausen, Joest Hane, baute 1621 den lang gestreckten Hauptflügel. Den südlichen Querflügel mit Volu-

Haneburg, Leer

tengiebel errichtete sein Sohn Dietrich Arend Hane 1777. Der nördliche Querflügel von 1935 wurde vom südlichen kopiert. Im Winkel der beiden älteren Teile steht ein polygonaler Treppenturm, dessen Obergeschoss ergänzt wurde. Eine vorgelagerte Freitreppe und ein schönes Rokokoportal zieren den Hauptflügel. Die Tordurchfahrt aus Backstein mit Werksteingliederung von 1741 trägt als Bekrönung Löwen und Vasen. Bis in die jüngste Zeit war die Burg ein Altersheim, wurde später für die Schule aufwendig renoviert und der Kreis Leer brachte seine Geschäftsstelle hier unter. Die einstigen historischen Räume sind nicht mehr erhalten. Die zweigeschossige **Harderwykenburg** mit geschweiften Staffelgiebeln wurde nach dem Drosten Hardewyk benannt. Errichtet wurde sie vermutlich von Häuptling Hajo Haren auf einem Geesthügel in der ersten Hälfte des 15. Jahrhunderts und 1573 von Häuptling Hajo Unken, mütterlicherseits wohl ein Enkel des

Harderwykenburg, Leer

Häuptlings Focko Ukena, zur Wasserburg umgestaltet. Der mehrgeschossige Wohnturm ist ein Bau aus Klostersteinen. Als Drost Dietrich Harderwyk Armgard, die Tochter von Hayo Unken IV., ehelichte, kam er an die Burg. Er gab dem Wohnturm einen Anbau. Im Jahre 1788 ging die Harderwykenburg über Carl Stephan von Schilling an Carl Gustav Freiherr zu Inn- und Knyphausen und verblieb bis heute im Besitz der Familie. Sie ist für die Öffentlichkeit nicht zugänglich.

Schloss Liebenburg

38704 Liebenburg

Landkreis Goslar

Liebenburg liegt am östlichen Rand des südlichen Salzgitter-Höhenzugs im Harzvorland, südlich von Salzgitter Bad in Richtung Goslar. Ab 1292 errichtete Bischof Siegfried II. von Hildesheim gegen die Welfen eine Grenzburg. Im Jahr 1381 befand sich hier der Sitz des Gerichts. Von 1523 bis 1643 war der Besitz braunschweigisch. Ab 1750 ließ Clemens August, Fürstbischof von Hildesheim, die 1302 vollendete mittelalterliche Burganlage bis auf den sogenannten Wachtmeisterturm, der noch in Resten erhalten ist, abbrechen und begann 1754 mit dem Bau des Bergschlosses als Sommerresidenz, das 1760 als rechteckiger Barockbau mit Mittelrisalit vollendet war. Baumeister waren der Baudirektor Drost Jobst Edmund Freiherr von Brabeck und dessen Sekretär Peter Franz Linden, vielleicht nach einem Entwurf von J. Köppel. Der komplette Westflügel wird von der ehemaligen Schlosskapelle St.

Schloss Liebenburg

Schloss Ippenburg, Lockhausen

Mariä Verkündigung, seit 1766 Pfarrkirche, eingenommen. Der Innenausbau des zweigeschossigen, rechteckigen Ostflügels mit überhöhtem Mittelrisalit und Giebel mit Wappen des Bauherrn sowie breit geschwungener Freitreppe ist erst 1815 bis 1818 vollendet worden. Im Jahre 1885 wurde das Amt Liebenburg aufgelöst und das Gericht 1959 von hier nach Salzgitter verlegt. Mitte der 70er-Jahre des vergangenen Jahrhunderts, nach einem längeren Leerstand, hat der international bekannte Künstler Gerd Winner das Schloss bezogen. Besuchern wird der Einblick in die Schlosskirche gewährt.

Schloss Ippenburg

49152 Lockhausen
Gem. Bad Essen
Landkreis Osnabrück

Seit dem 14. Jahrhundert befindet sich der historische Adelswohnsitz im Besitz derer von dem Bussche-Ippenburg. Das Schloss in Lockhausen liegt in einem romantischen Garten im Natur- und Geopark TERRA.vita östlich von Osnabrück und knapp vier Kilometer von Bad Essen. Zwei Vorgängerbauten hatte die heutige Anlage, eine befestigte Burg von Ritter Johann von dem Bussche im Spätmittelalter sowie ein barockes Herrenhaus, gebaut nach dem Dreißigjährigen Krieg. Von 1447 bis zur Teilung der Familienlinien gab es eine gemeinsame Verwaltung mit dem Haus Hünnefeld. Das hiesige Schloss umfasst mehr als 100 Räume und ist eine dreiflügelige, zweigeschossige Anlage mit Mittelrisalit und offener Vorhalle sowie Ecktürmen im Stil englischer Neogotik, die Graf Wilhelm von dem Bussche von 1862 bis 1867 errichten ließ. 1840 war die Familie in den Grafenstand erhobenen worden. Die Brücke zur Anlage trägt vier barocke allegorische Sandsteinfiguren der Herrschertugenden – Klugheit, Standhaftigkeit, Gerechtigkeit und Mitleid – aus dem 17. Jahrhundert. Im Obergeschoss befinden sich historische Gemächer mit Brüsseler Tapisserien vom Anfang des 18. Jahrhunderts. Im Bereich der ehemaligen Vorburg blieben ältere Nebengebäude erhalten. Hermann Graf von dem Bussche und seine Frau Vera Gräfin von dem Bussche haben zur Erhaltung der neugotischen Ausstattung das Schloss im ersten Drittel des 20. Jahrhunderts umfassend renoviert und in den 60er- und 80er-Jahren des vergangenen Jahrhunderts deckte man die Dächer neu. Die Fenster und die Eingangshalle wurden zehn Jahre später gründlich überholt. Von der Grafenfamilie werden im Frühjahr und Frühsommer Schloss- und Gartenfestivals im romantischen, vor allem von Victoria Freifrau von dem Bussche gestalteten Garten ausgerichtet. Das ländliche Herbstfest rundet die Saison ab. Während dieser Veranstaltungen und zu den Öffnungszeiten an Sonntagen im Juni, Juli und August können Schloss und Garten besichtigt werden.

Schloss Evenburg
Schloss Philippsburg

26789 Loga
Stadt Leer
Landkreis Leer

Loga, ein Stadtteil von Leer, kann auf zwei Schlösser verweisen. Das prächtige Schloss **Evenburg** liegt in einem weitläufigen Park südlich der Kirche. Die Vorburg, heute Musikschule, ist ein

Schloss Evenburg, Loga

lang gestreckter eingeschossiger Backsteinbau mit Durchfahrt. Im Jahre 1975 erwarb der Landkreis das Gebäude, riss es zum größten Teil ab und errichtete es neu. Das eigentliche zweigeschossige Schloss liegt in einem von Gräften umflossenen Viereck und wurde zwischen 1642 und 1650 mit einem Hauptflügel und kurzen niedrigen Flügelbauten durch Oberst Erhard Reichsfreiherr von Ehrentreuter von Hofrieth errichtet. Er benannte es nach seiner aus Böhmen stammenden Gemahlin, Eva Freiin von Ungnad. Die jüngste Tochter Marie von Ehrentreuter ehelichte den späteren Feldmarschall des dänischen Königs Christian, Gustav Wilhelm Freiherr von Wedel aus Königsberg, dem 1684 der Grafentitel verliehen wurde. Das Wasserschloss wurde 1861 neugotisch umgestaltet. Die einstigen Zinnen und die historische Fassade wurden im Zweiten Weltkrieg stark beschädigt und vereinfacht wiederhergestellt. Im Innern präsentiert sich ein Treppenhaus mit schönem gusseisernen Geländer. Eine sehenswerte Doppelallee führt aus der Stadt Leer bis zum Schloss. Eine vorerst letzte Restaurierung bekam das Wasserschloss bis zum Jahre 2006. Das Schloss ist Sitz einer Bildungseinrichtung, an Sonntagen werden Führungen angeboten sowie Konzerte im Saal und der Vorburg gegeben und ein Café lädt zum Verweilen ein. An das direkt im Ort stehende **Schloss Philippsburg** grenzt ebenfalls im rückwärtigen Bereich der Evenburgpark an, während die Hauptfassade zur alten Straße nach Logabirum zeigt. Errichtet wurde der Bau durch Freiherr Philipp von Wedel um 1730 als barocke, zur Straße hin geöffnete Drei-

Schloss Philippsburg, Loga

flügelanlage, ursprünglich im Hauptbau eingeschossig mit mittlerem Anbau und geschweiftem Giebel. Steinerne Löwen flankieren die Freitreppe. Erst um 1906 bekam die Phillippsburg von Botho Graf von Wedel ein zweites Stockwerk. Die Anlage ist heute im Besitz der Familie des Grafen von der Schulenburg, die einmal im Jahr den Park für die beliebte Märchennacht öffnet, ansonsten ist das Schloss nur äußerlich zu besichtigen.

Herrenhaus Löwenhagen

37127 Löwenhagen
Gem. Niemetal
Landkreis Göttingen

Der Ort Löwenhagen liegt im Tal der Nieme, nahe der Deutschen Märchenstraße und westlich von Göttingen bei Dransfeld. Er wurde 1318 erstmals urkundlich erwähnt. Albert von Stockhausen verkaufte 1333 seine Besitzungen in Löwenhagen an das Bursfelder Kloster und die nahe stehende Bramburg wurde durch Landgraf Wilhelm von Thüringen 1458 erobert. Ein Viertel der Einwohner von Löwenhagen lebte mit 25 Personen auf dem Gut.

Herrenhaus Löwenhagen

Herrenhaus Löwenhagen

1619 erfolgte die Aufteilung der Güter Löwenhagen nebst weiteren auf vier Brüder der Familie von Stockhausen. 1623 plünderten die Spanier Ort und Gut. Bei Löwenhagen kämpften im Siebenjährigen Krieg 1760 die Franzosen mit den Alliierten gegen Hannover, Braunschweig und die Engländer. Die Familie von Stockhausen bekam 1858 die Burgruine Bramburg wieder zurück und das Gut wurde an die Gemeinde angeschlossen sowie 1900 der Schlosspark angelegt. Erst im Jahre 1904 wurde das Herrenhaus derer von Stockhausen gebaut und 1945 rückten die Amerikaner in Löwenhagen ein. Das Herrenhaus wird heute privat bewohnt und ist auch Sitz der Forstverwaltung von Stockhausen. Besucher werden gern zum Tag des offenen Denkmals durch die Anlage und das Haus geführt.

Herrenhaus Loxten

49638 Loxten
Gem. Nortrup
Landkreis Osnabrück

Die Wasserburg in Ziegelbauweise von 1691 bis 1698, mit dem zweigeschossigen Herrenhaus derer von Hammerstein im Stil des niederländischen Klassizismus, liegt am Rande von Loxten, knapp acht Kilometer südlich von Nortrup. Es wurde 1921/22 umgebaut. Seit dem 15. Jahrhundert war das Gut im Besitz der Herren von Dinklage, das vermutlich Rixa von Brawe als Mitgift in die Ehe mit Johann von Dinklage brachte. 1682 kam es durch Kauf von Frydag zu Buddenburg an Christian Günter von Hammerstein und seine Frau Gertrud Agnes Schenk von Win-

Herrenhaus Loxten

Herrenhaus Loxten

terstedt. Er diente dem Prinzen Wilhelm von Oranien. Christian begann mit dem Bau der heutigen Anlage, erlebte jedoch die Fertigstellung nicht mehr, die seine Witwe vollendete. Das Herrenhaus steht frei in einer Graft, die Wirtschaftsgebäude stehen am Rande und am rückwärtigen Hausgraben befinden sich die fünfseitigen Pavillons mit Archiv und Bibliothek. Die umlaufenden Brüstungsmauern, unterbrochen durch die Zufahrt an der Südseite, verbinden die Gebäude. Am Herrenhaus zur Parkseite befindet sich ein flacher Mittelrisalit mit Dreiecksgiebel, die Umbauten bei Erhaltung der alten Raumfolge vollzog Georg von Wangenheim. Neben den Eisen- und Fayenceöfen gibt es hier eine Ausstattung aus dem 17. bis 19. Jahrhundert und vor allem eine umfangreiche Ahnengalerie. Im weitläufigen Park stehen eine Sonnenuhr von 1797 sowie ein Gedenkstein für General Hans Günter von Hammerstein, in dessen Nachfolgefamilie sich noch heute das Gut befindet, das von außen einen guten Einblick gewährt.

Herrenhaus Osterberg

26180 Loy
Gem. Rastede
Landkreis Ammerland

Loy ist ein südöstlicher Ortsteil von Rastede nördlich von Oldenburg. Errichten ließ das zweigeschossige, spätbarocke Herrenhaus aus Backstein 1760 der damalige Besitzer des Gutes, J. Rudolf von Oetken, ein königlich dänischer Major beim olden-

Herrenhaus Osterberg, Loy

burgischen Nationalregiment. Schon 1275 gab es ein erwähntes Gut Loy und im 14. Jahrhundert war es Hof des Klosters Rastede. Das Herrenhaus Osterberg besitzt einen flachen Mittelrisalit mit Backsteinpilastern und Sandsteinportal und im Innern eine zweiläufige Treppe mit Rokokodekor. Den Namen hat es von dem hier in früheren Zeiten am höchsten Punkt abgebrannten Osterfeuer und so ist es vielleicht kein Zufall, dass sich darin heute die Feuerwehrschule befindet. Im Jahre 1848 wurde das Gut und Herrenhaus verkauft und blieb bis 1906 beim neuen Besitzer, der es im heutigen neugotischen Erscheinungsbild umgestaltete und dann an den Geheimen Ökonomierat John Christian Funch verkaufte. In der Zeit des Vorbesitzers und durch Funch wurden mehrere Restaurierungen durchgeführt. Dieser gab Haus Osterberg zu einem günstigen Preis an den Oldenburgischen Landesfeuerwehrverband e.V. 1929 weiter und 1930 wurde es als Heim- und Ausbildungsstätte des OLV feierlich eingeweiht. In den 1980er- und 1990er-Jahren erfuhr das Gebäude umfassende Renovierungen, woraus auch das heutige Erscheinungsbild hervorging.

Amtsturm Lüchow

29439 Lüchow

Landkreis Lüchow-Dannenberg

Südlich von Lüchow liegt die sachsen-anhaltinische Stadt Salzwedel und im Lüchower Park steht der gewaltige hohe runde Amtsturm aus Backstein mit dem Wappen der Anna von Nassau aus der Zeit um 1500. Er ist ein Überrest der ehemaligen Burg, wie auch die Relikte der Ringmauer sowie des Grabens, und beherbergt heute ein Heimatmuseum. Untersuchungen ergaben, dass hier einst eine große Anlage gestanden haben muss, auch ein zweiter Turm an der Nordwestecke. Die Gemahlin von Herzog Otto II. von Braunschweig-Lüneburg, Gräfin Anna von Nassau-Dillenburg, ließ zwischen 1471 und 1473 die Grafenburg zum Schloss ausbauen, das ihr von 1496 bis 1504 als Witwensitz diente. Ein Großbrand vernichtete 1811 weite Teile der Stadt und auch das Schloss, geblieben war nur der Amtsturm, einstiger Sitz des

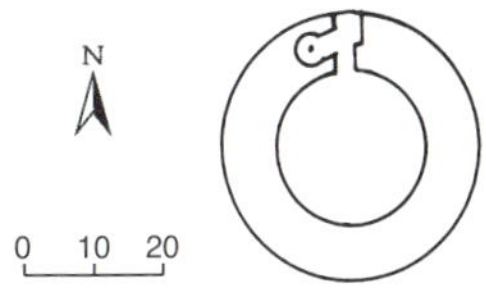

Amtsturm Lüchow, Grundriss

Lüchower Amtmannes. Im Jahre 1930 richtete man hier ein Museum des Landkreises ein und zeigt die Geschichte der Lüchower Grafen und der Stadt. Im Erdgeschoss werden die slawischen Anfänge Lüchows um 1000 n. Chr. und der erste Siedlungskern der Stadt als eine slawische Burg aufgezeigt. So kann man hier umfassend die Geschichte Lüchows kennenlernen.

Amtsturm Lüchow

Herrenhaus Lucklum

38173 Lucklum
Gem. Erkerode
Landkreis Wolfenbüttel

Lucklum befindet sich südöstlich von Braunschweig, am östlichen Rand des Naturparks Elm-Lappwald. An einer Handelsstraße am Elm gelegen, erlangte der Ort um 1260 durch den Deutschen Ritterorden mit der Gründung der Kommende an Bedeutung. Es war Otto IV., der seit 1213 mit der Elmsburg belehnt war und den Deutschritterorden gründete. 1314 löste man die Pfarrei auf

Herrenhaus Lucklum

und 1547 trat man zur Reformation über. Die Gebäude der Kommende und die Kirche umschließen einen annähernd quadratischen Hof. Im jetzigen Herrenhaus, errichtet nach den Zerstörungen des Vorgängerbaus im Dreißigjährigen Krieg, befindet sich ein Prunkstück, der Rittersaal aus der Zeit von 1740. Aufgrund der engen Verbindungen mit den Braunschweiger Herzögen hingen im Saal zahlreiche Gemälde der Herzöge und ihrer Gemahlinnen, beginnend von Herzog Anton Ulrich bis Karl Wilhelm Ferdinand, sowie weitere Porträts der Hoch- und Deutschmeister des Ordens und aller Lucklumer Landkomture. Im Jahre 1785 schloss man die Anlage durch einen Park und eine vierreihige Lindenallee in die Landschaft ein. 1809 wurde der Orden aufgelöst. 2010 wurden 57 Porträts aus dem Rittersaal versteigert, deren Erlös zur Sanierung der Gebäude verwendet wurde. Das Herrenhaus ist für die Öffentlichkeit nicht zugänglich.

Herrenhaus Lüdersburg

21379 Lüdersburg
Landkreis Lüneburg

Das Herrenhaus in Lüdersburg ist im Biosphärenreservat Niedersächsische Elbtalaue, nordöstlich von Lüneburg, zu finden. Das einstige Rittergut aus der ersten Hälfte des 13. Jahrhunderts ist heute in einem Golfhotel aufgegangen. Das abseits in einem schönen Park stehende Herrenhaus befindet sich in privater Hand. Es ist seit 1775 im Besitz derer von Spoercken, die es

Herrenhaus Lüdersburg

Herrenhaus Lüdersburg, Hotel- und Golfanlage

von der Familie Wittorfs übernahmen. Ein Jahr später wurde das stattliche zweigeschossige Herrenhaus in Fachwerk auf den Grundmauern einer ehemaligen Burg errichtet. Im Innern befindet sich ein bemerkenswertes Treppenhaus. Die historischen Objekte zählen heute zu den geschützten Baudenkmälern. Die an der Lüneburger Heide gelegene Hotel- und Golfanlage „Schloss Lüdersburg" ist ein besonderer Anziehungspunkt für Golfer aus ganz Deutschland. Das Herrenhaus ist nur von außen einsehbar.

Schloss Lüneburg

21335 Lüneburg
Landkreis Lüneburg

Inmitten der Hansestadt Lüneburg steht das an der Nordseite des Marktes von 1695 bis 1700 unter Mitwirkung italienischer Bauleute errichtete barocke Schloss. In Auftrag gegeben hatte es der Celler Herzog Georg Wilhelm an den Baumeister der Welfen, Johann Caspar Borchmann. Gebaut wurde es unter Einbeziehung älterer Substanz von vier Bürgerhäusern nach französischem Vorbild. Als Georg Wilhelm verstarb, nutzte es bis 1717 seine Gemahlin Eleonore d' Olbreuse als Witwensitz. Der schlichte zweigeschossige, zum Markt hin dreigeschossige Schlossbau, dem eine Freitreppe vorgelagert ist, wurde 1989 neu verputzt. Das Portal, von zwei dorischen Säulen eingefasst, trägt ein schweres Gebälk mit dem herzoglichen Wappen. Den Hof flankieren zwei Flügel und im Innern befinden sich Stuckdecken des Italieners G. Perinetti aus der Zeit nach 1696. Heute ist im Schloss das Land- und Amtsgericht untergebracht.

Schloss Lütetsburg

26524 Lütetsburg
Gem. Hage
Landkreis Aurich

Zwischen der Stadt Norden und dem Flecken Hage ist Lütetsburg mit seinem Wasserschloss und dem angrenzenden Landschaftsgarten zu finden. Der Name Lü-

Schloss Lüneburg

Schloss Lütetsburg

tetsburg geht auf den Häuptling Lütet Manninga zurück. Im Jahre 1581 kam die damalige Anlage durch Heirat an die Herren zu Inn- und Knyphausen, seit 1600 Reichsfreiherren, Ende des 18. Jahrhunderts Grafen, die 1900 in den Fürstenstand erhoben wurden. Es ist wohl das bedeutendste Adelsgeschlecht Ostfrieslands. Hier stand bis 1514 eine ältere Burg, die während der sächsischen Fehde von der „Schwarzen Garde" Herzog Georgs von Sachsen zerstört und durch Unico Manninga von 1557 bis 1561 wieder aufgebaut wurde. Von 1677 bis 1679 wurde sie zu einem grandiosen Vierflügelbau erweitert. Die innerhalb einer breiten Gräfte gelegene Hauptburg brannte 1893 nieder und wurde bis 1896 in Neurenaissanceformen wieder aufgebaut. Schwere Beschädigungen gab es auch 1944 im Zweiten Weltkrieg durch Bombeneinschlag, und 1956 brannte die Anlage völlig aus. Auf den alten Grundmauern entstand das heutige Wasserschloss, mit den noch verbliebenen Teilen eines Backsteinbaus der Vorburg aus dem 16. Jahrhundert und dem zweigeschossigen Torturm von 1731 mit Durchfahrt, den seitlichen Pilastern und dem geschwungenen Sandsteingiebel mit Wappen haltenden Löwen. Zu den Highlights der Anlage zählt der Anfang des 18. Jahrhunderts als französischer Garten

Herrenhaus Meinbrexen

angelegte Schlosspark. Er war das Lebenswerk des Freiherrn Edzard Mauritz von Inn- und Knyphausen von 1790 bis 1813. Der oldenburgische Hofgärtner Julius Friedrich Wilhelm Bosse gestaltete den Garten von 1812 bis 1814 in einen englischen Park mit abwechslungsreichen Landschaftsbildern um. Hier befindet sich eine Kapelle aus rohen Hölzern, ein achteckiger Freundschaftstempel mit frühklassizistischer Innenarchitektur vom Ende des 18. Jahrhunderts, Monumente, eine Pyramide, ein Teehaus und die „Insel der Seligen“ mit Begräbnisstätte der Familie. Bis zu seinem Tode 1978 schuf Fürst Wilhelm Edzard zu Inn- und Knyphausen an der Südflanke großzügige Ausgestaltungen und Erweiterungen. Das Schloss ist privat genutzt. Im öffentlichen Park werden Führungen angeboten und im gemütlichen Café kann man einen Ausflug ausklingen lassen.

Herrenhaus Meinbrexen

37697 Meinbrexen
Gem. Lauenförde
Landkreis Holzminden

Gelegen ist Meinbrexen im Dreiländereck Niedersachsen, Nordrhein-Westfalen und Hessen, am Oberlauf der Weser nördlich von Beverungen. Die Ortsgeschichte ist eng mit der Geschichte des Rittergutes und deren Besitzer verbunden. Im Jahre 1222 wird Meinbrexen erstmals urkundlich genannt und 1303 wird eine Familie von Hagen mit dem

„Diekhof“ belehnt. 1576 fällt dieses Lehen an die Familie von Münchhausen. Über hundert Jahre später, 1696, kommt das Rittergut durch Kauf an Johann von Mansberg. 1699 lässt dieser ein barockes Herrenhaus und die Hofanlage errichten. Das Herrenhaus ist ein doppelgeschossiger Putzbau über hohem Kellergeschoss, von einem Wassergraben umgeben. Das Portal mit den ionischen Pilastern entstand 1699 und das Seitenportal der Umfriedung des Rittergutes 1714. Der Springbrunnen aus Sandstein vor dem Haus stammt aus der Zeit um 1700. Jenseits des Grabens liegt ein kleiner, im englischen Stil gestalteter Park. Seit 1988 werden hier Weihnachtsbaumkulturen angepflanzt und 2004 übernahm Hilmar von Mansberg den bestehenden Betrieb bereits in 12. Generation. Ein Jahr später wurde mit dem Erdbeeranbau begonnen. Seit 2005 werden auf dem ehemaligen Rittergut verschiedene Veranstaltungen durchgeführt. Die beliebten Konzerte und Musikereignisse von der Klassik bis zur Gegenwart unter der Bezeichnung „Bunte Note“ und interessante Ausstellungen „Kunst und Handwerk“ sind gut besuchte Kulturveranstaltungen. Der alte Kuhstall ist zu einer gastronomischen Einrichtung umfunktioniert worden, der alte Pferdestall wurde zum Festsaal ausgestattet.

Herrenhaus Sunder

29308 Meißendorf
Gem. Winsen
Landkreis Celle

Winsen mit dem gut sechs Kilometer entfernt liegenden Gemeindeort Meißendorf liegt nordwestlich von Celle. Das ehemalige Gut Sunder mit seinem zweiflügeligen Herrenhaus in Fachwerk liegt malerisch inmitten künstlicher Fischteiche. Im Jahre 1548 wurde der Lüneburger Kanzler am Celler Hof, Baltasar Klammer, von Abt Herbold vom Kloster St. Michaelis mit den Besitzungen des Klosters in Meißendorf belehnt. Der Kanzler beabsichtigte das Gut vor allem für Jagdgesellschaften zu nut-

Herrenhaus Sunder, Meißendorf

zen, zumal das Herrenhaus kein reines Wirtschaftsgebäude, sondern ein repräsentatives Wohnhaus darstellte. Agnese von der Schulenburg, Frau des Hermann Baltasar Klammer, wurde nach seinem Tod Lehnsherrin von Sunder und baute 1649 ein neues Gebäude neben dem Herrenhaus, mit dem es später durch ein Treppenhaus verbunden wurde. Mehrfach wechselte das Gut seine Besitzer, bis es 1752 in das Eigentum der Familie von Schrader überging, die es bis 1977 innehatte. Ernst von Schrader nahm in der zweiten Hälfte des 19. Jahrhunderts einige Veränderungen vor. Werner von Schrader legte 1881 einen Familienfriedhof an, der bis heute erhalten blieb. Der Nordflügel fällt im Kern in die Zeit des 16. Jahrhunderts und wurde im 17. und 19. Jahrhundert wesentlich verändert. Während des Zweiten Weltkrieges brannte das an der Südseite befindliche Wirtschaftsgebäude ab. Der niedrigere, mit reichem geschnitzten Ranken- und Beschlagwerk gezierte Ostflügel stammt aus dem Jahr 1649. Die Fischzucht wurde in den 60er- und 70er-Jahren des vergangenen Jahrhunderts eingestellt. Eine Grundsanierung bekam die Anlage von 1982 bis 1990. Im Jahre 2003 stellte der NABU-Bundesverband den Betrieb der Akademie auf Gut Sunder ein und übergab dieses an den Naturschutzbund Niedersachsen. Zahlreiche Besucher nutzen das Ausflugsziel in der schönen Umgebung zum Wandern und im Café kann man sich wieder stärken.

Diedrichsburg

49328 Melle

Landkreis Osnabrück

Zwischen dem Wiehengebirge im Norden und dem Teutoburger Wald im Süden liegt nur 20 Kilometer östlich von Osnabrück die Stadt Melle. Östlich findet man die Diedrichsburg, eine kleine Höhenburg auf dem Meller Berg. Auf der Fahrt zur Burg begibt man sich auf eine schmale Waldstraße, meist mitten durch Rudel von Wildschweinen. Gegeben haben

Diedrichsburg, Melle

soll es hier auf dem Berg schon eine uralte Fluchtburg, der Legende nach eine „Teutoburg“, die namensgebend für den Wald war. Anderen Aussagen zurfolge soll die Diedrichsburg wiederum auf den sächsisch-westfälischen Grafen Dietrich von Ringelheim zurückgehen, der sie gegründet und hier gewohnt haben soll. Vermutungen gehen noch weiter, die besagen, dass Diedrichs Tochter, die heilige Mathilde, Gemahlin Heinrichs I. und Mutter des Kaisers Otto des Großen, möglicherweise um das Jahr 892 in dieser Burg geboren worden ist und hier ihre Kindheit verbracht hat. Die heutige Anlage wurde von 1844 bis 1860 durch General Ernst Freiherr von Vincke errichtet und vollendet durch seinen Schwiegersohn Graf Werner von der Schulenburg-Wolfsburg in neugotischen und neoromanischen Formen, nachempfunden einer Burg mit Bergfried und Palas. Der Königlich-hannoversche Baurat Emanuel Quaet-Faslem, ein gebürtiger Belgier, hatte sie gebaut. Hier kann man sich in weiter Abgeschiedenheit erholen und gleichzeitig kulinarischen Genüssen frönen. Das Turmzimmer zeigt eine Ausstellung zur heimischen Tier- und Pflanzenwelt und von der Plattform hat man einen grandiosen Ausblick über Melle und das Umland.

Schloss Moringen

37186 Moringen

Landkreis Northeim

Um 1140 erbaute man im Bereich der Kleinstadt Moringen, östlich des Höhenzugs Weper westlich

Schloss Moringen

von Northeim, eine Wasserburg. Der Bauherr ist nicht bekannt und auch nicht die Geschichte dieser Zeit. Vermutet wird, dass sie anfänglich die Edelherren von Rosdorf bewohnten, die ihren Stammsitz im benachbarten Hardegsen hatten. Herzog Otto der Quade nahm die Burg 1379 in Welfenbesitz. Im Dreißigjährigen und im Siebenjährigen Krieg wurde die Anlage schwer beschädigt, aber stets wiederhergestellt. Ein verheerendes Feuer vernichtete 1734 nicht nur fast den ganzen Ort, sondern teils auch die Burg. Anstelle der im 18. Jahrhundert abgerissenen Gebäude entstand im Burghof ein neues Amtshaus, das heutige Rathaus. Durch ständigen Um- und Ausbau hat sich die Anlage so stark verändert, dass sie mit ihrem einstigen Erscheinungsbild fast nichts mehr gemein hat. Erhalten ist nur das im Kern mittelalterliche, doppelstöckig verputzte Brunnenhaus, neben dem 1721 datierten Amtshaus, in dem sich das Heimatmuseum befindet, das liebevoll vom Heimatverein betreut wird. Der Kerker war im 19. Jahrhundert Schauplatz einer Wilderertragödie, mit der die Stadt Geschichte schrieb. Ein Bistro lädt zur Stärkung ein.

Schloss Nettlingen

Schloss Nettlingen

31185 Nettlingen
Gem. Söhlde
Landkreis Hildesheim

Nettlingen liegt in der Mitte zwischen Hildesheim im Westen und Salzgitter im Osten. Erwähnt wurde der Ort in der Hildesheimer Börde erstmals 1022, und 1166 urkundlich mit Ritter Udo von Nettlingen. Von 1358 ist ein Knappe Johann von Nettlingen bekannt, der bischöflicher Vogt auf der Winzenburg gewesen war. Einige weitere derer von Nettlingen sind aus der Geschichte noch bekannt, vor allem Mitte und Ende des 15. Jahrhunderts. Das ehemalige Renaissanceschloss ist ein rechtwinkliger verputzter Flügelbau mit Schieferdach aus der Zeit um 1570 und wurde unter Kurt von Saldern erbaut. Im Winkel der beiden Flügel steht ein Treppenturm mit Renaissanceportal und Sitznischen. Im Westflügel befindet sich ein heute unterteilter großer Saal mit Netzgewölbe. Kurt von Saldern verkaufte 1611 das Schloss an die Brauergilde in Hildesheim und diese gab das Anwesen an den Landdrost Arend von Wobersnow weiter. Dieser entstammte dem pommerschen Adel und stand in Diensten des Herzogs Friedrich Ulrich von Braunschweig, der ihn 1617 zum Münzkommissar ernannte. Nun konnte Wobersnow, der sein bisheriges Vermögen wohl auf zweifelhafte Weise erlangte, es noch weiter vergrößern und schon 1620 sollte er wegen Münzfälschung vor das Reichskammergericht zitiert werden, worauf er nach Nettlingen flüchtete. Besondere Gäste auf dem Schloss waren 1717 Zar Peter der Große und seine Gemahlin, die hier auf der Rückreise von Paris nach Moskau übernachteten. Eine weitere Persönlichkeit war Napoleon, der ebenfalls auf seinen Eroberungsfeldzügen hier gerastet haben soll. Heute ist Schloss Nettlingen in Privatbesitz und in Wohnungen aufgeteilt. Der historische Bau sowie die Außenanlagen weisen einen nicht sehr gepflegten Zustand auf.

Schloss Neuenburg

Schloss Neuenburg

26340 Neuenburg
Gem. Zetel
Landkreis Friesland

Der staatlich anerkannte Erholungsort Neuenburg liegt nördlich von Wilhelmshaven bei Zetel. Im Jahre 1462 gründete Graf Gerd von Oldenburg, der Mutige, eine Grenzburg gegen die Friesen. Als er den Grundstein legen ließ, soll Gerd von Oldenburg gerufen haben: „Dat de Fresen de Bammel slae!" („Den Friesen soll angst und bange werden!") Graf Johann von Oldenburg ließ von 1578 bis 1596 einen Neubau als Vierflügelanlage mit Wall und doppeltem Gräftensystem schaffen. Es entstand ein repräsentatives Wohnschloss, das nach dem Ableben von Graf Anton Günther von Oldenburg im Jahre

Schloss Königsbrück, Neuenkirchen

1667 seiner Gemahlin als Witwensitz diente. Von 1700 bis 1858 nutzte man das Schloss als Landgericht, in dessen Zeit der Ostflügel nach Einsturz des Südostturmes abgebrochen wurde. Im Obergeschoss war die Landvogtwohnung eingerichtet, in der auch Dichter Friedrich Leopold Graf zu Stolberg als Landvogt wohnte. Die Anlage wurde im Laufe der Zeit auf die heutige Größe reduziert und zeigt sich dem Betrachter als schlichter, zweigeschossiger Dreiflügelbau aus Backstein. An der Fassade im Hofbereich befindet sich ein Sandsteinwappen des Grafen Johann von Oldenburg von 1596. Die Schlosskapelle liegt im aus gotischer Zeit stammenden Nordflügel. Im Jahr 1879 zog im historischen Bau die Landwirtschaftsschule ein, von 1906 bis 1921 gefolgt vom Lehrerinnenseminar. Die Haushaltungsschule löste 1921 Letzteres ab und gab das Schloss 1940 zur Nutzung als Reservelazarett ab. Dem folgte von 1946 bis 1960 eine Landfrauenschule und ab 1965 die Nutzung als Dorfgemeinschaftshaus. Noch heute in kommunaler Hand, beherbergt es ein Standesamt und einen Kindergarten. Gelegentlich finden im Schlossgarten und der Rauchkate innerhalb des Freilandmuseums Veranstaltungen statt. Besonders interessant ist der informative Naturlehrpfad rings um das Schloss.

Schloss Königsbrück

49326 Neuenkirchen
Stadt Melle
Landkreis Osnabrück

Von Melle sind es knapp 10 Kilometer in nordwestlicher Richtung bis Neuenkirchen, unmittelbar an der Landesgrenze zu Nordrhein-Westfalen. Die erstmalige Erwähnung einer Burg geht auf das Jahr 1488 zurück. 1627 wurde sie zur vierflügeligen Wasserburg ausgebaut, von der nur das dreigeschossige Herrenhaus mit repräsentativem Südgiebel und die Tordurchfahrt im Stil der Weserrenaissance erhalten blieben. Im Jahre 1841 brach man von der Schlossanlage große Teile ab. Der Bau besitzt reichen Kerbschnitt und Beschlagwerkformen der Weserrenaissance und ist datiert auf 1727 mit dem Wappen Heinrich von Ledebur und Anna von dem Bussche. Das hofseitige Portal ist von gleicher Ornamentik gerahmt. Der mittelalterliche Bau birgt ein gewölbtes Kellergeschoss, einen Rittersaal und ein Treppenhaus mit kräftigen Balustern. Seit 1980 wurde Schloss Königsbrück umfassend renoviert und dabei die alte Raumfolge wiederhergestellt. Die evangelische Johannis-Kapelle mit ihren Holzsäulen steht neben der Tordurchfahrt. Im Besitz der Anlage waren die Familien von Nagel, von Ledebur und von Platen-Hallermund. Noch heute in Privatbesitz befindlich, kann Schloss Königsbrück nur von außen eingesehen oder im Rahmen von Theateraufführungen in romantischer Parkkulisse besucht werden.

Schlösschen Sielhof

26427 Neuharlingersiel

Landkreis Wittmund

Das Nordseeheilbad Neuharlingersiel liegt nördlich von Wittmund in Ostfriesland. Der Sielhof ist ein ehemaliger Herrensitz aus dem 18. Jahrhundert. Heute ist das Schlösschen Sielhof „Haus des Gastes“, ein schlichter, zweigeschossiger Backsteinbau von 1755 mit Walmdach und ionischer Pilastergliederung. Im Jahre 1899 wurden die zwei vorspringenden Seitenflügel und der Mittelturm hinzugefügt. Im

Schlösschen Sielhof, Neuharlingersiel

Innern kann der Besucher eine geschnitzte Tür von 1756 und einen Kamin bestaunen. Im Obergeschoss befindet sich ein Saal mit bemalter Holzdecke. Eine Inschriftplatte am Ostgiebel mit der Jahreszahl 1755 verweist auf die Entstehung des Sielhofs und seinen Bauherrn Siebelt Frerichs Eymen. Im Jahr 1825 kam die Familie Eucken in den Besitz des Anwesens. Seine umfassende Erneuerung zwischen 1899 und 1906 verdankt der Sielhof Georg von Eucken-Addenhausen, der 1906 in den Adelsstand erhoben wurde. Seit 1989 befindet sich der Sielhof im Besitz des Kurvereins. In der Bibliothek kann man auch mal regnerische Tage überbrücken und bei regelmäßigen Führungen im und um den Sielhof kann man sein Wissen zur hiesigen Anlage und Region erweitern. Im gepflegten Park finden zahlreiche Tages- und Abendveranstaltungen statt. Darüber hinaus werden Ausstellungen, Konzerte und Comedy angeboten. Ein Café lädt zum Verweilen ein.

Burg Neuhaus

38446 Neuhaus
Stadt Wolfsburg
Kreisfreie Stadt

Burg Neuhaus, erstmals 1371 urkundlich erwähnt, ist eine mittelalterliche Wasserburg im östlichen Wolfsburger Stadtteil Neuhaus und eines der bedeutendsten historischen Gebäude

Burg Neuhaus

Burg Neuhaus

der Stadt. Die Anlage, die 1370 bis 1374 von Herzog Magnus dem Jüngeren gemeinsam mit der Stadt Braunschweig errichtet wurde, steht oberhalb der Allerniederung auf einem Felsmassiv. Anlass war, eine Wehrburg gegen die Herren von Bartensleben als Abschreckung zu haben, sie diente aber auch als Schutz der vorüberführenden Handelsstraßen. Nach dem Anstauen des Hehlinger Bachs wurde sie zur Wasserburg, da man die Anlage mit einem Wassergraben umgab, von dem heute nur noch der Burgteich übrig ist. Der Bau ist eine Vierflügelanlage um einen rechteckigen Innenhof mit großem Fachwerkanteil. Auf der Südseite steht ein viereckiger Turm, ein weiterer runder befindet sich an der Südwestecke. Das heutige Portal und die vorgelagerte Brücke stammen von 1718. Ab dem Jahre 1423 war es der Rittersitz der Rothehofer Linie des Geschlechts derer von Bartensleben. Nach der Mitte des 16. Jahrhunderts verlor die Burg ihre militärische Funktion und wurde ein herzoglich braunschweigisches Amtshaus und dann zur landwirtschaftlichen Domäne. Nach der Zerstörung im Dreißigjährigen Krieg wurde die Burg wieder aufgebaut, wovon ein Wappenstein an der Nordseite von 1630 Zeugnis ablegt. Von 1945 bis 1980 diente sie als Kindergarten und seit 1981 gehört die Anlage der Stadt und wird von vielen Vereinen, Organisationen und Künstlern, als Museum und als Sportstätte genutzt.

Jagdschloss Neuhaus, Neuhaus im Solling

Jagdschloss Neuhaus

37603 Neuhaus im Solling
Stadt Holzminden
Landkreis Holzminden

Neuhaus im Solling liegt im Naturpark Solling-Vogler in Südniedersachsen, südöstlich von Holzminden. Ein Hof im Besitz der Landesherren ist 1599 nachgewiesen und Herzog Heinrich Julius von Braunschweig-Wolfenbüttel baute das Neue Haus als erstes Jagdschloss. Die Anlage wurde im Dreißigjährigen Krieg völlig zerstört. Es war Georg III., Kurfürst von Hannover und König von England, der das zweite imposante Jagdschloss 1786 im Ort errichten ließ, das von 1957 bis 1960 ausgebaut wurde und heute Wohnzwecken dient. Ursprünglich war es eine schlichte Dreiflügelanlage mit doppelgeschossigem Haupttrakt und eingeschossigen Seitenflügeln. Es gehörte zu einer Gestütsanlage mit einem quadratischen Innenhof und diente als Amtshaus.

Schloss Landestrost

31535 Neustadt am Rübenberge
Region Hannover

Die Stadt liegt an der Leine nordöstlich vom Steinhuder Meer zwischen Nienburg und Hannover. Schloss Landestrost wurde nach einem Brand 1562 in der mittelalterlichen Vorgängerburg des Herzogs Erich I. von Calenberg von 1573 bis 1587 für seinen Sohn, Herzog Erich II. von Calenberg, neu errichtet. Der Herzog

Schloss Landestrost, Neustadt am Rübenberge

benannte Neustadt in „Landestrost“ um, was den hiesigen Bewohnern nicht behagte. Schließlich hatte der Bau Unsummen verschlungen und, was noch schlimmer war, zahlreiche Menschenleben gefordert. Das Volk nannte das Schloss daher meist „Landesverderb“. Als 1584 der Herzog verstarb, bekam die Stadt wieder die vorherige Benennung. Im Dreißigjährigen Krieg quartierte Tilly im Schloss Landestrost Garnisonstruppen ein, die neun Jahre lang verblieben. Der Ost- und der Nordflügel wurden erst nach 1587 fertiggestellt. Nach 1720 stürzte der Südflügel ein, wurde aber 1925 als Kreissparkasse wieder aufgebaut. Des Weiteren hatte man im 19. Jahrhundert die Westhälfte des Nordflügels abgebrochen, sodass letztlich vom Schloss nur noch eine zweiflügelige Anlage aus Backstein mit waagerechten Quaderbändern und zwei polygonale Treppentürme sowie vier Renaissanceportale erhalten blieben. Im unteren Bereich der Festungswerke ist eine Spitzbastion südlich des Schlosses gut erhalten. In den Jahren von 1985 bis 1990 bekam der historische Bau eine Restaurierung. Heute findet man im Schloss ein Torfmuseum, die Stadtbibliothek und das Archiv. Weiterhin kann man hier Konzerten beiwohnen oder Ausstellungen besichtigen. Abrunden kann man einen Besuch in der Sektkellerei Klinke/Kollmeier.

Wasserschloss Gödens

26452 Neustadtgödens
Gem. Sande
Landkreis Friesland

Die Gemeinde Sande mit Neustadtgödens liegt am Rande des Jeverlandes, 15 Kilometer südlich von Wilhelmshaven. Es ist schon kurios, dass Altgödens durch Totschlag an Grote Onnken, den Stammvater derer von Inn- und Knyphausen, und sei-

Wasserschloss Gödens, Neustadtgödens

nen Sohn Gerko kam, und doch beginnt damit die spätere Entstehung des Wasserschlosses. Der Schwiegersohn Edo Boings begründete die große Herrlichkeit Gödens auf einer Insel in der grünen Marsch. 1537 kam es an die Herren von Fridag. Haro Burchard von Fridag, Reichsgraf, Reichshofrat und Kaiserlicher Kammerherr, ließ das Wasserschloss Edo Boings von 1669 bis 1671 im holländischen Renaissancestil und von Gräften umschlossene zweigeschossige Anlage umbauen und erweitern. Heute ist es neben Dornum einer der schönsten Barockbauten in Ostfriesland mit seinem weitläufigen gepflegten Park. Der Westflügel wird von einer zweigeschossigen Laterne bekrönt. Im Winkel zwischen beiden Flügeln steht ein polygonaler Treppenturm mit barocker Haube, und nebenan ein zweigeschossiger Portalrisalit aus Sandstein mit geschwungener Freitreppe, Statuen, Blumengehängen und einem Dreiecksgiebel. Die Parkseite des Westflügels ist mit gleichmäßig vorspringenden Seitenrisaliten versehen. Der Zugang führt durch das große Rundbogentor mit Dreiecksgiebel und Chronogramm von 1652. Im Jahre 1746 kam das Anwesen durch Heirat an die Freiherren und späteren Grafen von Wedel, deren Nachkommen noch heute das Schloss bewohnen. Die Umgestaltung der Eingangshalle im 19. Jahrhundert hatte keine Auswirkung auf die prachtvolle Treppe. Die Räumlichkeiten sind mit zahlreichen Gobelins und Ledertapeten ausgestattet und ein Eckraum zeigt eine Leinwand mit gemalten figürlichen Darstellungen. Sehenswert auch die reiche Porträtsammlung. Die Vorburg besteht aus niedrigen, lang gestreckten Trakten und an der Zufahrt zum inneren Schlosshof befinden sich zwei Wappen haltende Löwen. Der Park steht an Wochentagen den Bürgern offen, das Schloss ist privat und nur von außen zu besichtigen, mit Ausnahmen von Konzerten und bei Verkaufsmessen. Räume können für Festlichkeiten gemietet werden.

Burgruine Hardenberg Schloss Hardenberg

37176 Nörten-Hardenberg
Landkreis Northeim

Ort und **Burgruine** liegen am westlichen Ausläufer des Nörtener Waldes im Tal der Leine und grenzen im Süden an Bovenden und im Norden an die Stadt Northeim. Erzbischof Ruthard von Mainz flüchtete 1098 vor dem Salier Heinrich IV. auf die „Hartis-

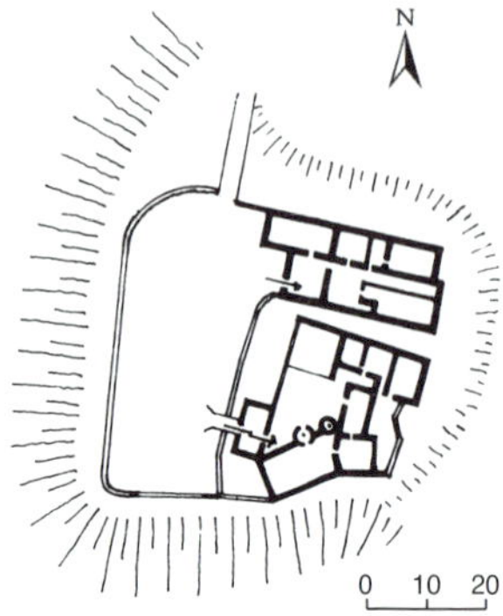

Burgruine Hardenberg, Nörten-Hardenberg, Grundriss

burch", die vermutlich Kaiser Otto I. seinem Sohn Wilhelm geschenkt hatte. Letzterer war von 954 bis 968 Mainzer Erzbischof. Um 1101 wird hier ein „Vestes Haus" erstmals urkundlich benannt. Die Familie von Hardenberg bekam die Anlage 1287 als Pfand. Nach Teilung des Geschlechts 1409 verblieb sie als Ganerbenburg bis in das späte 17. Jahrhundert hinein gemeinsamer Wohnsitz. Im Jahre 1692 trat man den kurmainzischen Besitz an Hannover ab. Als 1698 und 1720 Felseinstürze die Burg bedrohten, gab man die Anlage als Wohnsitz auf. Die Linie des „Vorderhauses" zog nach Göttingen und später in das neu gebaute **Schloss Hardenberg**. Die „Hinterhaus-Linie" verließ 1720 ihren Besitz. Im Bereich des Hinterhauses, dem sogenannten „Mainzer Haus", befinden sich noch romanische Baureste und der 1842 von C. F. A. Rohns romantisierend ausgebaute polygonale Treppenturm. Eine Sanierung bekam die Burg zugleich mit den Ausgrabungen 1962. Auf der Burgruine mit herrlicher Aussicht werden an Sonn- und Feiertagen Führungen angeboten. Das Schloss und die Burgruine sind noch heute im Privatbesitz der Familie von Hardenberg. Sie betreibt hier ein Hotel mit Wellnessbereich und der weitläufige Park ist der Öffentlichkeit zugänglich. Im Schlossareal werden Reitturniere um die „Goldene Peitsche" und Gartenmärkte organisiert, die ebenso zahlreich die Besucher anziehen wie eine Brennereibesichtigung mit Verkauf. Das Schloss ist eine ländliche, doch repräsentative Gesamtanlage, erbaut von Baumeister Schmidt aus Hannover von 1701 bis 1710. Es ist ein doppelstöckiger verputzter Fachwerkbau mit übergiebeltem Mittelrisalit. Die Seitenflügel und zwei frei stehende Wirtschafts-

Burgruine Hardenberg, Nörten-Hardenberg

Schloss Hardenberg, Nörten-Hardenberg

gebäude um einen Hof stammen aus der Zeit um 1740/50. Der im englischen Stil gestaltete Park mit Teichen geht auf das Ende des 18. Jahrhunderts zurück und wurde auf Veranlassung der Gräfin Reventlow, der ersten Gemahlin des preußischen Ministers Karl August Freiherr von Hardenberg, angelegt.

Herrenhaus Oberg

31246 Oberg
Gem. Lahstedt
Landkreis Peine

Im Jahre 1152 wurde in Oberg bereits ein „castrum" erwähnt, zu finden westlich von Braunschweig und südlich von Peine. Im Mittelalter lebte auf dem Rittergut die Familie von Oberg, vor allem bekannt durch Eilhart von Oberg, den vermutlichen Verfasser des mittelhochdeutschen Versromans „Tristraut". Die Herren auf Oberg hatten auch das Patronat für die Kirchengemeinde inne und legten somit den Pastor für die Predigt fest. Der Gutshof wurde beseitigt und 1855 wurde das Herrenhaus unter dem Oberjägermeister von Kalm neu errichtet. Das zweistöckige Haus ist von einem Ring-

Herrenhaus Oberg

graben umgeben. Auch heute leben hier Nachfahren der Grafen von Oberg und betreiben eine Pferdezucht und ein Hotel mit dem Restaurant „Tristankeller“. Räumlichkeiten für größere Veranstaltungen können gemietet werden.

Schloss Oelber

38271 Oelber am weißen Wege
Gem. Baddeckenstedt
Landkreis Wolfenbüttel

Zwischen Hildesheim und Salzgitter an der B 6 findet man Oelber. Nachgewiesen wurde die ursprüngliche Wasserburg der Herren von Meinersen schon im 12. Jahrhundert, die durch Kauf 1274 an die Familie von Krebs kam und seit 1296 im Besitz der Adelsfamilie von Cramm ist. Zu Beginn des 15. Jahrhunderts bis 1686 teilte sie den Besitz mit der Familie von Bortfeld und war erst 1766 alleiniger Eigentümer. Während des Dreißigjährigen Krieges quartierte sich 1626 der kaiserliche Feldherr Johann Graf von Tilly mit seinen Soldaten drei Monate lang im Schloss ein und nach seinem Abzug nahm Graf Philipp Reinhard von Solms Ort und Schloss ein und verwüstete beide. Die ringförmige, dreigeschossige Anlage der Oberburg mit gerahmten Portalen um einen polygonalen Innenhof geht auf die mittelalterliche Burg zurück und bekam einen Umbau in

Schloss Oelber, Oelber am weißen Wege

Schloss Oelber, Oelber am weißen Wege

Renaissanceformen gegen Ende des 16. Jahrhunderts, als Burchhard VI. von Cramm mit seinem Bruder Frantz das Haus erneuerte. Das Hauptportal mit darüberliegendem Balkon und Balustergeländer stammt von 1588. Im 19. Jahrhundert wurde romantisierend der Ostflügel neu gestaltet, ebenso die Terrasse, und mit einem Erker erweitert. Der Treppenturm weist die Form eines gewaltigen Bergfrieds auf. Der Landschaftspark liegt jenseits des verfüllten Grabens. Im Innern zieren zwei Kamine vom Ende des 16. Jahrhunderts mit Wappen der Familie von Cramm die Räumlichkeiten. Die Unterburg ist ein schlichter, zweigeschossiger Rechteckbau im Renaissancestil mit Portal von 1594. Im Jahre 1960 diente das Schloss als Kulisse für den Film „Das Spukschloss im Spessart“. Über viele Jahrhunderte waren Angehörige der Familie von

Schloss Oelber, Oelber am weißen Wege

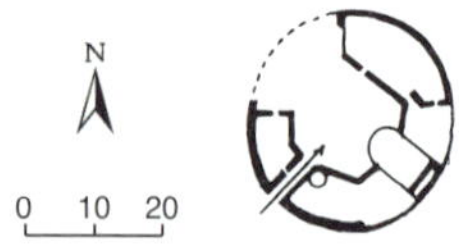

Schloss Oelber, Oelber am weißen Wege, Grundriss

Cramm Ritter oder Knappen, aber auch Ministeriale. Später dienten sie als Generäle, Kammerherren und Minister den Welfenherzögen. 1974 trat der Finanzmanager Egbert von Cramm als Schlossherr an und renovierte aufwendig das noch heute im Besitz der Familie befindliche Gebäude. Es war vor allem seine Ehefrau Helena, eine geborene Gräfin von Metternich, die das Schloss zum Anziehungspunkt der Region machte, indem sie gemeinsam mit Anna von Veltheim, geborene Gräfin zu Rantzau, eine Event-Firma gründete. Zu bestimmten Zeiten finden auf dem Gutsgelände Konzerte, verschiedene Märkte, Auktionen, Kunst- und Antiquitätenmessen, Feste und weitere Veranstaltungen statt. Ansonsten ist das Schloss nur von außen zu besichtigen.

Herrenhaus Poggemühlen

27432 Oese
Gem. Basdahl
Landkreis Rotenburg

Das Gut Poggemühlen mit seiner 400-jährigen Geschichte ist ein Ortsteil von Oese. Man findet es südwestlich von Bremervörde. Der Sitz der Familie von Issendorff mit dem zweigeschossigen Herrenhaus aus Backstein mit steilem Satteldach von 1586 ist von einem rechteckigen Wassergraben umschlossen. Die kleine 1577/78 von dem Ritter Chris-

Herrenhaus Poggemühlen, Oese

Herrenhaus Poggemühlen, Oese, Veranstaltungshaus

toph von Issendorff gebaute Patronatskirche besteht aus Backstein und ist sehenswert. Das separat stehende Niedersachsenhaus wurde 1999 komplett renoviert und zu Ferienwohnungen mit Tagungs- und Festraum umgebaut. Vor allem sportlich kann man sich hier auf dem Fahrrad oder hoch zu Ross und beim Baden betätigen oder in der Sauna relaxen. Das Herrenhaus wird privat bewohnt.

Herrenhaus Ohr

31860 Ohr
Gem. Emmerthal
Landkreis Hameln-Pyrmont

Der Ort Ohr und das ehemalige Rittergut liegen im Naturpark Weserbergland, südlich von Hameln an der B 83. Nur wenig ist aus der frühen Geschichte des Rittergutes am Weserufer zu berichten. So ist auch die Entstehungszeit nicht bekannt, doch seit 1307 war es im Besitz der Familie von Hake. Das Herrenhaus, das von 1847 bis 1849 gebaut wurde, entwarf der Architekt, Stadtplaner und Bauingenieur aus Hannover Georg Ludwig Friedrich Laves. Bereits 1871 brannte der Bau nieder und wur-

Herrenhaus Ohr

de 1872 klassizistisch vom Architekten Peters als zweigeschossig verputzter Massivbau mit aufwendiger Terrassenanlage neu errichtet. Das ebenfalls klassizistische Verwalterhaus stammt aus der Mitte des 19. Jahrhunderts. Die 1827 bis 1832 gebauten Wirtschaftsgebäude stehen östlich des Herrenhauses und wurden mehrfach verändert. Die Gutskapelle stellt einen Saalbau aus verputzten Bruchsteinen von 1595 bis 1610 dar. Errichtet wurde sie unter Hieronymus von Hake. Der achteckige Gartenpavillon mit ionischen Eckpilastern stammt wohl aus dem ersten Drittel des 19. Jahrhunderts und wurde 1979/80 gesichert. Nicht das private Herrenhaus zieht heute viele Besucher an, sondern der weitläufige gepflegte und der Öffentlichkeit zugängliche Park. Im Jahre 1780 angelegt, wurde er im Laufe der Zeit häufig neu gestaltet.

Schloss Oldenburg

Schloss Oldenburg

26122 Oldenburg (Oldenburg)

Kreisfreie Stadt

Die Stadt mit dem Großherzoglichen Schloss liegt in einer Niederung am Ufer der Hunte im westlichen Niedersachsen. Bereits im 12. Jahrhundert ist hier die Wasserburg eines sächsischen Grafengeschlechts nachgewiesen, die zwischen 1607 und 1615 unter Graf Anton Günther zum Renaissanceschloss umgebaut wurde. Aus dieser Zeit stammen die fünf nördlichen Achsen der Hauptfassade, geschaffen von den Baumeistern J. Reinhardt aus Mecklenburg und A. Speza aus der Lombardei. Mit dem Tod des Grafen Anton Günther erlosch 1667 die gräflich-oldenburgische Linie. Unter der dänischen Regentschaft König Christians IV. gestaltete man von 1737 bis 1743 durch den damaligen Statthalter die Schlossfassade um.

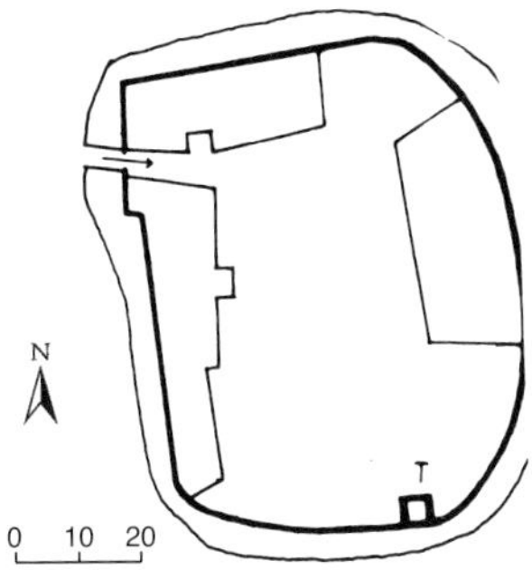

Schloss Oldenburg, Grundriss

Die von Löwen gerahmte Wappenkartusche oberhalb des Portals wurde 1775 hinzugefügt. Der östlich gelegene Renaissanceflügel, von 1774 bis 1778 von Hofbaumeister G. Greggenhofer erbaut, wurde später nach dem Minister Holmer benannt. Der zweigeschossige Bibliotheksflügel wurde ab 1817 von H. C. Slevogt errichtet und der südlich an die Hauptfassade anschließende, 1744 erbaute „dänische“ Flügel 1894 abgebrochen und durch den sogenannten Theaterflügel 1894 bis 1897 durch L. Freese ersetzt. Im Erdgeschoss befindet sich das Antiquarium, um 1800 nach pompejanischen Motiven ausgemalt, und im Obergeschoss des Holmerflügels klassizistische Festräume mit qualitätsvoller Originalausstattung. Die Landschaftsmalereien im Saal sind von Hofmaler L. Ph. Strack aus dem Jahre 1818. Bereits 1923 wurde das Landesmuseum mit der von Herzog Peter Friedrich Ludwig 1804 angekauften Sammlung eröffnet. Heute befinden sich im Schloss Sammlungen für Kunst- und Kulturgeschichte, Festräume und Gemäldegalerie zur Wohnkultur. Der gepflegte weitläufige Schlossgarten wurde nach Plänen von Chr. L. Bosse und Julius Bosse 1806 bis 1817 im englischen Stil mit klassizistischen Kleinbauten angelegt. Zwischen altem Baumbestand, entlang an Wasserläufen und Rhododendren, lässt es sich erholsam spazieren gehen.

Schloss Ostenwalde

49324 Oldendorf
Stadt Melle
Landkreis Osnabrück

Oldendorf ist ein Stadtteil von Melle am Südhang des Wiehengebirges, zwischen den Städten Osnabrück und Bielefeld. Das Gut ist eine ausgedehnte Anlage mit zahlreichen Nebengebäuden. Schloss Ostenwalde ist ein zweigeschossiges, dreiflügeliges Herrenhaus, dessen Westflügel von 1698, der Mittelbau von 1780 und der Ostflügel mit Treppenturm von 1906 bis 1908 stammen. Früher gab es hier eine doppelte Graft, von der nur noch die Südseite erhalten blieb. Die Wirtschaftsgebäude stammen aus dem 18. Jahrhundert. Sehenswert ist die Orangerie mit Wandmalerei um 1820. Hier gibt es auch eine malerische Wassermühle mit hohem Zeltdach aus dem 18. Jahrhundert. Erstmals erwähnt wurde der Gutshof in einer Urkunde aus dem Jahr 1316. Bekannt ist auch, dass das Gut Ostenwalde an den Knappen Omer von Vincke verlehnt wurde. Es ist zu vermuten, dass dieses Rittergut eine befestigte Burg gewesen ist und als Schutz des Passes zwischen dem Moseler Berg und der Diedrichsburg diente. Seit die Familie von Vincke im 14. Jahrhundert mit Schloss Ostenwalde belehnt wurde, ist es in deren Besitz verblieben. Sie errichtete auch 1698 den prachtvollen Barockbau mit offenem Ehrenhof. Erst 1780 wurden den Erneuerungen mit der Neugestaltung des Mittelflügels vorgenommen und im 20. Jahrhundert ein Turm angebaut. Der heutige Ostflügel entstand von 1906 bis 1908. Während des Zweiten Weltkrieges quartierte sich im Schloss der britische Marschall Montgomery ein. Als es 1957 wieder geräumt wurde, erkannte man bald die enormen Schäden am Objekt. Das Schloss ist der Öffentlichkeit nicht zugänglich. In der Orangerie werden gelegentlich Kunstausstellungen oder Veranstaltungen durchgeführt.

Schloss Ostenwalde, Oldendorf

Schloss Oldershausen

37589 Oldershausen
Gem. Kalefeld
Landkreis Northeim

Die in Privatbesitz befindliche und langsam verfallende Schlossanlage liegt östlich der A 7 nördlich von Northeim. Das Geschlecht von Oldershausen ist hier seit 1197 nachweisbar. Die Ritter von Westerhof sollen vermutlich die Erbauer des ersten Hauses um 1000 gewesen sein, das wohl vermutlich nur ein kleines Landgut war. Das heutige Schloss wurde durch die Familie von Oldershausen bis Ende des Zweiten Weltkrieges als Wohnsitz genutzt. Errichtet wurde es als historistischer Neubau mit Turm bis 1856 von E. Hackländer und von E. Oppler, Erweiterungen wurden bis 1877 vorgenommen. Die Eigentümer mussten das Schloss nach dem Ersten Weltkrieg räumen und den englischen Truppen Unterkunft gewähren. Nach diesen kamen Flüchtlinge ins Haus und später wurde eine Lungenheilstätte eingerichtet. Die Pläne zur Unterbringung eines Altersheimes scheiterten. Das marode wirkende Gebäude kann vom öffentlichen Park aus eingesehen werden.

Schloss Oldershausen

Fürstbischöfliches Schloss, Osnabrück

Fürstbischöfliches Schloss

49074 Osnabrück
Kreisfreie Stadt

Das vierflügelige fürstbischöfliche Schloss um einen Ehrenhof, mit früher umgräftetem Garten, ist heute Universität mit einer Gedenkstätte „Gestapokeller“ im Seitenteil der Anlage. Die Stadt liegt am Ufer der Hase inmitten des Osnabrücker Hügellandes, zwischen dem Höhenzug des Wiehengebirges im Norden und des Teutoburger Waldes im Süden. Errichtet wurde das Schloss von 1665 bis 1681 unter dem ersten lutherischen Fürstbischof Ernst August von Braunschweig-Lüneburg. 1672 zog er mit seiner Gattin Sophie von der Pfalz aus Iburg in den fertigen Teil des Corps de Logis ein. Zum Bau des Schlosses wurden viele Anregungen aus Teilen Europas, vor allem aus Oberitalien, Österreich und den Niederlanden einbezogen. Auch hier beschäftigte der Fürstbischof den fürstlich-osnabrückschen Architekten und Baumeister J. Krafft, der schon die Anlage in Iburg schuf. Der Uhrturm über dem Portalbau wurde erst 1773 durch Landbaumeister Fr. Schaedler geschaffen. Das von Säulen umrahmte Portal reicht durch zwei Geschosse und ist vom Wappen des Welfenhauses bekrönt. Das Innere hat eine komplette Veränderung erhalten, nachdem es 1945 ausgebrannt war und zur Pädagogischen Hochschule durch Regierungsbaurat E. Glatt nach 1949 aufgebaut wurde. Seit 1974 ist das ehemalige Schloss Sitz der Universität Osnabrück. Der Schlossgarten besteht nur in seiner Grundausrichtung nach Plänen des 18. Jahrhunderts, die Terrasse wurde erst nach 1949 angelegt, mit eleganten Figuren der vier Erdteile von 1750 bis 1760. Letztere stammen von der Orangerie des Schlosses in Eggermühlen und zwei überlebensgroße Atlanten des späten 17. Jahrhunderts aus Schloss Sutthausen. Im erwähnten Gestapo-Keller waren jüdische Osnabrücker, politische Häftlinge und Zwangsarbeiter inhaftiert.

Herrenhaus (Krebsburg) Ostercappeln

49179 Ostercappeln
Landkreis Osnabrück

Das Herrenhaus, auch als Krebsburg bekannt, liegt nordwestlich von Ostercappeln im Natur- und Geopark TERRA.vita, nordöstlich von Osnabrück. Es ist ein zweigeschossiges Herrenhaus mit Mittelrisalit und Dreiecksgiebel, Dachreiter und zweiläufiger Freitreppe aus der ersten Hälfte des 18. Jahrhunderts. Die Nebengebäude auf der ehemaligen Vorburg blieben zum Teil erhalten und die Sonnenuhr stammt von 1622. Die Gründungszeit von Gut Krebsburg ist nicht bekannt, es wird aber 1347 als bentheimi-

Herrenhaus (Krebsburg), Ostercappeln

sches Lehen Crevetesburg genannt. Ein Statius von Dehem gelangte 1408 in den Besitz des Gutes, dessen Wasserburg sich ab 1500 im Besitz derer von Stricket befand. Im Jahr 1545 ging das verschuldete Gut der Familie von Graevenitz an den ostfriesischen Edlen von Middlum. Die Verkäufer behielten jedoch das Wohnrecht. Nachdem Katharina von Middlum den W. von Prenger heiratete, kam es in der Folge häufig zu Erbstreitigkeiten und Gewalttätigkeiten bis ins 17. Jahrhundert hinein, die letztlich zum Niedergang des Gutes führten. Das Herrenhaus war 1642 völlig verfallen. Nachdem der aus Frankreich stammende Heinrich von Morsey-Picard an das Gut geriet, kamen in der Folge noch die von Romberg und ab 1913 die von Wendt in den Besitz. Heute ist die Krebsburg, in landschaftlich reizvoller Lage, ein Wohnheim für Menschen mit Behinderungen und gehört der Heilpädagogischen Hilfe Osnabrück.

Alte Burg, Osterode am Harz

Alte Burg

37520 Osterode am Harz

Landkreis Osterode am Harz

Die Kreisstadt im Südosten des Landes liegt am südwestlichen Rand des Harzes, nordöstlich von Göttingen. Auf einem Bergsporn zwischen den Tälern der Söse und des Lerbachs steht über der Stadt ein Rest des aufwendig renovierten, ehemals fünfstöckigen Bergfrieds der Alten Burg und ein Teil der Außenmauer. Der Zugang führt über den Friedhof des Ortes. Erbaut wurde sie als Reichsburg und war vielleicht schon 1136 vorhanden. 1153 wurde sie erstmals genannt und gehörte im 12. Jahrhundert Heinrich dem Löwen,

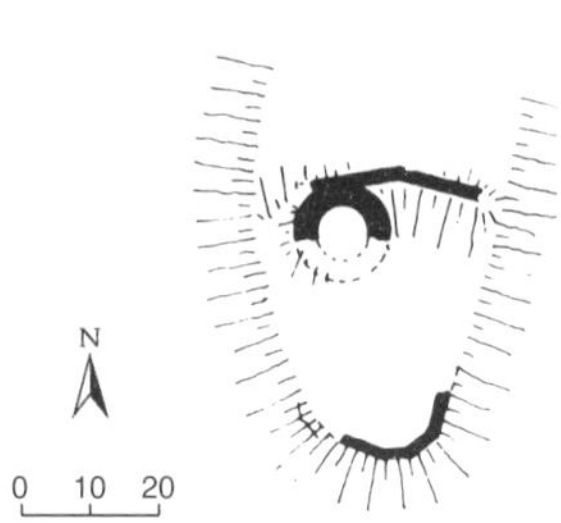

Alte Burg, Osterode am Harz, Grundriss

nach dessen Tod seinem Sohn Otto IV. Später erbte die Anlage Herzog Otto I. von Braunschweig-Lüneburg, auch Otto das Kind genannt. Weitere Besitzer waren Albrecht der Lange und Heinrich der Wunderliche. Die Herzöge von Grubenhagen hatten sie im 14. und 15. Jahrhundert in ihrem Besitz und sie diente auch als Witwensitz des Geschlechts. Als Letzte bewohnte die Burg Herzogin Elisabeth, die 1513 hier verstarb. Dann verfiel die Anlage und die Steine wurden abgetragen.

Burg Ottenstein

Burg Ottenstein

31868 Ottenstein
Landkreis Holzminden

Ottenstein liegt auf der gleichnamigen Hochfläche über dem Wesertal zwischen den Naturparks Solling und Weserbergland, ungefähr auf halber Strecke zwischen Holzminden und Hameln. Anfang des 14. Jahrhunderts wurden die Burg und das spätere Amtshaus durch die Grafen von Everstein gegründet. Von der einstigen Dreiflügelanlage ist nur das sogenannte „Steinhaus“ erhalten geblieben. Es wurde bis 1981 als Restaurant wieder hergerichtet, das verschiedene Arrangements anbietet.

Schloss Otterndorf

21762 Otterndorf
Landkreis Cuxhaven

Die niedersächsische Kleinstadt liegt südöstlich von Cuxhaven an der Elbmündung. Die erste urkundliche Erwähnung Otterndorfs stammt aus dem Jahre 1261. Eine alte Burganlage wurde hier 1390 erwähnt, die jedoch in kriegerischen Auseinandersetzungen um 1400 zerstört wurde, ein weiteres Schloss riss man 1773 wegen Baufälligkeit ab. Nur das Torhaus blieb von dem seit Ende des 14. Jahrhunderts am nordwestlichen Stadtrand gelegenen Schloss erhalten, ein schlichter zweigeschossiger Backsteinbau von

Schloss Otterndorf

1641. Es war einst von Gräben und Wällen umschlossen. Eine Inschrift im Torbogen verweist auf August Herzog zu Sachsen, Engern und Westfalen, verheiratet mit Catharina. Heute befindet sich hier das ab 1773 errichtete Amtsgericht. Seit 1988 zeigt das Museum im Torhaus Gegenstände aus der ostpreußischen Kultur und Geschichte. Der umgebende kleine Park besitzt einen alten Baumbestand.

Schloss Ottersberg (Amtshof)

28870 Ottersberg

Landkreis Verden

Ort und Schloss liegen in der Wümmeniederung, östlich von Bremen und nahe der A 1. Eine erste Burg wurde bereits im 8./9. Jahrhundert erwähnt, die im 10. Jahrhundert Otto der Große erobert haben soll. Er befestigte sie anschließend gegen die Sachsen. Im 12. Jahrhundert fiel die Burg an das Grafengeschlecht von Wölpe. Von 1203 bis 1221 verteidigte Bernhard von Wölpe für den Bischof Iso von Verden Burg und Land um Ottersberg gegen den Bremer Erzbischof Gerhard II. Häufig wurde um die Anlage noch gestritten und gekämpft, bis die heruntergekommene Burg im 14. Jahrhundert vom Bremer Erzbischof Albert II. an Sir Johann Clüver verpfändet wurde. Im Jahre 1562 kam das Erzbistum Bremen wieder in den Besitz des Anwesens. Johann Friedrich, Prinz von Dänemark, baute nach der Zerstörung ab 1585 die Burg prächtiger als zuvor im Stil der Renaissance

Schloss Ottersberg (Amtshof)

wieder auf. Als der kaiserliche Feldherr Tilly in Ottersberg einmarschierte, besetzten die Schweden das Schloss und hielten es über 30 Jahre in ihrem Besitz. Hier waren so namhafte Persönlichkeiten wie General Axel de Lille und General Königsmarck 1649 vertreten. Als Ottersberg 1712 dänischer Besitz wurde, verkaufte es Friedrich IV. von Dänemark an das Königshaus Braunschweig-Lüneburg. 1719 wurde es Amtssitz. Schon 1757 wurde der historische Bau erneut in Mitleidenschaft gezogen, als die Franzosen während des Krieges mit Preußen das Land überzogen. Im Jahre 1883 kann das Schloss in den Privatbesitz der Familie Clüver. Der Amtshof wurde 1933 von den Nationalsozialisten übernommen und als Lager für den Reichsarbeitsdienst mit Exerzierplatz im Schlossgarten genutzt. 1945 lösten sich amerikanische und britische Truppen im ehemaligen Schloss ab und 1946 zog hier die Freie Rudolf-Steiner-Schule ein. Das Schloss ging schließlich durch Kauf von der Erbengemeinschaft Clüver in den Besitz des Rudolf-Steiner-Schulvereins über. Das Gebäude ist eine unregelmäßige, zweigeschossige Zweiflügelanlage mit polygonalem Treppenturm im Winkel. Der lange Trakt mit drei Portalen über einem Seiteneingang zeigt eine Inschrift über die Zerstörung der Burg 1585 und den Wiederaufbau. 1967/68 wurde die gesamte Anlage renoviert.

Manningaburg

26736 Pewsum
Gem. Krummhörn
Landkreis Aurich

Pewsum, nordwestlich von Emden, war ein Häuptlingssitz der Familie Manninga. Es wird angenommen, dass die Manningaburg 1458 von Häuptling Poppo Manninga und seiner Frau Elmerich von Jever erbaut wurde. Erweitert wurde die Anlage 1529 um die Oberburg, doch erhalten blieb sie uns nur mit dem Südflügel. Einst lag hier östlich der Burg bis 1716 die stattliche Vierflügelanlage der Oberburg des 16. Jahrhunderts. Hohe Baukosten, aber auch eine verschwenderische Lebensweise zwangen 1565 Hoyko, den letzten Manninga, die Burganlage an den Grafen Edzard II. von Ostfriesland und dessen Frau, Gräfin Katharina, Tochter des Schwedenkönigs Gustav Wasa, zu verkaufen. Die auch als Schloss bezeichnete Manningaburg wurde weiter ausgebaut. Edwards und Katharinas Töchter Sophia und Maria hatten ab 1611 hier ihren Wohnsitz. Maria war die spätere Herzogin von Braunschweig-Lüneburg-Danneberg. Später wurde die Anlage als Sommersitz genutzt und von 1669 bis 1671 durch Christine Charlotte von Württemberg durch einen Barockflügel erweitert. Doch schon um 1700 verfiel das Schloss, sodass es 1716 teilweise abgerissen werden musste. Im Jahre 1859 wurde die Anlage privat genutzt. Der hohe Südflügel und der Westflügel bestehen in den Grundmauern von 1458, der Nordflügel wurde unter niederländischem Einfluss gebaut. Der Torbogen der Durchfahrt ist außen mit Pilastern und innen mit kräftigen Säulen versehen. Eine der beiden Grabplatten von 1560 weist einen Ritter in Hochrelief aus. Kurz vor dem Verfall kaufte 1954 der „Heimatverein Krummhörn e. V.“ die Burg und restaurierte sie, worauf sie 1980 an die Gemeinde Krummhörn ging. Die Manningaburg beherbergt ein Museum und ein Standesamt.

Manningaburg, Pewsum

Burgruine Polle

37647 Polle
Landkreis Holzminden

Mitten im Weserbergland, direkt an der Weser, liegt der Ort mit den Relikten der um 1200 erbauten Burg. Die Gemeinde ist nordwestlich von Holzminden an der B 83 zu finden. Die Grafen von Everstein nahmen 1285 nach dem Verlust ihrer Stammburg hier und in Ohsen ihren Hauptsitz. Im Eversteinischen Erbfolgekrieg 1407 bis 1408 verloren die gleichnamigen Herren Burg Polle an Herzog Heinrich von Braunschweig. Der letzte Besitzer, Hermann VII. von Everstein, wurde verbannt und mit ihm starb das Geschlecht aus. Die Burg wurde gleich zwei Mal stark beschädigt, so im besagten Erbfolgekrieg und nochmals während des Dreißigjährigen Krieges, 1623 und 1641. Dabei fiel die Anlage einem Brand zum Opfer und wurde zur Ruine. Die Oberburg besitzt heute noch Teile der Mauern von Palas und Bergfried und auch der Burgbrunnen und Teile der Ringmauern sind erhalten geblieben. Die Burgruine ist die malerischste im gesamten Wesertal. Das 1945 zerstörte einstige Amtshaus der Unterburg ist heute als

Burgruine Polle

Burgruine Polle

frei stehendes Renaissancetor aus der Zeit um 1590 erhalten. Von 1983 bis 1988 bekam die Ruine eine aufwendige Sanierung und wurde gesichert. Von der Burg Polle hat man einen wunderbaren Blick auf die Windungen der Weser und weit in das umgebende Land. Im Jahre 2007 wurden archäologische Grabungen durchgeführt und dabei ein Gewölbe und verschiedene Gegenstände gefunden. Auf dem Burggelände werden im Sommer Theateraufführungen, Konzerte und Märkte veranstaltet. Im unterhalb gelegenen Haus des Gastes befindet sich das Aschenputtelzimmer und wechselnde Kunstausstellungen laden Besucher ein.

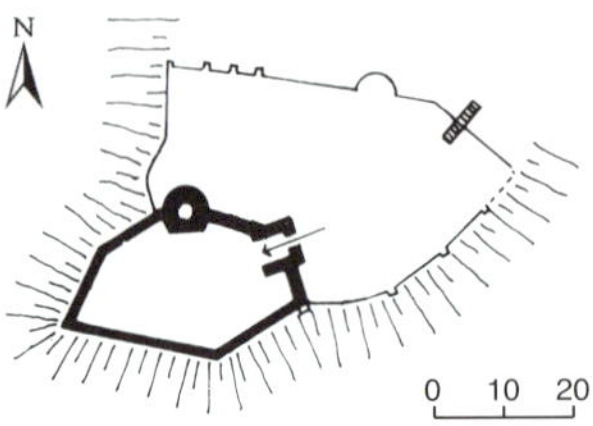

Burgruine Polle, Grundriss

Herrenhaus Posteholz

31855 Posteholz
Stadt Aerzen
Landkreis Hameln-Pyrmont

Posteholz ist ein Ortsteil von Aerzen, dessen Rittergut oberhalb des Ortes westlich von Hameln liegt. Bauen ließ das Gut der Geheime Rat Arnold Ludwig von Post, der 1661 nach dem Verzicht von Obrist Hermann Lothar von Post damit belehnt wurde. Die Anlage wurde mit einem Steinplattenzaun umgeben. Nachdem zu Beginn der zweiten Hälfte des 18. Jahrhunderts mit Ludwig Dietrich von Post das Geschlecht ausgestorben war, wechselte das einstige Rittergut häufig seine Besitzer. Jobst Gabriel von Wülfingen ließ 1766 das noch heute stehende Herrenhaus errichten und den Garten anlegen. Später hatten das Gut auch die Münchhausen im Besitz, zuletzt Karl von Münchhausen bis 1888. Dann kam es an den Reeder und Kapitän Julius von Alten. Der ließ die Grachten zuschütten, sein Sohn eine Landstraße anlegen, nachdem dieser den Besitz 1906 übernommen hatte. Noch während des Krieges erbte 1943

Herrenhaus Posteholz

Baron Siegfried Hanach von Alten das Rittergut. Er starb 2004 in hohem Alter. Das Herrenhaus ist ein schlichter, zweigeschossiger Fachwerkbau mit Walmdach, in dessen Mittelachse sich eine zweiflügelige kassettierte Tür mit schönen Messingbeschlägen befindet. Das Haus wird privat genutzt und kann nicht besichtigt werden.

Schloss Rastede
Erbprinzenpalais Rastede

26180 Rastede

Landkreis Ammerland

Graf Anton Günther errichtete 1643 in Rastede, das 12 Kilometer nördlich von Oldenburg in der Weser-Ems-Region liegt, ein Lustschloss auf den Grundmauern der Benediktinerabtei. 1756 ließ Justizrat Römer das **Schloss** mit der Klosterkirche abtragen und anschließend einen Schlossneubau mit einem französischen Garten errichten. Bestanden hat der Bau aus einem zweigeschossigen Corps de Logis mit dreiachsigem Mittelrisalit sowie eingeschossigen Flügelbauten. Im Jahre 1777 kaufte es Herzog Peter Friedrich Ludwig von Holstein-Gottorp, der es von 1782 bis 1790 in frühklassizistischen Formen durch J. H. G. Becker umbauen ließ. Von ihm ist auch der aus Doppelsäulen gebildete Portikus vor dem Mittelrisalit. In Wandnischen befinden sich die weiblichen Figuren aus Marmor „Reichtum und Überfluss" und an der Auffahrt zwei Sphinxe von 1790. So wie der Besucher das Schloss heute vorfindet, entstand es endgültig durch einen Umbau in der Zeit von 1816 bis 1819 durch C. H. Slevogt. Er ersetzte das spätbarocke Mansarddach durch ein Walmdach und fügte ein Mezzaningeschoss hinzu. Nach grundlegender Erneuerung bekamen die eingeschossigen Seitenflügel große Rundbogenöffnungen. Eine wertvolle klassizistische Ausstattung erhielten das Vestibül und der Gartensaal. Der Marstall und das Kavaliershaus zählen in die Zeit von 1788 bis 1792, wohl nach Entwurf von P. L. Heumann erbaut und Letzteres 1882/83 aufgestockt. Die barocke Gartenanlage wurde bereits 1784 in einen englischen Landschaftspark mit Venustempel nach Plänen von C. F. Bosse umgestaltet. Schloss Rastede war für lange Zeit die Residenz der Grafen und Großherzöge des Hauses Oldenburg. Der Privatbesitz ist nicht zugänglich, erschließt sich jedoch vom öffentlichen Park aus dem Betrachter. Das eingeschossige **Erbprinzenpalais,** gegenüberliegend dem Schloss, wurde 1800 für den Grafen Schmettau errichtet und 1822 von Herzog Peter Friedrich Ludwig erworben, der es für seinen Sohn, den Erbprinzen Paul Friedrich August, mit nun zweigeschossigem und mit ionischen Säulen geziertem Mittelrisalit umbauen ließ. Auch ein Landschaftsgarten wurde gleichzeitig angelegt. Veränderungen im Stile des Historismus wurden nochmals 1882/83 vorgenommen und 1983 das Gebäude restauriert. Letztere betrafen vor allem den Innenbereich durch die Gestaltung mit hervorragenden Stuckgliederungen und Ausmalungen. Das Erbprinzenpalais

Schloss Rastede

Erbprinzen-palais Rastede

war auch eine Zeitlang Wohnstätte der Tochter von Friedrich August II., Sophie Charlotte von Oldenburg, die mit Eitel Friedrich Prinz von Preußen verheiratet war, einem Sohn Kaiser Wilhelms II. Sophie trennte sich 1926 von ihm. Das Erbprinzenpalais wird für wechselnde Ausstellungen und kulturelle Veranstaltungen genutzt.

Herrenhaus Remeringhausen

31655 Reinsen
Stadt Stadthagen
Landkreis Schaumburg

Zwischen Stadthagen und Bad Nenndorf, südlich der B 65, liegt Reinsen mit seinem ehemaligen Rittergut an den nordöstlichen Ausläufern des Bückeberges. Die weitläufige Anlage mit umgebendem Graben, altem Herrenhaus und Weserrenaissanceschlösschen entstand für Ludolf von Münchhausen und seine Frau Anna von Bismarck, nachdem er das Gut von seinem Vater Börries von Münchhausen vererbt bekam. Börries schrieb hier seine Ballade „Der Letzte des Geschlechts". Von 1565 bis 1952 war das Gut im Besitz der Freiherren von Münchhausen und gelangte anschließend durch Erbschaft an die Herren von Breitenbuch. Erwähnt wurde der Adelssitz erstmals 1594, als der doppelgeschossige Bruchsteinbau mit Sonnenuhr und achteckigem Treppenturm an der Schmalseite errichtet wurde. Zur Hofseite befindet sich ein kleines rundbogiges Portal und auf dem Satteldach wurde ein

Herrenhaus Remering-hausen, Reinsen

Zwerchhaus mit kleiner Laterne integriert. Das neue Herrenhaus ist ein eingeschossiger verputzter Bruchsteinbau auf hohem Kellergeschoss, dessen 1701 geschaffenes Hauptportal sich an der Hofseite befindet. Das Dachgeschoss und die gerahmten Mittelrisalite wurden in Fachwerk ausgeführt. Dem Hauptportal ist eine doppelarmige Treppe vorgelagert und Säulen tragen den Segmentbogengiebel, über dem sich das von Putti gehaltene Wappen der Familie von Münchhausen befindet. Der Gutspark mit kleinem Teich entstand im 19. Jahrhundert und wurde von 1998 bis 2000 instand gesetzt. Für Besucher ist dieser jeweils freitags von 8 bis 18 Uhr geöffnet und auf dem Gelände finden zu gegebenen Anlässen Events statt. Es können auch für besondere Anlässe Räumlichkeiten angemietet werden.

Herrenhaus Rethmar

31319 Rethmar
Stadt Sehnde
Region Hannover

Das in Privatbesitz befindliche Herrenhaus in Rethmar, südöstlich von Hannover an der B 65 gelegen, kann man nur von außen besichtigen. Untersuchungen des Kellergeschosses vom Schloss führen in die Jahre 1150 bis 1200 zurück. Die Geschichte des Schlosses beginnt mit der Familie von Rautenberg. Im Jahre 1332 wird hier ein von Sumpf und Wasser umgebenes „festes Hus to Rethmare“ erwähnt. Die damalige Burg veränderte sich ab 1348 zu einem Gutshof mit Vorburg. Es ist eine große Dreiflügelanlage, im Wesentlichen aus der ersten Hälfte des 18. Jahrhunderts, mit zentralem Hofportal von 1710. Die Seitenflügel gehen in das ausgehende 16. Jahrhundert zurück und wurden von 1985 bis 1988 nach Befund saniert. Der angedeutete Mittelrisalit des Hauptflügels wird von einem Dreiecksgiebel bekrönt und von den Portalen zeigen sich nur die der Hof- und Gartenfassade reicher gegliedert und tragen einen bekrönenden Wappenschmuck. Im Zentrum des Ehrenhofes steht ein Brunnen. Die Gebäude des Wirtschaftshofes stammen aus der Zeit des 17./18. Jahrhunderts. Das Gartenportal ist von 1735. Im Jahr 1530 begann man mit dem Bau einer neuen Anlage und zu Beginn des 18. Jahrhunderts gestaltete man die romanische Burg zum Schloss um. 1850 kam dieses in den Besitz der Familie Ernst und wechselte noch häufig seine Besitzer. Schließlich kaufte es 1986 Rüdiger Freiherr von Wackerbarth, renovierte das Schloss und schuf moderne Wohnungen im historischen Gebäude.

Herrenhaus Rethmar

Schloss Rheden

31039 Rheden
Landkreis Hildesheim

Die Gemeinde liegt nahe der B 3 zwischen Alfeld und Nordstemmen, nordwestlich der Sieben Berge. Das nach der Restaurierung in neuem Glanz erstrahlende Schloss wurde 1729 als modernes Herrenhaus oberhalb der Kirche errichtet und 1899 umgebaut. Besitzer war die Familie von Rheden. Der Bau entstand anstelle eines zweistöckigen massiven Putzbaus mit Walmdach, dessen damalige Besitzer die Grafen zu Dohna waren. Zur reizvollen Rhedener Landschaft zählen noch zwei Sportplätze mit Sportheimen, ein Golfplatz und ein Segelflugplatz. Der Golfclub Sieben Berge e.V. hat heute seinen Mittelpunkt im ehemaligen Schlosspark der Familie von Rheden und zieht mit seinem 18-Loch-Golfplatz sowie der besonders reizvollen Kulisse zahlreiche Sportfreunde und Gäste an. In einem Nachbargebäude befindet sich ein Restaurant. Das Schlossgebäude ist in Privatbesitz und nicht zugänglich.

Schloss Rheden

Schloss Ribbesbüttel

38551 Ribbesbüttel
Landkreis Gifhorn

Ribbesbüttel liegt am Südrand der Lüneburger Heide, etwa 20 Kilometer nördlich von Braunschweig und fünf Kilometer südlich von Gifhorn. Das Schloss im Stil des Historismus geht auf die Jahre 1906 bis 1908 zurück. Im Inneren widmeten sich die Besitzer dem Jugendstil. Um seinem Sohn das Rittergut Ribbesbüttel kaufen zu können, verkaufte Bruno Löbbecke seine wertvolle Münzsammlung an den Preußischen Kulturbesitz in Berlin. Verschiedene Nutzungen hatte das Schloss in seinen jungen Jahren über sich ergehen

lassen müssen. Nachdem die Familie Löbbecke hier von 1905 bis 1945 lebte und dann fliehen musste, quartierten sich 1945 für vier Monate erst die Amerikaner und dann die Engländer ein. Bis Ende 1946 fungierte das Schloss als britisches Lazarett und ging von 1947 bis 1957 an das Annastift Hannover. Förderschule für spät ausgesiedelte Mädchen war es von 1958 bis 1960 und von 1963 bis 1969 Neubauamt „Fahle Heide“. Noch weitere zahlreiche Institutionen zogen jeweils nur für wenige Jahre ein, bis es 1996 die Familie Löbbecke und Mieter als private Wohnanlage übernahmen.

Schloss Ringelheim

38259 Ringelheim
Stadt Salzgitter
Kreisfreie Stadt

Ringelheim ist ein südlicher Stadtteil von Salzgitter, in dessen großem öffentlichen Park das sich in Privatbesitz befindende Schloss liegt. Einst war der mehrflüglige Bau ein Klostergebäude aus dem 10. Jahrhundert, das 1152 in ein Benediktinerkloster für Männer umgewandelt wurde. In der Zeit von 1523 bis 1641 war es braunschweigisch und im Jahre 1803 wurde das Kloster säku-

Schloss Ribbesbüttel

Schloss Ringelheim

larisiert. Es kam in den Besitz des preußischen Feldmarschalls von der Schulenburg-Kehnert, worauf das Gut Ringelheim 1817 die Adelsfamilie von der Decken kaufte und es zum Herrensitz umbaute. Der Süd- und Westflügel war bereits 1718 vollendet worden. Der Ostflügel, in dem sich die ehemalige barocke Bibliothek befand, wurde 1818 abgerissen. Im westlichen Bereich befinden sich bemerkenswerte Portale von 1710 und 1714 sowie eine bogig geführte Freitreppe. Die lang gestreckte Südfassade wurde mit Mittelrisalit ausgeführt. Die Terrasse, Freitreppe sowie das Mausoleum von 1847 entstanden unter Graf Adolf von der Decken. In der Eingangshalle des Westflügels steht ein spätgotischer Kamin von 1524. Adolf von der Decken ließ 1848 auch anstelle des ehemaligen Klosterparks einen englischen Garten anlegen. Heute findet man hier noch alten Baumbestand, einen Teich und eine steinerne Brücke sowie Obelisk, Ruinen und Vasen. 1942 ging die Gesamtanlage an die Landesversicherungsanstalt Braunschweig und wurde als Lungenheilstätte für Tuberkulosepatienten genutzt. Viele gesellschaftliche Bewerber gab es noch um das Anwesen, doch nun befindet sich Schloss Ringelheim wieder in Privatbesitz. Der weitläufige Schlosspark ist öffentlich zugänglich.

Eulenburg Prinzenhof

31737 Rinteln
Landkreis Schaumburg

Rinteln liegt südöstlich von Minden an der A2, südlich von Bückeburg.

Eulenburg, Rinteln

Die sogenannte **Eulenburg** steht im Zentrum der kleinen Stadt und stammt wohl aus der Zeit des 15. Jahrhunderts. Sie wurde 1591 und 1662 umgebaut. Sie ist im Kern ein gotischer verputzter Massivbau mit steilem Giebel. Im späten Mittelalter gehörte die Eulenburg der Familie von Rottorp. Erwähnt wurde hier erstmals 1483 ein Stadthof des Klosters Möllenbeck, der in diesem Jahr durch die Möllenberger Kanonissen von den Mönchen zurückgekauft wurde, darunter auch Töchter der Rottorps. Mit der Reformation wurde das Kloster ein Kanonikatsstift, in dem ab 1559 ein evangelischer Prior herrschte. 1591 erneuerten die Stiftsherren die Anlage, die somit annähernd ihre heutige Gestalt erhielt. Unter Prior Jodokus Stuken erlebte die Eulenburg eine späte Blütezeit. Im Jahr 1606 ging das Anwesen an den Schaumburger Kanzler Eberhard von Weihe zu Lehen und 1612 an die Stadt Rinteln. Mehr als 200 Jahre saßen Schaumburger Nachfahren als Beamte in der Eulenburg. 1909 wurde bereits ein Museum eröffnet und 2000 nach modernen Maßstäben neu gestaltet.

Prinzenhof, Rinteln

Das Angebot ist mit zahlreichen Exponaten zur Vor-, Stadt- und Kulturgeschichte Rintels und seiner Umgebung, aber auch mit spannenden historischen Themen gespickt, wie Hexenverfolgungen im Wesergebiet, Landschaftsraum Weser und weiteren Attraktionen. Der ehemalige **Prinzenhof** war einst der Adelshof der Familie von Münchhausen und seit 1700 zumeist im hessischen, später im preußischen Staatsbesitz. Ein landesfürstliches Absteigequartier war der Prinzenhof im 18. Jahrhundert und ab 1869 Sitz des Amtsgerichts. Er ist ein großer zweigeschossiger Fachwerkbau aus der zweiten Hälfte des 16. Jahrhunderts, mit einem Untergeschoss aus Bruchsteinmauerwerk. Die Fachwerkfassaden sind mit reichem Schnitzdekor geziert. Der historische Bau dient heute als Sitz der Sparkasse Schaumburg und erhielt für diesen Zweck moderne Anbauten.

Schloss Rittmarshausen

37130 Rittmarshausen
Gem. Gleichen
Landkreis Göttingen

Das von Sudfeld Vick für den Hofmarschall und Kammerpräsidenten Friedrich Wilhelm Freiherr von Schlitz, genannt von Görtz, 1708 bis 1716 erbaute Schloss ist im Ort Rittmarshausen, südöstlich von Göttingen, nahe der thüringischen Grenze bei Heiligenstadt zu finden. In den Bau einbezogen wurde der Ostflügel eines unvollendeten Renaissancebaus von 1583.
Das bestehende Haus ist ein doppelgeschossiger Putzbau mit Walmdach und einem Mittelrisalit. Im Dreiecksgiebel befindet sich das Allianzwappen des Bauherrn und seiner Gemahlin von Hopfgarten, versehen mit der Jahreszahl 1714. Ab dem Jahre

Schloss Rittmarshausen

1909 wurde die landwirtschaftlich genutzte Fläche verpachtet, auf der sich seit 1852 eine Brennerei, eine Likörfabrik und eine Mühle befanden. Während die beiden Erstgenannten nach dem Ersten Weltkrieg die Produktion einstellten, wurde hier bis 1902 Bier gebraut. Die ehemalige Zweckbestimmung der 1954/55 entdeckten großen, weitläufigen unterirdischen Gänge am Schloss konnte auch vom hinzugezogenen damaligen Museumsdirektor Dr. Fahlbusch aus Göttingen nicht analysiert werden. In dem sich heute in schlechtem Zustand präsentierenden Schloss war einst ein Goldschmiede-Atelier und bis in die 70-er-Jahre des vergangenen Jahrhunderts ein Kinderheim untergebracht. Gero-Hendrik Melander nahm hier zeitweilig seinen Wohnsitz. Das zum Schloss gehörende ehemalige Rittergut ist noch verpachtet.

Schloss Ritzebüttel

27472 Ritzebüttel
Stadt Cuxhaven
Landkreis Cuxhaven

Cuxhaven mit dem Stadtteil Ritzebüttel liegt an der Elbmündung in die Nordsee. Das Amt Ritzebüttel war bis 1937 ein hamburgischer Außenposten.

Schloss Ritzebüttel

Einst stand hier innerhalb eines Befestigungsgürtels aus doppeltem Wall und Graben ein mächtiger gotischer Wohnturm aus der Zeit um 1398 anstelle eines Vorgängerbaues von 1330. Im Jahre 1340 saßen hier die Lehnsherren von Sachsen-Lauenburg auf einer Wehranlage. Diese ging 1393 von den Lappes an die Stadt Hamburg über. Der rechteckige Bau mit seinem kreuzgratge-

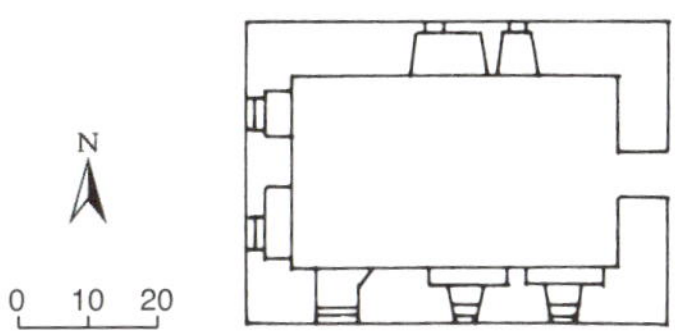

Schloss Ritzebüttel, Grundriss

wölbten Keller und den vier Obergeschossen bekam im 19. Jahrhundert einen Zinnenkranz. Der zweigeschossige barocke Anbau mit der repräsentativen Freitreppe von 1752/53 wurde nach einem Entwurf von C. F. Gaedeckens aus Hamburg errichtet. Der Saal des Obergeschosses birgt einen Türsturz mit Hamburger Wappen und stammt wohl vom Vorgängerbau aus dem Jahre 1616. Zu jener Zeit war Schloss Ritzebüttel Wohnsitz der Hamburger Amtmänner, zu denen auch der Schriftsteller Berthold Heinrich Brockes gehörte. Sie residierten über 500 Jahre im Schloss. Als 1937 Cuxhaven gegen andere Orte an Preußen getauscht wurde, verlor Schloss Ritzebüttel seine politische Bedeutung. Bis 1981 für verschiedene Zwecke genutzt, wurde das Schloss schließlich nach einer umfassenden Restaurierung ab 1996 der Öffentlichkeit übergeben. Unter dem Motto „Kultur im Schloss" können heute Ausstellungen besucht und ein Trauzimmer genutzt werden. Auf dem Schlossgelände werden verschiedene Märkte ausgerichtet, im Restaurant kann man den Gaumen verwöhnen und danach einen ruhigen Spaziergang im Park genießen.

Burg Rodenberg, Grundriss

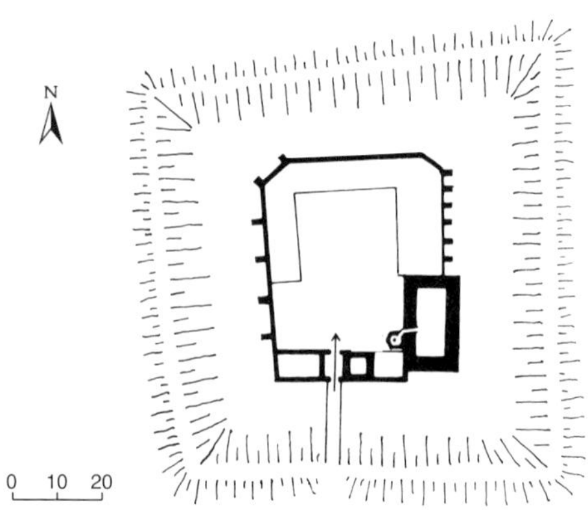

Burg Rodenberg

31552 Rodenberg
Landkreis Schaumburg

Der Ort Rodenberg liegt südlich von Bad Nenndorf. Eine Wasserburg wurde vermutlich von Graf Adolf V. von Schaumburg im 13. Jahrhundert hier errichtet. Sie sollte zur Sicherung des nordöstlichen Territoriums dienen. Im Jahre 1337 hatte hier der Schaumburger Amtmann seinen Sitz. Zwischen 1330 und 1348 ließ Graf Adolf VII. die Anlage erneuern und verstärken und nahm hier 1348 seinen Wohnsitz. 130 Jahre später verstärkte Otto I. die Anlage. Von 1498 bis 1526 regierte Anton I. die Grafschaft, der 1510 die Bastei errichten ließ. In einem Erbfolgevertrag von 1518 erhält Landgraf Philipp von Hessen das Amt Rodenberg und weitere Teile der Grafschaft von Anton I. und Otto III. zu Le-

Burg Rodenberg

hen. Die Baumeister J. Kölling und H. Schrader erneuerten 1559 bis 1560 die Anlage. In kriegerischen Auseinandersetzungen belagerten 1553 Braunschweiger fünf Tage lang erfolglos die Burg. Im Dreißigjährigen Krieg verteidigten 1638 kaiserliche Truppen die Burg und danach wechselten öfter die Besitzer. 1859 brannte die unregelmäßige Vierflügelanlage mit hoch aufragendem Treppenturm aus und nur die im Rechteck geführte Graft und das sogenannte Ständehaus blieb erhalten. Die Bastei, Rondell und zwei Wehre wurden zwischen 2000 und 2004 vom Förderverein ausgegraben, gesichert und wieder hergestellt. Heute befindet sich im Ständehaus ein Heimatmuseum.

Schloss Rössing

31171 Rössing
Gem. Nordstemmen
Landkreis Hildesheim

Rössing liegt nur wenige Kilometer nordöstlich von Nordstemmen und westlich von Hildesheim. Das Schloss wurde für Ludolph von Rössing von 1586 bis 1589 erbaut. Die Anlage teilt sich in zwei Rittergüter, deren Burg seit dem 14. Jahrhundert im Besitz des Geschlechts derer von Rössing war. Es entstand im 15. Jahrhundert ein von Gräben geschützter Herrenhof mit einem Herrenhaus. Das Rittergut I ist eine doppelgeschossige, zweiflügelige aus Fachwerk gebaute An-

Schloss Rössing

lage, mit rundem Treppenturm, Glockenhaube und bemerkenswerter Wendeltreppe am älteren Renaissanceteil. Im 19. Jahrhundert gab es einen Erweiterungsbau mit schwachem dreigeschossigem Mittelrisalit und 1909 gestaltete man die Front durch eine bruchsteinartige Fassade aus Possenquadern. Die Zufahrt zum Hof führt über eine Brücke von 1821, anstelle einer alten Zugbrücke. Das Rittergut II ist ein zweigeschossiges Herrenhaus in Fachwerk aus der Zeit um 1680, mit einem quer gestellten Anbau von 1700. In westlicher Richtung wurden Erweiterungen von 1720 bis 1730 und jüngere Anbauten realisiert. Der mit Ornamenten gezierte Ziehbrunnen stammt aus der Zeit von 1685. Die Umgebung wird von altem Baumbestand geprägt. Besichtigt werden kann die in Privatbesitz befindliche Anlage nicht.

Wasserburg Sachsenhagen

31553 Sachsenhagen
Landkreis Schaumburg

Das kleine Städtchen grenzt im Süden an den Mittellandkanal und liegt südlich des Steinhuder Meeres, zehn Kilometer nördlich von Stadthagen. Zur Sicherung seines Herrschaftsbereiches ließ Herzog Albrecht I. von Sachsen-Lauenburg um 1250 die Wasserburg errichten. Im Niedersächsischen Städtebuch wurde 1391 die Vorburg genannt. Graf Otto

IV. von Holstein-Schaumburg verpfändete 1571 die Burg an den Drost von Rodenberg, Hermann von Mengersen. In den Jahren 1595 bis 1597 baute Graf Ernst von Holstein-Schaumburg die Anlage zur Residenz aus und zog 1601 nach dem Ableben von Graf Adolf XIV. in das Schloss. Zwischen 1622 und 1634 war das Schloss Residenz des Grafen Hermann von Schauenburg und Holstein. Im Jahre 1665 kam der Besitz an die Landgrafschaft Hessen-Kassel und verfiel. Erhalten geblieben sind zwei Hauptbauten, der Wohnturm (im Kern vielleicht noch 14. Jahrhundert) und das sogenannte Amtshaus, ein niedriger zweigeschossiger Rechteckbau unter Walmdach. Graf Otto schloss 1565 einen Vertrag mit J. Kölling aus Stadthagen über den Bau des Treppenturms und die innere Ausgestaltung. Sehenswert ist das rundbogige Turmportal vom Ende des 16. Jahrhunderts mit Beschlagwerkdekor. Im Erdgeschoss an der Ostseite befindet sich ein Erker. In den folgenden Jahrhunderten diente der Bereich als landwirtschaftliche Domäne, bis schließlich 1877 die Gemeinde Sachsenhagen sie ersteigerte und 1923 im oberen Saal des Bergfrieds eine Jugendherberge einrichtete. Es folgte der Bund Deutscher Mädel, der die Räumlichkeiten nutzte. Eine Schule ließ in den 1960er-Jahren einen Übungsraum für sportliche Betä-

Wasserburg Sachsenhagen

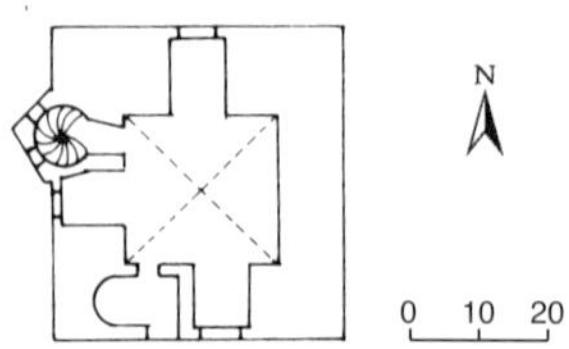

Wasserburg Sachsenhagen, Wohnturm

tigung schaffen und zurzeit wird der Domänenbereich, im Besitz der Stadt, hin und wieder zu kulturellen Veranstaltungen genutzt. Das einstige Amtshaus ist seit 1969 in Privatbesitz und wird bewohnt.

Schloss Salder

38229 Salder
Stadt Salzgitter
Kreisfreie Stadt

Salder ist ein Stadtteil von Salzgitter, gelegen nördlich der Lichtenberge in einem Teil des nördlichen Harzvorlandes. Die Herren von Salder wurden 1161 erstmals urkundlich nachgewiesen und 1608 gaben Jacob und Heinrich von Saldern wegen einer Schuld ihren Stammsitz auf und verpfändetet ihn an Statius von Münchhausen. Noch im gleichen Jahr ging von ihm der Besitz an den fürstlich-braunschweigischen Obristen, Geheimrat und Generalkommissar David Sachse. Umgehend ließ dieser ein Schloss im Stil der Weserrenaissance errichten, das vermutlich der Baumeister Paul Francke baute. Als der Besitzer verarmte, kaufte die Familie von Saldern das Anwesen zurück. Bald darauf kam es zu Erbschaftsklagen, worauf sich die Saldern bei der Familie von Quitzow stark verschuldeten. Während des Dreißigjährigen Krieges belagerten kaiserliche Truppen den Ort und 1669 ging das Anwesen an die Familie von Quitzow als Pfand. Im Jahre 1695 kam es schließlich nach Auseinandersetzungen zwischen denen von Saldern und Quitzow durch Verkauf an Erbprinz August Wilhelm von Braunschweig-Wolfenbüttel in herzoglichen Besitz. Nach dem Tode des Erbprinzen 1731 wurde das Anwesen Witwensitz für dessen dritte Ehefrau Elisabeth Sophie Marie und ab 1740 herzogliche Domäne bis zur Enteignung 1918. Viele Besitzer gingen in der Folgezeit im Schloss ein und aus, so 1939 die Mitglieder der „Großdeutschen Umsiedlungsgesellschaft“, 1945 die britischen Truppen, später wurde das Schloss als Kindergarten und Flüchtlingsunterkunft genutzt. Schließlich kam es 1955 von der Salzgitter-AG an die Stadt und 1962 wurde ein Museum eröffnet. Schwerpunkte der Ausstellungen sind Geologie sowie Ur- und Frühgeschichte und die Stadtgeschichte von Salzgitter seit der Barockzeit bis in das 20. Jahrhundert. Von 1975

Schloss Salder

bis 1980 wurde umfassend gebaut und saniert. Das Schloss ist ein hoher zweigeschossiger Bruchsteinbau mit um ein Geschoss erhöhten Eckrisaliten auf der Hofseite. Die Giebel sind mit Voluten und Obeliskenaufsätzen geziert. An der Rückfront befindet sich ein rechteckiger Treppenturm mit Schieferhaube. Im Obergeschoss liegt der Festsaal, mit Wandgliederung durch korinthische Pilaster und zwei Kamine. Die Stuckaturen hier und im Schlafgemach stammen von Giuseppe Perinetti. Die Familie von Saldern hinterließ eine umfangreiche Porträtgalerie. Jährlich finden im und um das Schloss zahlreiche Feste statt, zu denen das Museumsfest, der Oldtimertreff, die Spielzeugbörse, der Adventsbasar, der Kultursommer und der Mühlentag zählen.

Burgruine Salzderhelden

37574 Salzderhelden
Stadt Einbeck
Landkreis Northeim

Salzderhelden, im Mittelalter ein Ort der Salzgewinnung, Herzogsitz, Münzstätte und politisches Zentrum, liegt in Südniedersachsen, 35 Kilometer nördlich von Göttingen. Die Relikte der Burg liegen auf einem Bergrücken am linken Leineufer. Wie die Geschichte berichtet, gelangte die Burg bereits 1291 in den Besitz des Herzogs Heinrich Mirabilis, der 1322 auf der Burg verstarb. Berichtet wird weiter, dass 1305 hier ein rauschendes Turnier stattgefunden haben soll. Erwähnt wurde die Anlage, die vermutlich von den Grafen von Dassel erbaut wurde und im 14. Jahr-

Burgruine Salzderhelden

hundert an die Grubenhagener Linie der Welfen fiel, erstmals 1320. Sie diente dem Schutz des Salzbrunnens am Fuße der Burgauffahrt. Dieser Burg erging es wie vielen anderen jener Zeit, sie wurde oft belagert, zerstört und verschiedentlich wieder hergestellt, bis sie schließlich seit dem 18. Jahrhundert als verfallen galt. Im Jahre 1365 soll auf der Burg erstmals auf deutschem Boden eine Feuerwaffe (Kanone) eingesetzt worden sein, als Landgraf Friedrich von Thüringen sie mit einer riesigen Heerschar belagerte und letztlich doch das Weite suchen musste. Ende des 15. Jahrhunderts diente die Anlage als Witwensitz und in dieser Zeit erfolgten repräsentative Umbauten in Fachwerk. Mit der welfischen Erbteilung von 1481 verlegte man die Residenz nach Herzberg, und als die Grubenhagener Linie erlosch, ging die Burg an die Celle'sche Linie der Welfen über. Letzter Bewohner der Burg war der Oberjägermeister von Moltke, der wegen Verschwörung gegen ein Thron- und Erbfolgegesetz von 1683 im Jahre 1692 in Hannover wegen Hochverrats enthauptet wurde. Sicherungsmaßnahmen wurden

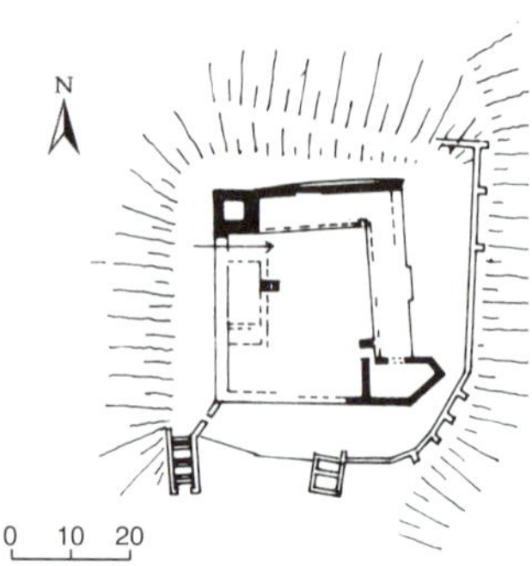

Burgruine Salzderhelden, Grundriss

an den Resten der Anlage von 1982 bis 1988 vorgenommen. Überwiegend bestand die Burg des Spätmittelalters aus Kalkbruchstein, von der Teile der Palaswand, die Einfassungsmauern der einschiffigen Burgkapelle sowie ein quadratischer Turmstumpf erhalten geblieben sind. Der einstige Grabenverlauf ist noch gut erkennbar. Auf dem Burggelände finden jährlich Burgfeste statt.

Schloss Sambleben

38170 Sambleben
Stadt Schöppenstedt
Landkreis Wolfenbüttel

Die Gemeinde mit ihrem Schloss liegt im Übergang von der norddeutschen Tiefebene ins mitteldeutsche Bergland, zwischen den Höhenzügen Elm und Asse, östlich von Wolfenbüttel. Das adlige Geschlecht von Sambleben wird erstmals 1201 erwähnt und mit Aussterben dieser Familie geht der Besitz an das herzogliche Haus. 1587 entsteht hier ein Wasserschloss im Renaissancestil. Herzog Heinrich Julius verschrieb 1593 den Besitz seiner Gemahlin, die ihn bis 1626 besaß. Herzog Friedrich Ulrich belehnte 1627 Franz Jakob von Cramm mit dem Schloss, das im Dreißigjährigen Krieg zerstört wurde. Den barocken Neubau, der 1701 abgeschlossen war, ließ Thedel II. von Cramm wohl durch Hermann Korb errichten. Es ist ein zweigeschossiger Vierflügelbau aus Quadermauerwerk um einen quadratischen Innenhof und war ursprünglich von einem Wasser-

Schloss Sambleben

graben umgeben. Im Mittelrisalit der Südfassade befindet sich eine von Doppelpilastern gerahmte Tordurchfahrt aus dem Jahre 1701. Der Giebel ist mit Wappen geziert. Die unvollendete Gartenseite zeigt sich reicher durch zwei Seitenrisalite mit Blendarkaden im Erdgeschoss, ionische Pilaster im Obergeschoss und eine Arkadenhalle. Den Hof umgeben auf drei Seiten toskanische Pfeilerarkaden und die Obergeschosse sind mit korinthischen Doppelpilastern gegliedert. Schloss, Gut und die Rokokokirche des Ortes stehen im geschichtlichen Zusammenhang und sind mit dem Geschlecht derer von Cramm eng verbunden. Heute wird die Anlage privat genutzt und ist der Öffentlichkeit nicht zugänglich.

Schaumburg, Torhaus

Schaumburg

31737 Schaumburg
Stadt Rinteln
Landkreis Schaumburg

Die Schaumburg mit mächtigem Bergfried findet man knappe zehn Kilometer westlich von Rinteln auf dem Nesselberg im Naturpark Weserbergland. Zuerst soll im 12. Jahrhundert hier ein Jagdhaus gestanden haben, das dem Rodenberger Adolf von Santersleben gehörte. Dessen Sohn Adolf II. errichtete auf den Resten dieses Hauses im 12. Jahrhundert eine Burg, den Stammsitz der Schaumburger Grafen, der 1110 erstmals genannt wurde. Als die Hauptlinie der Schaumburger 1640 mit dem Grafen Otto ausgestorben war, teilte man die Grafschaft und die Burg kam an Hessen. Ab 1517 diente sie nur noch als Witwensitz, dessen letzte Bewohnerin Elisabeth von Schaumburg 1646 starb. Graf Otto I. ließ 1370 bis 1405 die Hauptburg mit unterhalb liegender Vorburg und Mauergürtel ausbauen. Drei von vier Türmen der mittelalterlichen Anlage blieben erhalten. Der untere Torturm, auch Archivturm genannt, entstand um 1390 achteckig mit spitzbogiger Durchfahrt, das erste Obergeschoss wurde bis 1744 mit einem Kreuzrippenge-

wölbe ausgestattet. Im Jahre 1909 bekam er noch einen Erker und eine geschweifte Haube. Auch der 1613 errichtete Fachwerkbau, die ehemalige Drostenwohnung und heutige Galerie, wurde erneuert. Auf der Nordseite des Bergplateaus befinden sich zwei viereckige Türme des 14. Jahrhunderts, der sogenannte Glocken- und der Georgsturm. Letzterer war ein ehemaliger Bergfried, der im 17. Jahrhundert erneuert und 1908 erhöht wurde. Die dem Tal zugewandte Seite wird vom zweigeschossigen Palas beherrscht, im Kern 16. Jahrhundert. Ionische Pilaster beziehungsweise Halbsäulen flankieren die beiden kleinen Rechteckportale. An der Hoffassade befinden sich zwei Wappentafeln der Schaumburger Grafen, datiert mit den Jahreszahlen 1521 und 1598. Den Rittersaal schmückt ein bemerkenswerter Sandsteinkamin mit flankierenden Hermen sowie

Schaumburg

Schaumburg, Bergfried

Beschlagwerk und Rankendekor auf dem Sturz von 1591. Genutzt wurde die Anlage 1821 von der nahe gelegenen Domäne Coverden. Sie verfiel im Laufe der Zeit. Unter preußischem Besitz ab 1866 legte man 1873 ein Gasthaus in das Schloss. Die zum Schloss gewandelte Burg im Stil der Weserrenaissance wurde von Kaiser Wilhelm II. dem Fürsten von Schaumburg-Lippe zur Silberhochzeit geschenkt und aufwendig von 1907 bis 1913 historisierend erneuert. Noch heute ist sie im Besitz der Familie zu Schaumburg-Lippe und noch immer ist eine Gaststätte vorhanden. Den Turm kann man besteigen und wird mit einer grandiosen Aussicht belohnt. Jeweils im September findet ein Mittelaltermarkt statt. Im Torhaus sind Ferienwohnungen eingerichtet.

Schaumburg, Grundriss

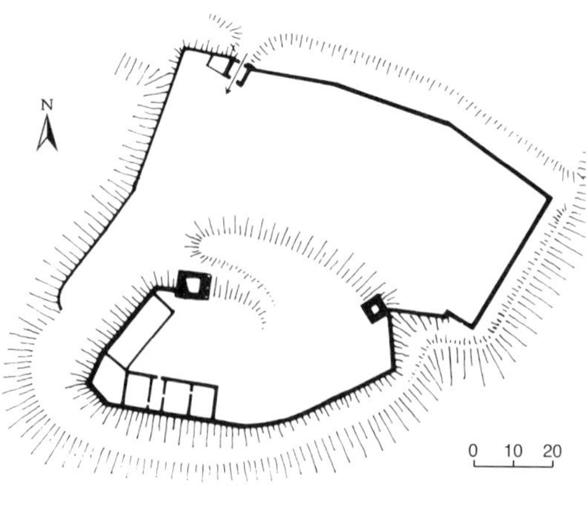

Schelenburg

49143 Schledehausen
Gem. Bissendorf
Landkreis Osnabrück

Bissendorf liegt im Osnabrücker Land zwischen Osnabrück und Bad Essen. Der Sitz der Familie von Schele ist eine der schönsten Wasserburgen dieser Region. Die Burg an der Wierau wurde bereits 1160 als Besitz der Edelherren von Sledesen erwähnt und ging nach Heirat des Rabodo von Schele mit der Erbtochter Elisabeth von Sledesen ab 1396 an die Familie von Schele über. Der bekannte Humanist Jasper von Schele war ein Studienfreund Luthers und Melanchthons. Ein doppeltes und dreifaches Gräftensystem um die prächtige Anlage ist zum Teil noch vorhanden, ihr mächtiger, rechteckiger Wohnturm mit runden Ecktürmchen aus der Zeit um 1200 befindet sich in der inneren Graft. An der Seite der Wandtreppen befanden sich die Zugänge in die oberen Geschosse. Mit dem Einbau einer Bibliothek im 19. Jahrhundert und durch umfassende Renovierung der beiden oberen Stockwerke wurde das Aussehen wesentlich verändert. Vermutlich wurden auch zu dieser Zeit die Wandtreppen beseitigt. Sweder von Schele und seine aus den Nie-

Schelenburg, Schledehausen

derlanden stammende Gemahlin Anna von Welvelde bauten von 1529 bis 1532 die 1490 ausgebrannte Anlage zu einer der stattlichsten Renaissanceburgen im Osnabrücker Land aus. Zu diesem Projekt wurde der Tübinger Baumeister Jörg Unkair herangezogen. Ein kräftig in die Graft zur Wasserseite hin vorspringender Risalit vermittelt wirkungsvoll zwischen Wohnturm und Palas. In den 80er-Jahren des vergangenen Jahrhunderts wurde die Wasserburg umfassend saniert und bekam ein neues Dach. Der gastronomische Betrieb findet heute vor allem in der ehemaligen Schlossküche statt und den Saal des Turmes kann man für Veranstaltungen buchen. Die romantisch gelegene Anlage lädt auch zu erholsamen Spaziergängen ein.

Schelenburg, Schledehausen

Schloss Schliestedt

Schloss Schliestedt

38170 Schliestedt
Stadt Schöppenstedt
Landkreis Wolfenbüttel

Schliestedt mit seinem Schloss liegt in der fruchtbaren Schöppenstedter Mulde, südöstlich der gleichnamigen Stadt. Der Landsitz, das Wahrzeichen des Ortes, wurde wohl nach 1752 bis 1760 für den Kanzler Heinrich Bernhard Schrader von Schliestedt durch einen komplexen Umbau einer älteren Anlage durch den Ingenieur Martin Peltier de Belfort erbaut und zählt heute zu den bedeutendsten Bauten des Rokoko im Braunschweiger Land. Auch der Entwurf von 1747 zur Neugestaltung des Gartens stammt von ihm. In diesem Jahr hatte von Schliestedt das hier stehende ehemalige Wasserschloss vom Herzog Karl I. von Braunschweig-Wolfenbüttel als Geschenk bekommen. 1773 ging der Besitz an die Familie von Bülow und von 1827 bis 1836 pachtete die Familie Seeliger das Anwesen, von der es wiederum an die Familie von Schwicheldt ging. Von 1939 bis 1945 beherbergte das Schloss die Staatsmusikschule Braunschweig, worauf es dann Gräfin Looz-Corswaren erwarb und kurz darauf wieder verkaufte. Schließlich kam der schmuckvolle Bau 1950 an den Landkreis Wolfenbüttel, diente zunächst als Flüchtlingsheim und dann als Altenheim. 1996 ging das Schloss an die Private Trägerschaft der Alten- und Pflegeheim Zerbst GmbH über, in dem Senioren einen behüteten Lebensabend verbringen. Der Landsitz stellt einen schlichten zweigeschossigen, von einem Graben umgebenen Rechteckbau aus verputztem Backsteinmauerwerk dar. Das von Pilastern gerahmte Hauptportal im Mittelrisalit ist über eine Brücke zugänglich. Die Ausstattung im Obergeschoss hebt sich deutlich durch den Festsaal mit Grisaille-Kartuschen von Joseph Gregor Winck und Stuckarbeiten – wohl von Giuseppe Buzzi – vom Untergeschoss ab.

Schloss Schöningen

38364 Schöningen

Landkreis Helmstedt

Das Schloss findet man südlich von Helmstedt im Ort Schöningen an der Deutschen Fachwerkstraße, nahe dem Land Sachsen-Anhalt. Die Vierflügelanlage geht auf eine welfische Burg zurück, die Herzog Magnus um 1350 als Jagdschloss und Grenzveste gegen das Erzbistum Magdeburg und Halberstadt errichtete. 1542 wurde sie im Krieg des Schmalkaldischen Bundes gegen Herzog Heinrich den Jüngeren zerstört. Doch schon 1556 wurde die Anlage Wohnsitz einer Herzogstochter und bis 1558 zur Hofhaltung ausgebaut. Weiterhin wurde das Schloss von 1568 bis 1659 durch Herzoginnen von Braunschweig-Wolfenbüttel als Witwensitz genutzt, worauf es zu verfallen begann. Eine der berühmtesten Damen war von 1568 bis 1575 Herzogin Sophie, Gemahlin Heinrichs II. des Jüngeren und Schwester des polnischen Königs Sigismund II. Sie ließ auch den heute nicht mehr existenten Lustgarten anlegen. Elisabeth, Schwester Christians IV. von Dänemark, wohnte nach dem Tode ihres Gemahls Heinrich-Julius im

Schloss Schöningen

Schloss und gestaltete den Palas im Renaissancestil völlig neu, wie auch den West- und Nordflügel. Auch alle nachfolgenden Herzoginnen waren, was den Baueifer betraf, nicht untätig. Als 1815 der Amtssitz nach Helmstedt verlegt wurde, gestaltete man die Gesamtanlage zur Domäne. Sie bestand bis 1970. Palas und Nebengebäude verfielen. Die Vierflügelanlage birgt mittelalterliche Reste, wie die beiden quadratischen Flankentürme des Osttraktes, die rippengewölbte ehemalige Kapelle im Südtrakt sowie im Unterbau Teile des alten Palas. Der heutige Bestand stammt im Wesentlichen aus dem 16. und 17. Jahrhundert. Nach umfassender Restaurierung des Wachhauses, der Kulturfestung und Wiederherstellung des Barockgartens wurde 2000 das Schloss Schöningen der Öffentlichkeit übergeben. Das Seilermuseum lädt zu einem Besuch ein. Das Hotel und Restaurant im historischen Ambiente wird besonders gern für Hochzeitsfeierlichkeiten sowie Tagungen genutzt.

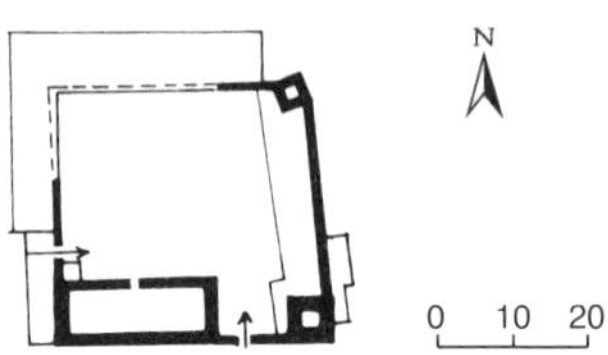

Schloss Schöningen, Grundriss

Schloss Marienburg

30982 Schulenburg
Stadt Pattensen
Region Hannover

Das Schloss ist südlich von Hannover, unmittelbar bei Nordstemmen, in einem vorgeschichtlichen Ringwall am Südwesthang des Marienbergs zu finden. Die Vierflügelanlage wurde von 1858 bis 1867 im Auftrag des letzten Königs von Hannover, Georgs V., ursprünglich als Sommerresidenz, Jagdschloss und später als Witwensitz für Königin Marie durch den Architekten Conrad Wilhelm Hase erbaut. Beteiligt am Bau war seit 1864 als Bauleiter Edwin Oppler, nach der Entlassung Hases, dessen Einfluss in der Aufnahme von Ideen der englischen Gotik spürbar ist. Dieser ließ auch völlig fertiggestellte Räume von Hase wieder niederreißen. Im Zusammenhang mit dem Bau des Schlosses wurde auch der Marienberg zum romantischen Schlosspark umgestaltet. Mit dem Einzug der Preußen in Hannover wurden 1869 endgültig die Bauarbeiten am Schloss abgebrochen, wobei einige Repräsentationsräume unvollendet blieben. Königin Marie folgte 1867 ihrem Gatten ins Exil nach Wien und das Schloss war anschließend 80 Jahre lang

unbewohnt. Als Privatbesitz von Königin Marie wurde das Schloss von Preußen nach der Annexion des Königreiches Hannover nicht enteignet und blieb im Besitz der Welfen. Heute ist Ernst-August VI. Prinz von Hannover im Besitz der gewaltigen Anlage, der 2005 einen Teil des Schlossinventars mit Zustimmung seines Vaters versteigern ließ. Mauritz von Reden ist seit 2003 Bevollmächtigter des Hauses Hannover und verwaltet die deutschen Besitzungen der Welfenfamilie. Das Schloss Marienberg besteht aus Bruchsteinquadern und Werksteinen und der Donjon, der die Anlage beherrscht, wurde sorgfältig aus Quadern gefügt. Eine historische Mauer umschließt die Vierflügelanlage. Als Repräsenta-

Schloss Marienburg, Schulenburg

Schloss Marienburg, Schulenburg

tions-, Gesellschafts- und Wohnräume der königlichen Familien waren die zweigeschossigen Flügel im Süden, Osten und Westen bestimmt gewesen und im Nordflügel brachte man Gäste und Dienerschaft unter. Die Zufahrt zum Schloss führt durch gedeckte Toranlagen, die von Rundtürmen flankiert werden. Besondere Akzente setzen die beiden Treppentürme in Eckposition und die vorspringende Fassade der Kapelle. Einige Räume wurden zum Museum umgestaltet, mit noch vollständig eingerichteten Gemächern des letzten hannoverschen Königspaares. Hinter dem Donjon befindet sich der unvollendete Rittersaal. Vom achteckigen Aussichtsturm hat man einen grandiosen Blick ins weite Land und der runde Bibliotheksturm birgt so manche Rarität. Das Mobiliar stammt vorwiegend aus dem 19. Jahrhundert und auch die Räume weisen vorwiegend Eichenholzverkleidungen auf. Renommierte in- und ausländische Maler hinterließen hier ihre Kunst in Form von zahlreichen Gemälden. In den Jahren 1985/86 wurden die Brüstungsmauern instand gesetzt und ab 2006 die Anlage aufwendig restauriert. Nicht nur das Museum kann besichtigt werden, ein Restaurant sorgt für das leibliche Wohl und verschiedene Räume stehen für Veranstaltungen, Konzerte und Trauungen zur Verfügung.

Schloss Marienburg, Schulenburg

Burg Sehusa
Jagdschloss Seesen

38723 Seesen

Landkreis Goslar

Seesen liegt im nordwestlichen Harzvorland zwischen Goslar und Bad Gandersheim, wurde 973 bereits urkundlich erwähnt und erhielt 1428 das Stadtrecht. Die **Burg Sehusa**, erstmals 1282 urkundlich erwähnt, ist das Wahrzeichen der Stadt. Ihr Vorgängerbau wurde Mitte des 13. Jahrhunderts als Wasserburg mit Zugbrücke der welfi-

Burg Sehusa, Seesen

schen Herzöge erbaut und der heutige, im 16. Jahrhundert neu errichtete Renaissancebau ist zwischen der Unter- und Oberstadt zu finden. Dieser besteht aus vier Geschossen in verputztem Bruchstein mit unregelmäßigen Eckquadern und einem polygonalen Treppenturm. Zierde ist ein herzogliches Wappen am Portal. Als 1664 ein Brand das Fachwerkobergeschoss mit vier Ecktürmen vernichtete, wurde es nicht wiederhergestellt. Die seitlichen Anbauten datieren in die Zeit von 1870 und 1885, doch die geschweifte Turmhaube stammt noch aus der Zeit des Brandes. Die frühere Wasserburg wurde oft verpfändet und von Herzog Heinrich Julius im 16. Jahrhundert umfassend umgebaut, was auch aus dem Wappen über der Turmtür abzulesen ist. Starke Mauern und der später trockengelegte See schützten die Anlage, sodass sie nie eingenommen wurde. Heute befindet sich in der Burg Sehusa das Amtsgericht.

Burg Sehusa, Seesen

Jagdschloss Seesen

Im **Jagdschloss,** das nördlich der Burg steht, ist das Städtische Museum untergebracht. Es ist ein zweigeschossiger Fachwerkbau mit Walmdach und risalitartigen Seitenflügeln mit Dreiecksgiebel von 1707. Da Herzog Rudolph August von Braunschweig ein leidenschaftlicher Jäger war, kaufte er hier einen kleinen Hof, der nach seinem Tode an einen unbekannten Käufer veräußert wurde. Es entstand ein Gutshof, mit dem der Besitzer zu Wohlstand gelangte und sich 1707 das heutige Schloss errichtete, das nur wenige Jahre später an Herzog Anton Ulrich von Braunschweig ging, der es zum Jagdschloss umgestaltete. Ein barocker Garten umschloss das Gebäude. Im Jahre 1790 löste sich der herzogliche Hof auf und ging an die Forstbehörde. Ab 1960 richtete man hier das Städtische Museum mit Ausstellungen zur wirtschaftlichen Entwicklung der Region ein. In den Jahren von 1979 bis 1982 bekam das einstige Jagdschloss eine farbliche Neufassung.

Burgruine Sichelnstein

34355 Sichelnstein
Gem. Staufenberg
Landkreis Göttingen

Ort und Burg Sichelnstein befinden sich an den westlichen Ausläufern des Kaufunger Waldes im Naturpark Münden. Vermutlich gab es hier schon im 9. Jahrhundert einen Sitz von Nachkom-

Burgruine Sichelnstein

men Amelungs, denn nach der Schlacht bei Merseburg 933 wurde Amelungs Urenkel, Wittilo von Sichelnstein, zum Ritter geschlagen. Am südlichen Ortsrand stehen die Reste der 1370 bis 1372 von Herzog Otto dem Quaden von Braunschweig als Grenzveste gegen die hessischen Landgrafen ausgebauten Burg. Im Jahre 1373 endeten blutige Streitigkeiten zugunsten der Hessen gegen Otto den Quaden, der Sichelnstein mit dem dazu gehörenden Amt ein Jahr später abtreten musste. Die Anlage und das Amt wurden mehrfach verpfändet, doch sie kam wohl um 1379 wieder in braunschweigischen Besitz. Otto verschrieb sie mit Schloss und Stadt Münden seiner zweiten Gemahlin, die sie später als Witwensitz nutzte. Nicht belegbar, aber wohl zu vermuten ist, dass die Burg im Dreißigjährigen Krieg zerstört wurde und anschließend verfiel. Ihre Steine dienten dem Bau der Sichelnsteiner und Benteröder Häuser. Noch 1787 wurden die Relikte als Steinbruch zum Bau verschiedener Objekte genutzt. Die sieben Meter hohen Umfassungsmauern bestehen vorrangig aus schwarzem Säulenbasalt. Die Burg hatte die Form eines Hufeisens mit einzigem Zugang von Südosten, umgeben von einem Wallgraben und aus-

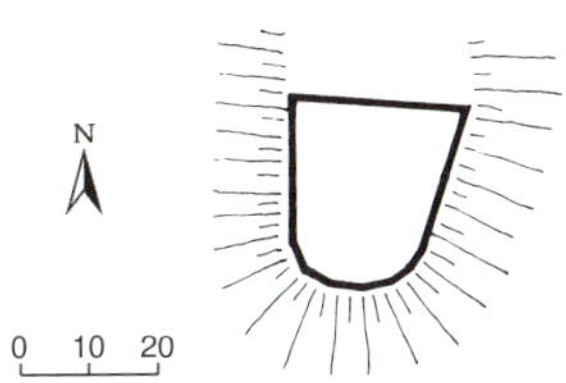

Burgruine Sichelnstein, Grundriss

gestattet mit einer Zugbrücke. In den Jahren 1973 bis 1979 wurde der bestehende Rest der einstigen Burg durch eine umfassende Sanierung vor dem weiteren Verfall bewahrt. Heute finden im Bereich der Burganlage auf der Freilichtbühne in den Sommermonaten Konzerte und kulturelle Veranstaltungen statt.

Herrenhaus Sickte

38173 Sickte

Landkreis Wolfenbüttel

Sickte ist der Sitz der gleichnamigen Samtgemeinde, gelegen zwischen Braunschweig und Wolfenbüttel. Das zweigeschossige Herrenhaus mit Mittelrisalit und dreibogiger Laube liegt in einem gepflegten Park und wurde um 1710 vom Barockbaumeister Hermann Korb für den Geheimrat und späteren Kanzler Urban Dietrich von Lüdecke gebaut. Schon um 1638 erwarb Kanzler Dr. Heinrich Schrader einen Acker- und Kothof in Niedersickte, dessen Rittergut durch Zusammenlegung mehrerer Höfe begründet wurde. 1663 übergab er das Gut an seinen Schwiegersohn J. F. Söhlen, dessen Witwe nach seinem Tod 1678 das Gut weiter führte, das von den Erben an die Familie von Lüdecke ging. Der Drost von Lüdecke bekam es 1729 von seinem Vater und 1768 ging der Besitz an Anton Wilhelm von Honrodt, worauf das Gut in den folgenden Jah-

Herrenhaus Sickte

Schloss Söder

ren noch weitere Eigentümer hatte. Nach dem Zweiten Weltkrieg fanden 1945 Flüchtlinge im Herrenhaus Unterkunft und 1957 erwarb die Bundesvermögensstelle den Besitz. Schließlich kam 1979 die Gemeinde an das ehemalige Rittergut, richtete einen Bolz- und Spielplatz ein und öffnete den Park für die Bevölkerung. Gleichlaufend wurde zu dieser Zeit das Herrenhaus renoviert und auf dem Gelände entstand 1994 ein Altenheim. 1996 wurde das Seniorenzentrum eröffnet. Im August 2009 gab es die 1000. Eheschließung im barocken Rittersaal, der auch für Konzerte genutzt wird. Im Jahre 2010 beging man das 300-jährige Jubiläum des Herrenhauses mit einem Parkfest.

Schloss Söder

31188 Söder
Gem. Holle
Landkreis Hildesheim

Söder liegt östlich von Bad Salzdetfurth an der B 243. Das barocke Wasserschloss steht im Holler und ging aus einem landwirtschaftlichen Gut hervor. Schon im Mittelalter stand in Söder, einem Lehen des Hochstifts Hildesheim, eine kleine Burg mit landwirtschaftlichem Gut. Es gehörte den Rittern von Bortfeld, deren Familie 1686 ausstarb. Fürstbischof Jobst Edmund von Brabeck belehnte 1690 einen Zweig seiner Familie mit dem Besitz. Bauen ließ das Schloss

1741/42 als Wasserburganlage sein Neffe gleichen Namens, nachdem er 1740 die alte Burg hatte niederreißen lassen. Die noch in der zweiten Hälfte des 18. Jahrhunderts durch den Nachkommen und Kunstliebhaber Friedrich Moritz von Brabeck geplanten Umbauten durch Carl de la Tour wurden nur in Teilen verwirklicht, wozu wohl auch das 1796 datierte Portal zählt. Er gab letztendlich dem Schloss die heutige Gestalt. 1788 stellte er zahlreiche Gemälde namhafter Maler in seinen Räumen aus. Im Jahre 1819 verstarb von Brabeck, der im Todesjahr von seinem Vater Friedrich Leopold zu Stolberg-Stolberg besucht wurde und hier das Söderlied verfasste. 1845 beschädigte ein Brand das Objekt, das aber bis 1848 wiederhergestellt wurde. Der neue Eigentümer wurde Boguslav von Schwicheldt. Nochmalige Veränderungen gab es im 19. Jahrhundert unter Curt von Schwicheldt, danach wurde die Anlage vernachlässigt und ab 1902 Reparaturen sowie Umbauten vom Architekten E. Schwanenberg aus Hannover vorgenommen. Eberhard von Hardenberg kam über Schwicheldts Erbtochter Sigrid an den Besitz. Carola von Hardenberg ließ das Schloss 1968 unter Beibehaltung des barocken Stils nochmals umfassend erneuern und modernisieren. Das zurückgesetzte Herrenhaus und zwei lang gestreckte unterschiedliche Wirtschaftstrakte sind in Hufeisenform angeordnet. Eine Futtermauer mit Graben und Brücke begrenzt an der offenen Seite den Hof. Das lang gestreckte zweistöckige Schloss wird an beiden Stirnseiten von Pavillons flankiert und die Mitte ziert ein toskanisch gegliedertes Portal mit Kettenvasen und Kugeln sowie ein schmiedeeisernes Gitter vom Ende des 18. Jahrhunderts. Auch zwei Wappen derer von Schwicheldt findet man am Schloss, an die es 1859 überging. Wenige Räume sind mit klassizistischem Dekor versehen. Die Gartenseite trägt eine Balusterbrüstung und ein weitläufiger Landschaftspark birgt einen großen Teich. Die Orangerie stammt aus dem Jahre 1905 und das Schloss wird durch eine Linden- bzw. Eichenallee mit dem Freundschaftstempel verbunden. Der Privatbesitz ist von der Straße aus einsehbar.

Jagdschloss Clemenswerth

49751 Sögel
Landkreis Emsland

Die Samtgemeinde Sögel liegt in der Geestlandschaft Hümmling, südlich von Papenburg und

Jagdschloss Clemenswerth, Sögel

nordöstlich von Meppen. Prinz Clemens August, späterer Kurfürst und Fürstbischof von Köln, Hildesheim, Paderborn und Osnabrück wurde als vierter Sohn des Kurfürsten Max II. Emanuel von Bayern im Jahre 1700 geboren. Da der Wittelsbacher die Zurückgezogenheit und die Parforcejagd liebte, plante er 1735 gemeinsam mit seinem Hofarchitekten Johann Conrad Schlaun auf dem Hümmling von Sögel ein Jagdschloss zu errichten. Das Gelände wurde alsbald durch Schneisen und Aufforstung vorbereitet. In den Jahren 1736 bis 1746 wurde der Bau vollzogen, doch nach dem Tode von Clemens August 1761 wurden zahlreiche kostbare Ausstattungsstücke in andere Schlösser der späteren Fürstbischöfe verbracht. Die Herzöge von Arenberg kamen 1803 an Schloss und Park Clemenswerth, lebten aber nur zeitweise hier. Die im weiten Rund um das Schloss stehenden Pavillons tragen die Namen der Kurfürstenbistümer Köln, Münster, Paderborn, Hildesheim, Osnabrück und des Deutschordenssitzes Mergentheim. Der Zentralpavillon mit seiner repräsentativen zweiläufigen Treppe ist das Herzstück der Schlossanlage. Die „nördlichste Rokokokapelle Bayerns“, wie die Schlosskirche auch genannt wird, besitzt einen bezaubernden barocken Klostergarten mit dem Gartenhaus „Gloriette“. Eines der ersten fertiggestellten Gebäude von 1737/38 war der

Marstall. Seit 1948 ist das Bistum Osnabrück Besitzer des Gebäudes und führt hier eine „Jugendbildungsstätte Marstall Clemenswerth". Die Wasseranlage mit Kanälen und Bassins ist in den Jahren 1743 bis 1749 entstanden. Während des Zweiten Weltkrieges erlitt die Anlage starke Beschädigungen und verlor fast die gesamte Ausstattung. Im Jahre 1967 gelangte der Landkreis in den Besitz von Clemenswerth und ab 2000 wurden Schloss und Park umfassend saniert. Der räumlichen Konzeption des umfangreichen Parks liegt ein achtstrahliger Jagdstern zugrunde. Heute kann man sich in der reizvollen Kapelle das Ja-Wort geben, verschiedene Events oder Kostümführungen werden angeboten. Des Weiteren befindet sich eine Keramikwerkstatt, ein Laden sowie ein Restaurant und Café auf dem Areal. Ein Besuch der romantischen Anlage ist lohnenswert.

Jagdschloss Clemenswerth, Sögel, Kapelle

Jagdschloss Springe

31832 Springe

Region Hannover

Südwestlich von Hannover liegt an der B 217 Richtung Hameln die Stadt Springe und südöstlich davon der Saupark. Am nördlichen Rand des Parks an der Straße nach Eldagsen liegt das ehemals welfische und später preußische klassizistische Jagdschloss. Die Entstehung der Anlage geht auf König Wilhelm IV. zurück, der 1834 ein Hofjagdrevier für Jagdgesellschaften herrichten ließ. Die heutige Anlage wurde für König Ernst August von Hannover von 1837 bis 1842 durch den Landbauinspektor G. L. Komperl, wahrscheinlich nach Plänen von Georg Ludwig Friedrich Laves, errichtet. Die das Wildgehege umgebenden Bruchsteinmauern stam-

men aus der Zeit von 1836 bis 1839, die auf das Schloss zuführende Kaiserallee von 1858. Persius der Jüngere aus Berlin stockte bis 1886 den bisher einstöckigen Bau auf. Gleichzeitig entstanden die zweigeschossigen Kavaliershäuser mit flachen Walmdächern. Der rückwärtige Saalflügel von 1878 bis 1880 wurde bei der Restaurierung 1965 bis 1967 modifiziert. Die Wand- und Deckenmalereien wurden zwischen 1988 und 1993 wiederhergestellt, wobei besonders der prachtvoll gestaltete Lavessaal beeindruckt. Das Schloss beherbergt nicht nur ein Jagdmuseum, es verfügt auch über einen Jägerlehrhof und eine Aus- und Fortbildungsstätte der Landesjägerschaft Niedersachsens. Das Wildgehege und die Vogelflugschauen sind Anziehungspunkt für Jung und Alt.

Im Schloss finden verschiedene Veranstaltungen, Sonderausstellungen, Konzerte und Vortragsreihen statt. Für das leibliche Wohl ist bestens gesorgt.

Jagdschloss Springe

Schloss Stadthagen Herrenhaus von Landsberg

31655 Stadthagen

Landkreis Schaumburg

Die einstige Residenz- und Universitätsstadt Stadthagen liegt südlich vom Steinhuder Meer und westlich der A2 an der Abfahrt Bad Nenndorf. Schon seit 1224 stand hier in einer Rodung im Dülwald eine durch Graf Adolf III. von Schaumburg errichtete Wasserburg. Der Graf legte mit der Gründung der Stadt Stadthagen den Grundstein der Herrschaft Schaumburg. Adolf XI. von Schaumburg-Holstein, späterer Erzbischof von Köln, ließ sich etwa von 1534 bis 1544 durch den Baumeister Jörg Unkair ein vierflügeliges **Schloss** im Stil der frühen Weserrenaissance anstelle der mittelalterlichen Wasserburg errichten. Reste des mittelalterlichen Baus wurden dabei mit einbezogen. Der Südflügel und der Treppenturm des Schlosshofes entstanden bis Anfang der 40er-Jahre des 16. Jahrhunderts. Am Treppenturm befindet sich eine gusseiserne Platte mit dem Wappen Adolfs XI. von 1541. Dem Turm folgte der Westflügel, über dessen Durchfahrt am Nordende ein Wappenrelief des Grafen Otto IV. von 1544 prunkt. Der Nordflügel, über dessen Tür sich ein Wappenstein des Grafen Adolf XII. von 1593 befindet, entstand wohl erst um diese Zeit. Der Regierungs- und Wohnsitz der Schaumburger Grafen wurde 1608 nach Bückeburg verlegt. Das Schloss diente in der Folge als Witwensitz und Wohnsitz des Erbprinzen. In der Zeit um 1875 nahm man eine umfassende und durchgreifende Restaurierung vor. Dabei wurde ein historisierender Turm in der Südecke des Hofes errichtet und am äußeren Südflügel eine Loggia angebaut. Das Schloss zeigt sich im Gesamtbild als eine mächtige, um einen Rechteckhof gruppierte Vierflügelanlage. Ein Schlossgarten mit gräflichem Lusthaus aus der zweiten Hälfte des 16.

Schloss Stadthagen

Jahrhunderts schließt sich an das Schloss an. Heute ist er ein Teil des Stadtgartens. 1919 kam die Schlossanlage in den Besitz des Freistaates Schaumburg-Lippe und 1946 an das Land Niedersachsen. Heute befindet sich darin das Finanzamt. Im Saal finden Konzerte statt, auch werden Führungen nach Anmeldung angeboten. Das zweigeschossige **Herrenhaus**, auch ehemaliger Landsbergischer Hof, wurde 1532 im Stil der Weserrenaissance erbaut. 1731 baute man das Haus mit heutiger Fensteraufteilung um. Mehrfache Veränderungen folgten, vor allem im 18. Jahrhundert. Die Stadt übernahm den Bau 1960 und richtete später die Stadtbücherei ein. Nach einem Brand 1998/99 wurde das Herrenhaus neu ausgebaut, ist heute nicht nur Bibliothek, sondern auch Treffpunkt zum Schützenfest.

Schloss Stadthagen

Herrenhaus von Landsberg, Stadthagen

Herrenhaus Stovern, Steide

Herrenhaus Stovern

48499 Steide
Gem. Salzbergen
Landkreis Emsland

Das Herrenhaus Stovern liegt nordwestlich von Rheine und südlich von Salzbergen inmitten des Stoverner Waldes und war ursprünglich eine Wasserburg. Das Gut wird 1230 mit Arnold von Stovern als Besitzer erwähnt. Spätere Eigentümer des Anwesens waren die Ritter Konrad Hirsch und der Konvent des Johanniterordens in Burgsteinfurt. Im Jahre 1611 ging der Hof durch Verkauf an die Brüder Johann und Dietrich von Morrien zu Falkenhof zu Rheine, die ihn zum Rittergut ausbauten. Das Gut ging 1652 im Erbgang an Dietrich von der Recke, der es 1660 an Hermann Heinrich von Bentinck und dessen Frau Josine, eine verwitwete von Hövel, verkaufte. Über die Familie Bentinck kam die Anlage 1701 an die Familie von Twickel, die noch heute hier ansässig ist. Der Herrensitz ist eine dreiflügelige, ein- bis zweigeschossige, nach Osten offene Anlage des 17. bis 19. Jahrhunderts. Der Südflügel schließt nach Osten mit dem alten eingeschossigen Herrenhaus ab und das Torhaus mit geschweiftem Giebel wurde von der niedergelegten Devesburg bei Rheine hierher versetzt. Im West- und Nordflügel befinden sich Verwaltungs- und Wirtschaftsräume und östlich steht die Kapelle mit Stuckdecke von 1756, der schon Papst Benedikt XIV. Privilegien verliehen hatte. Das Gut Stovern, von einem Wassergraben umgeben, kann an zwei Tagen im Monat besichtigt werden.

Burg Steinbrück

31185 Steinbrück
Gem. Söhlde
Landkreis Hildesheim

Burg Steinbrück

Die heutige Ruine mit Bergfried und Zwinger der ehemaligen bischöflichen Burg aus der ersten Hälfte des 16. Jahrhunderts liegt auf halber Strecke zwischen Hildesheim und Braunschweig. Schon um 1367 stand hier eine Burg zur Sicherung der Brücke über die Fuhse, die 1346 der Bischof von Hildesheim erbaut haben soll. Im Jahre 1425 übernahm die Anlage mit der Gerichtsbarkeit das Domkapitel Hildesheim, worauf hier bis in das 19. Jahrhundert das Amt Steinbrück bestand. Zwischen 1535 und 1537 hielt man in der Burg den Bürgermeister von Lübeck, Jürgen Wullenwever, gefangen, folterte und richtete ihn schließlich 1537 hin. Die einstige Wasserburg von Herzog Julius von Braunschweig-Lüneburg von 1573 wurde nach 1643 zur Gutsanlage umgewandelt. Innerhalb des fast kreisrunden Wallgrabens befinden sich Reste des Pforthauses, wohl aus der ersten Hälfte des 16. Jahrhunderts, sowie der quadratische Bergfried und der viergeschos-

Burg Steinbrück

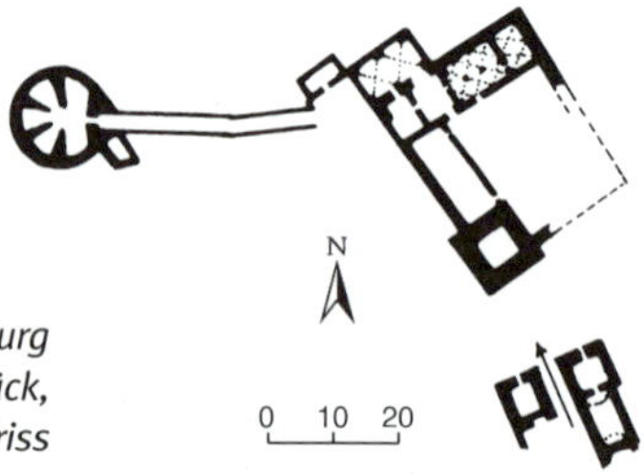

Burg Steinbrück, Grundriss

sige Palas. Der vieleckige, kuppelüberwölbte Zwinger wurde 1955/56 als evangelische Kirche eingerichtet und ist im Wappen der Gemeinde Söhlde festgehalten.

Festung Wilhelmstein

31515 Steinhude
Stadt Wunstorf
Region Hannover

Inmitten des Steinhuder Meers, westlich von Hannover, liegt die frühere Festung Wilhelmstein, auch oft als Sternschanze bezeichnet. Gelangen kann man zu ihr nur von Steinhude und Mardorf mit einem der zahlreichen Segelboote. Diese Seefestung mit vier Bastionen auf künstlich aufgeschütteter Insel entstand von 1761 bis 1767 unter Graf Wilhelm I. von Schaumburg-Lippe als kleine Musterfestung mit der „Praktischen Artillerie und Genie-Schule“ und gräflichen Appartements. In dieser Musterkriegsschule erlernte unter vielen anderen auch Gerhard von Scharnhorst das Militärhandwerk. Im Jahre 1772 baute der Ingenieur und Militärschullehrer Praetorius das erste deutsche Tauchboot, den „Steinhuder Hecht“. Die Zitadelle, bestehend aus dem zentralen Rundturm mit kreuzförmig angegliederten Flügeln, diente als Sternwarte. Der Zugang wird von vier Säulen flankiert und von den ursprünglich 16 Außenwerken blieben 13 mit den Fachwerkaufbauten erhalten. Jedes befand sich auf einer kleinen Insel mit eigener Bastion und war nur durch Zugbrücken erreichbar. Nachdem die Wallgräben im 18. Jahrhundert zugeschüttet wurden, entstand eine quadrati-

Festung Wilhelmstein, Steinhude

sche, alle Festungsteile verbindende Anschüttung (Glacis). 1778 erhob die Landgrafschaft Hessen-Kassel Anspruch auf die Grafschaft Schaumburg-Lippe. Kurz darauf besetzten hessische Truppen die Grafschaft und belagerten mit 2800 Mann die sich mit 150 Mann verteidigende Festung. Da sie diese weder einnehmen noch aushungern konnten, rückten sie schließlich wieder ab. Als schaumburg-lippisches Staatsgefängnis diente Wilhelmstein im 19. Jahrhundert. Die Festungsinsel mit Museum und weiteren Ausstellungsbereichen moderner Kunst im Freien, einem Hotel mit erstklassiger Gastronomie, lohnt einen ganztägigen Ausflug.

Festung Wilhelmstein, Steinhude

Burg Steuerwald

31137 Steuerwald
Stadt Hildesheim
Landkreis Hildesheim

Im Norden von Hildesheim, an der Innerste, erhebt sich die von Bischof Heinrich II. von Woldenberg 1310 bis 1313 als Schutz- und Trutzburg errichtete Burg Steuerwald, seit 1973 in Pacht

Steuerwald

Burg Steuerwald

des Reit- und Fahrvereins Hildesheim. Vervollkommnet hat die Anlage Bischof Otto II. bis 1331. Der klotzige Winkelbau diente den Hildesheimer Bischöfen bis in das 16. Jahrhundert als Sitz. Die nebenstehende Magdalenenkapelle, die man besichtigen

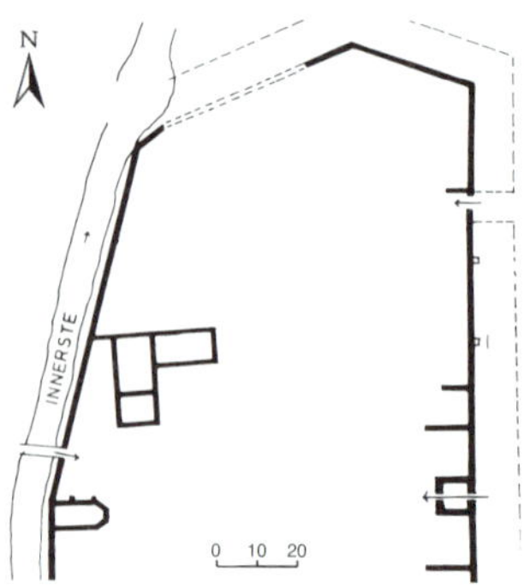

Burg Steuerwald, Grundriss

kann, entstand 1310 im Stil der Romanik und wurde 1507 unter Bischof Johann IV. im Gotikstil umgebaut. Zur Burganlage kam 1594 eine Wassermühle. Im Dreißigjährigen Krieg belagerte man die Anlage mehrfach und 1632 wurde sie von Lüneburger Truppen eingenommen. Daher fehlt der Burg heute der Ost- und Südflügel. Bischof Ferdinand Herzog von Bayern ließ den Bau kurz darauf um- und ausbauen und Bischof Clemens August I. von Bayern den Palas 1728 umbauen. Seit der Säkularisation 1803 wurde die Burg als staatliche Domäne verpachtet und seit 1912 ist sie im Besitz der Stadt. Beim ersten Bombenabwurf auf Hildesheim im Zweiten Weltkrieg 1943 kamen im Burgbereich vier Menschen ums Leben. Die Schäden kann man auf Fotos in der Kapelle sehen. Im Jahre 2010 bekam die Burg eine Dachrekonstruktion. Seit 2001 kann man sich in der Kapelle trauen lassen, Lesungen oder Konzerten beiwohnen. Im rückwärtigen Bereich der Burg finden Reit- und Springturniere statt.

Burg Stickhausen

26847 Stickhausen
Gem. Detern
Landkreis Leer

Stickhausen liegt etwa 19 Kilometer östlich von Leer, und am Westrand des Ortes ist die Burg zu finden. Errichtet wurde die Anlage 1435 von der Stadt Hamburg zum Schutz ihrer nach Westen führenden Handelsstraße. Sie kam 1454 in den Besitz des Häuptlings Ulrich Cirksena, der vermutlich den Rundturm erbauen ließ. Auch Graf Johann II. baute fleißig am Besitz, bis er auf der Burg 1491 verstarb. Unter Graf Edzard I. ging die Burg während der sächsischen Fehde an seine Gegner, die mehrfach hart umkämpft wurde, wie auch im Dreißigjährigen Krieg, als die Anlage mehrfach Ziel der Angriffe war. So kämpften von 1622 bis 1624 die gefürchteten Söldner des Ernst von Mansfeld hier und besetzten die Burg. Gräfin Anna ließ nach der Reformation 1558 aus Steinen des aufgegebenen Klosters Barthe einen Zwinger errichten. Auf Befehl Friedrichs des Großen wurde die Festung geschleift, von der nur der große Rundturm von 1498 und Reste der Wallanlagen erhalten blie-

Burg Stickhausen

ben. Bis zum Jahre 1744 diente das Anwesen als Festung und Garnison, als Wohn- und Gefängnisgebäude und war darauf bis 1885 Amt und Amtsgericht. Heute ist das Anwesen in Privatbesitz, doch das Heimatmuseum nebst Gastronomie ist von Mai bis September geöffnet.

Herrenhaus Wulften Wasserburg Korff

49082 Sutthausen
Stadt Osnabrück
Kreisfreie Stadt

Der Stadtteil Sutthausen liegt im Süden der Stadt Osnabrück und entstand aus den beiden Gütern Sutthausen und Wulften. Die erste urkundliche Erwähnung des Gutes **Wulften** stammt aus dem Jahre 1147, als es vermutlich in den Händen des Osnabrücker Geschlechts Wulvena war. Gut Wulften entstand aus einer ehemaligen mittelalterlichen Wasserburg, die sich General von Moltke 1684 bis 1686 ausbauen ließ. Es ist ein frei stehendes dreigeschossiges Herrenhaus, dessen Inneres 1964 durch den Einbau von Wohnungen völlig verändert wurde. Die eingeschossigen Anbauten runden die Anlage zur Dreiflügelanlage ab. Häufig wechselte das Gut seine Besitzer, bis das Herrenhaus 1929 von der Stadt Osnabrück gekauft wurde und sich hier bis 1936 die einklassige katholische Schule befand. Im Zweiten Weltkrieg wurde es stark beschädigt

Herrenhaus Wulften, Sutthausen

Wasserburg Korff, Sutthausen

und verfiel daraufhin. 1962 erwarb das Herrenhaus der Kaufmann Emil Krone, baute es wieder auf und renovierte es. Heute befindet sich die historische Anlage im Privatbesitz und ist mit Wohnungen sowie einem Geschäft für englische Antiquitäten belegt. Die **Wasserburg Korff** ist seit 1935 katholische Haushaltsschule und hatte einst mit der zweiten Wasserburg von Stael in gemeinsamer Gräfte gestanden, von der nur das Gartenhaus von 1830 erhalten geblieben ist. Erwähnt wurde bereits 1282 ein Gut Sutthausen mit dem damaligen Knappen Johann von Sutthausen. Weiträumig ist die Anlage von Gräben und Bruchsteinmauern umgeben und über drei Sandsteinbrücken des 18. Jahrhunderts erreichbar. 1696 ist das Herrenhaus entstanden, das 1902 stark umgebaut wurde. Die Besitzer wechselten häufig auf dem Gut, bis es 1935 in den Besitz der Thuiner Schwestern des Franziskanerordens überging. Sie gründeten die Berufsfachschule am Marienheim, in der bis heute die Fachgebiete Hauswirtschaft, Kinder- und Sozialpflege unterrichtet werden.

Zu erwähnen sind der sogenannte Pferdestall aus dem Jahr um 1600 und die im Kern noch mittelalterliche Mühle von 1589. Die neuromanische Gutskapelle St. Magdalena besitzt eine qualitätsvolle Ausstattung. Die 1893 gebaute Schlosskapelle wird gern für Eheschließungen genutzt. Das Gelände ist von einem weitläufigen Park mit Teichen und einem heimischen Tiergarten umgeben, der besonders bei den kleinen Gästen beliebt ist. Besucher sind im Außenbereich willkommen.

Schloss Thedinghausen

27321 Thedinghausen
Landkreis Verden

Der Erbhof, das sogenannte Schloss von Thedinghausen, liegt südöstlich von Bremen. Es ist ein bedeutender, zweigeschossiger Schlossbau aus der späten Weserrenaissance mit vielen architektonischen Details. Zwei aufwendig gerahmte Durchgänge verbinden im Hauptgeschoss das Treppenhaus mit zwei benachbarten Räumen. Im Jahre 1620 ließ der evangelisch-lutherische Erzbischof von Bremen, Johann Friedrich von Holstein-Gottorp, für seine Mätresse Gertrud von Hermeling-Heimbruch ein kleines Landschloss erbauen. 1614 war bereits ihr wesentlich älterer Gemahl, Drost von Hermeling, gestorben und auch sie starb noch während der Bauarbeiten 1620 im Alter von dreißig Jahren. Entstanden ist der Erbhof gemeinsam mit dem Bau der Burg Thedinghausen durch den Bremer Erzbischof Giselbert als Burgmannslehen um 1285 und war Besitz der Familie von Amedorf. Darauf folgten die Corlehakes und um 1600 der erzbischöfliche Drost von Hermeling. Nach dem Tode seiner Geliebten schenkte der Erzbischof das Schloss seinen Kindern Friedrich und Christine. Letztere gab das Gut 1649 an den schwedischen Grafen Wit-

Schloss Thedinghausen

tenberg, 1657 ging es an dessen Tochter Marianne Margarethe. Von ihr übernahm den Besitz der schwedische Drost von Verden, Thomas von Gerstenberg, und noch vielfach wechselte das Gut mit dem kleinen Schloss seine Besitzer. Lia Lille, vermählt mit dem Bankdirektor Henri Kriete, kam 1935 an das Gut, dessen Herrensitz der Ehemann gründlich restaurieren ließ und somit den historischen Bau erhielt. Die Familie blieb bis 1998 im Besitz des einstigen Erbhofes, der 1999 an die Gemeinde ging. Heute ist das Schloss bewohnt sowie Sitz von Feuerwehr und Rechtsanwälten. Auch Konzerte werden gelegentlich gegeben.

Herrenhaus Triangel

38524 Triangel
Gem. Sassenburg
Landkreis Gifhorn

Triangel liegt nördlich von Gifhorn und der Aller, in der Nähe des Großen Moors. Das 1921 bis 1923 vom Architekten Luckhaus im englischen Landhausstil erbaute Herrenhaus wurde von Hans Rimpau samt Gut Triangel gegründet. Als dieser 1936 verstarb, war das Gut aufgrund seines aufwendigen Lebensstils stark verschuldet. Heute gehört es dem Diakonischen Werk „Himmelsthür" zu Hildesheim, das hier ein Heim betreibt. Das

Herrenhaus Triangel

Herrenhaus steht an einem weitläufigen Park mit einem Monopteros des Rokoko, der aus dem früheren Schlosspark von Salzdahlum 1906 hierher versetzt wurde. Der Gutspark ist mit Hunderten von Rhododendren der eigentliche Anziehungspunkt der Gesamtanlage, die öffentlich aber nicht zugänglich ist.

Schlossruine (Amtshaus)

37170 Uslar

Landkreis Northeim

Uslar, die ehemalige Hansestadt, ist eine kleine Stadt mit mittelalterlichem Flair, gelegen am südwestlichen Rand des Sollings, nordwestlich von Göttingen. Herzog Erich II. von Braunschweig-Calenberg baute drei Schlösser, wovon das vierflügelige Schloss Freudental mit quadratischem Innenhof das älteste und zugleich bedeutendste war. Es wurde von 1559 bis 1565 gebaut und brachte wegen der kostspieligen Bauweise den Herzog in Geldnot. So ging dieser gezwungenermaßen auf Beutezüge und verpflichtete sich auch gegen Sold zum Kriegsdienst, doch geholfen hat ihm das nicht, denn er verpfändete bereits 1572 den Bau und hat sein Schloss nie bewohnt. Genutzt hat er es nur als Lust- und Jagdschloss. Die Innenräume wurden von niederländischen Künstlern prächtig ausgemalt. Im Jahre 1612 zerstörte ein Brand das Gebäude, worauf die Steine für andere Zwecke genutzt wurden. Erhalten blieben nur die Mauern des Kellergeschosses und zwei Turmstümpfe, vor deren Relikten heute das von 1889 bis 1975 genutzte Amtshaus am Zugang zum Schlosspark steht, das ab 1855 als Landratsamt diente. In den Jahren 1979/80 erfolgten archäologische Untersuchungen an der Schlossruine und darauf wurden die Überreste in eine Park- und Gartenanlage einbezogen.

Schlossruine (Amtshaus), Uslar

Wasserburg Veltheim

38173 Veltheim (Ohe)
Landkreis Wolfenbüttel

Die Herren von Veltheim, deren gleichnamiger Ort südöstlich von Braunschweig zu finden ist, wurden mit ihrem Gut erstmals 1196 urkundlich erwähnt. Sie erbauten die Wasserburg, die 1430 durch die Bürger von Braunschweig stark zerstört wurde. Sie kam mit ihren Relikten 1494 an die Familie von Honrodt. 1537 belehnte der Braunschweiger Herzog Heinrich der Jüngere Ernst von Honrodt mit Burg, Gericht, dem Kirchenpatronat und den Waldungen. 1555 gestaltete dieser die Wasserburg in ein zweigeschossiges Schloss um. Die von Veltheim kamen 1832 wieder in den Besitz ihrer früheren, um einen vierseitigen Hof gruppierten Anlage, die von Gräben umzogen war. Über dem Hauptportal ziert ein Wappenfries den Bau. Der Eckturm stammt von 1563, die Brücke und das Torhaus von 1760. Auf dem Gelände befinden sich noch die Grabsteine für Ludolf und Gebhard von Honrodt. Eine Grabplatte in der Kirche erinnert an den Tod der Junker Hans und Christoph von Honrodt von 1531 am Tage der Himmelfahrt. Eine Geschichte erzählt, dass sich „beide um ein Bauernmädchen gestritten haben, bis sie in ihrem Blute liegen blieben". Noch heute ist die Familie von Veltheim im Besitz des sehr gepflegten Anwesens und es kann von außen betrachtet werden.

Wasserburg Veltheim, Veltheim (Ohe)

Burg Vienenburg

38690 Vienenburg
Landkreis Goslar

Vienenburg liegt östlich von Goslar und südlich von Bad Harzburg an der A 395. Mit den Steinen der zerstörten Harlyburg wurde durch den Bauherrn, Graf von Wernigerode, um 1300 der Neu-

Burg Vienenburg

bau mit Bergfried errichtet. Im Jahre 1402 errichtete man auf dem Burggelände eine Kapelle. In der Hildesheimer Stiftsfehde 1521 bis 1523 fiel die Burg an Herzog Heinrich den Jüngeren von Braunschweig-Wolfenbüttel.
Doch 1643, zum Ende des Dreißigjährigen Krieges, kam sie wieder an den Hildesheimer Bischof. Marschall Reschenberg kaufte die Anlage 1650 für 400 000 Reichstaler und 1746 wurde die Anlage an Hildesheim zurückgegeben, worauf sie 1803 zur Staatsdomäne umgewandelt wurde. Am Haupt- und Brauhaus nahm man 1900 weitreichende Umbaumaßnahmen vor. Im Jahre 1965 schloss man die Domäne, das Anwesen ging in Privatbesitz über und ist heute Teil einer Wohnanlage.

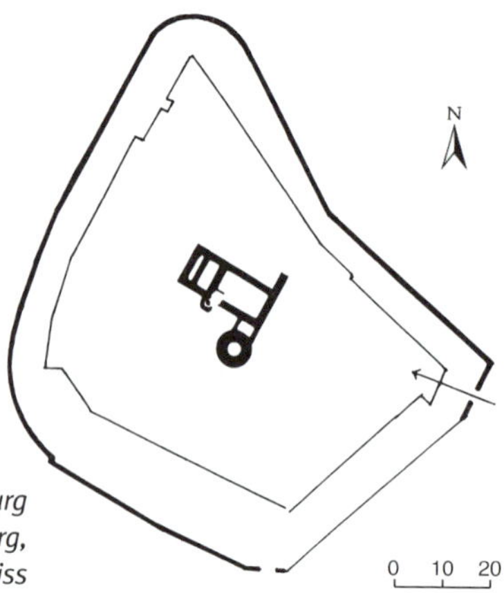

Burg Vienenburg, Grundriss

Schloss Volkersheim

31167 Volkersheim
Stadt Bockenem
Landkreis Hildesheim

Bockenem, mit dem unmittelbar nördlich liegenden Stadtteil Volkersheim, liegt im Tal der Nette, eingebettet zwischen den Höhenzügen Sauberge im Nordwesten, Hainberg im Osten und Harplage im Südwesten. Das vom Herrenhaus zum DRK-Seniorenheim gewandelte Objekt kann auf eine 225-jährige Geschichte zurückblicken. Zwei Gutshöfe hat es mit dem „Unterhof" und „Oberhof" gegeben, so musste auch ein Herrenhaus um 1775 her. Es wurde eine symmetrische Anlage mit Mittelbau und zwei Flügeln um einen Ehrenhof geplant, worauf nach der Realisierung ein Flügel und die Hälfte des Mittelbaus fehlten. Sie zeigt sich heute als ein zweigeschossiges, massives Gebäude mit flachen bogigen Maueröffnungen. Über dem Haupteingang an der Südseite befindet sich das von Cramm'sche Wappen. Ein Brand zerstörte kurze Zeit nach der Eheschließung von Albert von Cramm mit Clara, geborene von Krosigk aus dem Hause Hohen Erxleben, 1826 einen Flügel des Schlosses und mehrere Wirtschaftsgebäude. Er war der Letzte der Familie und verstarb 1885. Im hier befindlichen Brauhaus wurde bis zum Ableben des Hausherrn Bier gebraut. Die Nachfolge trat Albrecht von Gadenstedt an, Kammerherr des Herzogs von Braunschweig. Hedwig von Gadenstedt, seine Mutter, war die Adoptivtochter der Cramms, da diese keine Kinder bekamen. Das alte Brauhaus wurde 1904 abgerissen, der Nordflügel durch einen Anbau verlängert und im unteren Gebäude eine Wagenremise für die Kutschen eingerichtet. Ein gepflegter Park mit drei Teichen grenzt an das

Schloss Volkersheim

Schloss an. Als 1929 Albrecht verstarb, übernahm Sohn Burghard, der gleich zu Beginn des Zweiten Weltkrieges in Russland fiel, Gut und Schloss. Viele evakuierte Menschen fanden im Schloss eine Bleibe und 1944 wurde Frau Annina Asta von Gadenstedt, geb. von Knigge, von den Nazis ins KZ verbracht. Nach dem Krieg zogen Amerikaner, danach Polen im Schloss ein, während die Familie von Gadenstedt im Inspektorhaus auf dem Oberhof Unterkunft fand. Wertvolles Inventar ging zu jener Zeit verloren oder wurde verbrannt. 1948 ging der Besitz zur Pacht an den Landkreis Gandersheim und 1953 in dessen Eigentum über. Im Jahre 1974 übernahm der Landkreis Hildesheim das Haus, welches in der Folge an den DRK-Kreisverband ging. Umfassend restauriert und stark verändert beherbergt das ehemalige Schloss heute ein Seniorenheim.

Auburg, Wagenfeld

Auburg

49419 Wagenfeld

Landkreis Diepholz

Zwischen Rahden und Diepholz liegt an der B 239 Wagenfeld mit seiner Auburg, südöstlich des Kellenberges am Flüsschen Aue. Entstanden ist eine Wasserburg im 15. Jahrhundert durch die Diepholzer Grafen, die sie als südöstliche Grenzfestung gegen das Bistum Minden errichteten. Sie bestand aus einem Wall, Wassergraben, Zugbrücke, Vorburg sowie Hauptburg und hatte damit beträchtliche Ausmaße erreicht. Nach dem Aussterben dieses Geschlechts kamen 1585 die Landgrafen von Hessen an den Besitz. Dieser ging mit Schloss und Amt Auburg 1588 von Landgraf Wilhelm von Hessen an seinen Sohn Philipp Wilhelm von Cornberg über. Im Jahre 1711 kam das Amt an die hessische Regierung und auf der Burg wurde ein Amtmann eingesetzt. Doch 1734 ging der Besitz wieder mit Georg Ludwig von Cornberg, durch den Landgrafen Friedrich von Hessen, in den Besitz der Familie zurück. Hier hatte der Dreißigjährige Krieg kaum Schäden hinterlassen, obwohl die Burg unter schwedischer Besatzung war, und doch verfiel sie im Laufe der Jahrhunderte. In der ersten Hälfte des 19. Jahr-

Jagdschloss Walkenried

hunderts baute man ein Herrenhaus, das wiederum Ende des 19. Jahrhunderts von Theodor von Cornberg an einen Fabrikanten verkauft wurde. Schließlich kam es nach weiterem Besitzerwechsel 1937 an die Gemeinde Wagenfeld und 1945 brachte man im Herrenhaus Flüchtlingsfamilien unter. Bis 1967 war es landwirtschaftliche Berufsschule. Heute steht auf dem Gelände nur noch das Herren- und Gesindehaus, das Erstere wurde 1998/99 restauriert. Vom „Kulturkreis Auburg“ wird hier ein abwechslungsreiches Kulturprogramm mit Konzerten, verschiedenen Ausstellungen sowie Exkursionen für Kinder angeboten.

Jagdschloss Walkenried

37445 Walkenried
Landkreis Osterode am Harz

Der Luftkurort Walkenried liegt am Rande des Südharzes und am Fluss Wieda, unmittelbar an der ehemaligen innerdeutschen Grenze Richtung Nordhausen. Südlich der alten Klostermauer ließ Herzog August Wilhelm von Braunschweig-Wolfenbüttel 1725 bis 1730 unter der Leitung von H. Korb und in Ausführung durch Johann Just Rammelsberg ein Jagdschloss mit Obergeschoss und Gesimsbändern errichten, das im Laufe der Zeit mehrfach umgebaut wurde. Das bestehende Treppenhaus ist noch aus der Bauzeit. Ein holzgetäfelter Saal

Burg Warberg

mit zwei Kaminen und Schnitzereien von 1725 befindet sich im Obergeschoss. 1728 wurde in Walkenried der Sohn Carl Ernst Philipp und 1730 Ernst Friedrich geboren. Nur kurze Zeit nach Fertigstellung des Gebäudes, einschließlich der Inneneinrichtung, zog Fräulein Agnese Margaretha von Münchhausen, die unverheiratete Tochter des Drosten Burchardt von Münchhausen, in das Schloss ein, das nach ihrem Tode 1756 von einem Oberforstbediensteten bewohnt wurde und schließlich bis 1966 Sitz der Forstbehörde war. Dann ging es an die Berliner Luisengemeinde, die es als Erholungsheim nutzte. Schließlich übernahm es die Familie Rose, die seit mehr als 30 Jahren Jagdschloss und Schlosspark mit herrlichen Grünflächen und naturbelassenem Bachlauf liebevoll und denkmalgerecht pflegt und Zimmer vermietet. Bereits vor dem Bau des Jagdschlosses war das Grundstück im Westen und Süden mit einer Mauer umgeben.

Burg Warberg

38378 Warberg
Landkreis Helmstedt

Südlich von Helmstedt, im Naturpark Elm-Lappwald, ist Warberg mit seiner Burg zu finden. Die älteste Anlage geht auf das Jahr 950 zurück und 1180 erhalten die Freiherren von Warberg die Sommerschenburg als Lehensgut. Erzbischof Ludolf von Kroppenstedt zerstörte 1199 die ältere Burg und 1200 wurde mit der neuen heutigen Anlage begonnen. Im Jahre 1366 wird Hermann von Warberg Herrenmeister des Johanniterordens und im 14. Jahrhundert wird das Herrenhaus um den Burgfried erbaut. Im 13. bis 15. Jahrhundert erlebte die Burg eine Blütezeit und von 1618 bis 1648 trat im Gegensatz eine Verarmung durch Kriegswirren und ein Verfall des Herrenhauses ein. Herzog August von Braunschweig-Wolfenbüttel kam im Jahre 1655 an den Besitz. 1672 starb der letzte Warberger Freiherr. 1807 wurde das Amt Warberg aufgelöst und das Anwesen 1918 Staatsdomäne, die 1936 aufgesiedelt wurde. Der Landhandel kam 1938 an die Burg und noch im gleichen Jahr zog der „Schulverein Reichs-Landhandelsschule“ ein, nachdem die Burg umgebaut worden war. Im Zweiten Weltkrieg diente das Herrenhaus als Lazarett und von 1948 bis 1955 als Tuberkulosekrankenhaus. Heute zeigt sich die von einem Graben umgebene Anlage mit einer Oberburg und mächtigem Bergfried, im Kern 14. Jahrhundert, vom dreistöckigen Herrenhaus umbaut. Das Herrenhaus der Unterburg ist im Kern mittelalterlich. Heute ist hier der Sitz der „Bundeslehranstalt Fachschule des Deutschen Landhandels“ mit zahlreichen Seminarangeboten.

Herrenhaus Welsede

31860 Welsede
Gem. Emmerthal
Landkreis Hameln-Pyrmont

Welsede, mit seiner weitläufigen, von einer hohen Bruchsteinmauer umfriedeten Anlage, liegt zwischen Bad Pyrmont und Hameln, nahe der Hämelschenburg. Das neue Herrenhaus des damaligen Rittergutes entstand 1882 und von jenem

Herrenhaus Welsede

Westerbrak

Herrenhaus Westerbrak

steht nur noch der ehemalige Bibliotheksflügel in Fachwerk von 1696 und dient als Wohnhaus. Die im Norden liegenden ehemaligen Wirtschaftsgebäude aus der Zeit von 1709 bis 1736 ließ Eberhard Gustav von Oeynhausen errichten, doch der kleine Saalbau der barocken Gutskapelle stammt noch von 1669 und deren Barockorgel von 1735 vom Hildesheimer Orgelbauer Conrad Müller. Hier haben sich 1791 der englische Thronfolger Prinz William und die hannoversche Aristokratin Caroline von Linsingen gegen den Willen beider Familien heimlich das Ja-Wort gegeben. Zu festen Terminen kann man bei Führungen durch die beschauliche Kirche mehr über die Geschichte erfahren.

Herrenhaus Westerbrak

37619 Westerbrak
Gem. Kirchbrak
Landkreis Holzminden

Das Herrenhaus mit Barockgarten des einstigen Rittergutes aus dem Jahre 1726 steht unter Denkmalschutz und ist am Rande des Voglers, mitten im Weserbergland zwischen Stadtoldendorf und Bodenwerder nahe der B 240 zu finden. Westerbrak wurde urkundlich erstmals 1033 erwähnt. 1618 begann Heinrich Albrecht von Grone mit dem Bau des Herrenhauses. Die Wirtschaftsgebäude stammen aus der Zeit von 1726 und 1732, der Rest des einstigen Torhauses ist mit aufgesetztem Uhrturm und Glocke von 1708 versehen. Jüngere Umbauten haben den Barockstil des Herrenhauses zurückgedrängt. Der barocke Terrassengarten wurde als englischer Landschaftspark umgestaltet. Die erste Entwicklung des Gartens begann unter Henrich Eckbrecht von Grone, einem Enkel des großen Meisters. Als hochfürstlicher Schatz- und Landrat der braunschweigischen Herzöge und als erster Probst des Stiftes Steterburg kannte er die barocken Anlagen, die vor allem unter Herzog Anton Ulrich im Fürstentum Braunschweig entstanden sind. So fing er in den Jahren 1667 bis 1678 mit dem Bau und der Gestaltung des Gartens an. Danach begann August Ernst Carl von Grone mit der Gestaltung der Hofanlage. Im Jahre 1755 ging er in Konkurs und mit den folgenden Pächtern sowie im Siebenjährigen Krieg litt das ganze Anwesen. Sein Neffe Carl Rudolph von Grone nahm die Erbschaft 1770 an und tilgte die Schulden, blieb jedoch kinderlos, sodass 1801 sein Neffe Friedrich August von Grone das Erbe antrat. 1816 riss man das baufällige Herrenhaus ab und errichtete die Gartenterrasse. Im Jahre 1855 entstand ein klassizistischer Anbau mit Rundbögen am damaligen Brauhaus mit Ausrichtung auf den Garten. 2002 wurde mit der Hilfe zahlreicher Sponsoren mit der denkmalgerechten Sanierung der Gartenanlage begonnen, in der auch Führungen angeboten werden.

Burg Wiedelah

38690 Wiedelah
Stadt Vienenburg
Landkreis Goslar

Wiedelah liegt an der Einmündung der Ecker in die Oker, östlich des Harly-Walds in unmittel-

Burg Wiedelah

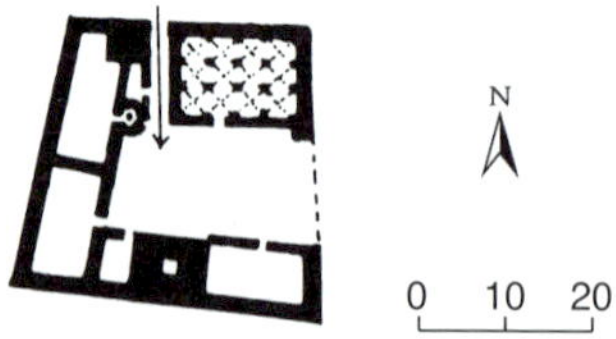

Burg Wiedelah, Grundriss

barer Nähe der A 395. Hier wurde 1291 die damalige Harlyburg geschleift. Die von 1292 bis 1297 errichtete Wasserburg der Ritter von Gowische wurde um 1600 zu einer Dreiflügelanlage umgebaut. Sie war seit 1341 Grenzburg des Stiftes Hildesheim und ging 1569 in den Besitz der Familie von Quitzow über. Im Dreißigjährigen Krieg wurde 1626 Wiedelah durch den Feldherrn Wallenstein erobert. Nach 1815 benutzte man die dreiflügelige hufeisenförmige Renaissanceanlage aus Bruchstein mit Eckquadern als Domäne. Im Südflügel finden sich Reste des mittelalterlichen Bergfrieds aus dem 14. Jahrhundert und nordwestlich des Hofes steht ein polygonaler Treppenturm mit schrägen Fenstern. Eine Toreinfahrt liegt im Nordflügel und an der Nordfassade befindet sich ein Erker mit Löwenkaryatiden. Ein Teil der früheren Gräben ist erhalten geblieben. Die Anlage ist in Privatbesitz und kann nur äußerlich eingesehen werden.

Burg Wittlage

Burg Wittlage

49152 Wittlage
Gem. Bad Essen
Landkreis Osnabrück

Wittlage mit Burg liegt östlich von Bad Essen an der B 65. Die historische Stiftsburg der Osnabrücker Bischöfe wurde gegen den Bischof von Minden und die Grafen von Diepholz um 1309 gegründet. Die drei unteren Geschosse des fünfstöckigen Bergfriedes aus dem 14. Jahrhundert sind tonnengewölbt und die Wetterfahne mit Wappen des Fürstbischofs Ernst August II. von Braunschweig-Lüneburg stammt aus dem 18. Jahrhundert. Das an der Westseite der Kernburg befindliche Amtsgebäude aus dem 18. Jahrhundert wurde stark umgebaut. Mit der Aufhebung der

Burg Wohldenberg

Kirchengüter, also der Säkularisation, lag die von einer Gräfte umgebene Burg in den Händen des Bistums Osnabrück. Der hohe Burgturm mit dicken Mauern war praktisch uneinnehmbar, welches darauf verweist, dass die Burg häufig stark umkämpft war. Ab 1716 war Burg Wittlage Amtssitz für die Gemeinde und später auch den Kreis Wittlage. In dieser Zeit wurde sie umfassend renoviert und erhielt endgültig das heutige Aussehen. In Händen eines Privatbesitzers als Gästehaus genutzt, mit gepflegtem Park, kann die Burg nicht besichtigt werden, doch ein Blick vom Hof aus ist erlaubt.

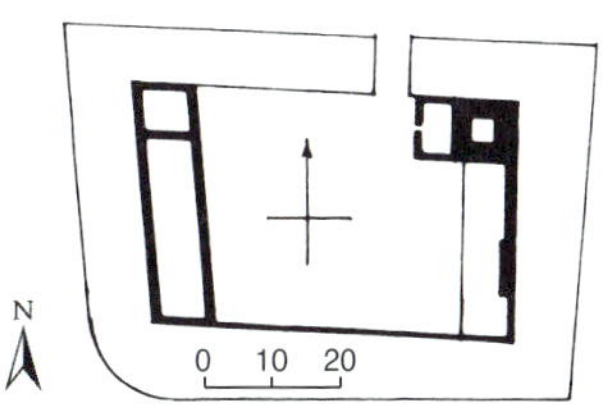

Burg Wittlage, Grundriss

Burg Wohldenberg

31188 Wohldenberg
Gem. Holle
Landkreis Hildesheim

Nahe dem Autobahndreieck Salzgitter, südöstlich von Hildesheim und östlich von Salzgitter gelegen, findet man Wohldenberg bei Holle. Die Höhenburg liegt in den nordwestlichen Ausläufern des Hainbergs über der Nette auf dem Wohldenberg.

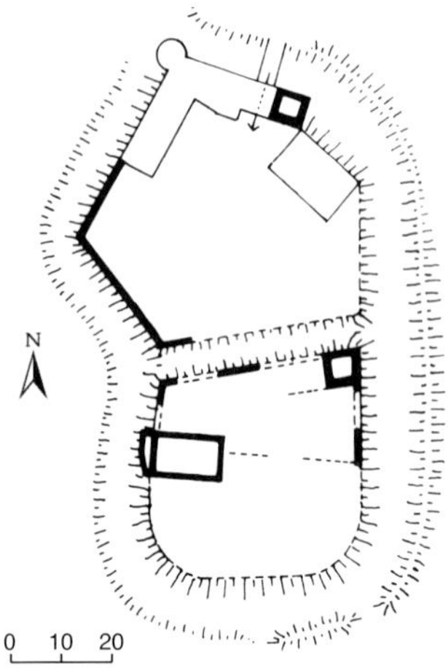

Burg Wohldenberg, Grundriss

Schon im Jahre 1100 stand hier eine Höhenburg zum Schutz zweier wichtiger Handels- und Heerstraßen durch den Ambergau und wurde wohl durch Kaiser Friedrich Barbarossa im Kampf gegen Heinrich den Löwen zerstört. Seit 1174 war die Burg Sitz des Grafen Ludolf von Waldeberch, dessen Geschlecht 1384 ausstarb. Drei Bischöfe, Benno von Meißen, Heinrich II. von Hildesheim und Otto II. von Hildesheim, waren aus dem Grafengeschlecht hervorgegangen. Darauf wurde die Burg Reichslehen des Stiftes Hildesheim. Im Jahre 1641, sieben Jahre vor dem Ende des Dreißigjährigen Krieges, wurde der Sitz zerstört. Er kam 1648 in katholischen Besitz. Von der einst weitläufigen Anlage besteht heute ein restaurierter Flügel zum Teil in Fachwerk mit Pforthaus von 1713 und zwei Ecktürmen. Erhalten blieb auch die im Barockstil erbaute Kirche St. Hubertus von 1731, die aus der ehemaligen Burgkapelle hervorging. Ebenfalls erhalten blieben abseits gelegen der viereckige Bergfried und altes Mauerwerk. Im Zuge der Säkularisation 1803 verkaufte man die Hauptburg als Steinbruch und die Steine wurden in den umliegenden Dörfern zum Hausbau eingesetzt. Um 1856 wurde der Bergfried als Aussichtsturm mit Zinnenkranz rekonstruiert. Er diente im Zweiten Weltkrieg als Flakturm. Auf der Anlage kann man die Kirche besichtigen, den Turm für einen herrlichen Ausblick besteigen und sonntags das Café besuchen.

Schloss Wolfenbüttel

38304 Wolfenbüttel

Landkreis Wolfenbüttel

Wolfenbüttel ist eine an der Oker gelegene Kreisstadt zwischen Harz und Heide, am Südrand der norddeutschen Tiefebene. Hier steht die seit 1188 belegte Burg der 1118 erstmals genannten Herren von Wolfenbüttel. Nachdem die Burg 1191 und 1255 zerstört wurde, hatte man sie jeweils wieder aufgebaut. Um 1283 entstand nochmals eine Wasserburg für Herzog Heinrich den Wunderlichen. Von 1432 bis 1754 war die Anlage alleinige Residenz der Herzöge zu Braunschweig und Lüneburg. Die einzelnen Gebäude der mittelalterlichen von Gräben umzogenen Burg waren unregelmäßig um einen Hof gruppiert. Schwere Beschädigungen erlitt die Burg nochmals im Krieg mit dem Schmalkaldischen Bund 1542 bis 1547, worauf bis 1589 ein großzügiger Ausbau unter den Herzögen Heinrich dem Jüngeren und Heinrich Julius erfolgte. Von 1556 bis 1559 war am Bau maßgeblich der Baumeister Francesco Chiaramella und etwa von 1569 bis 1575 Paul Francke beteiligt. Die Hoffassaden mit zwei übereinander stehenden offenen Arkadengängen schuf man 1643/44 und in den Jahren 1690 bis 1697 baute man unter Herzog Anton Ulrich die Barocktreppe ein, schloss die Arkaden im ersten Obergeschoss und setzte ein weiteres Geschoss auf. Auch der Neubau des Südflügels mit großem Saal und die Innenräume wurden seit 1691 durch J. B. Lauterbach und A. Korb geschaffen. Im Jahre 1796 brach man die Schlosskapelle

Schloss Wolfenbüttel

und den südlichen Wohntrakt ab. Das heutige Erscheinungsbild des Schlosses ist durch die barocken Umbauten des 17. und 18. Jahrhunderts geprägt. Die museale Ausstattung besteht weitgehend aus Prunkräumen, Möbeln, Wandteppichen, Plastiken und Gemälden, Porzellan und Kaminen aus dem Schloss Wolfenbüttel sowie dem ehemaligen Lustschloss Salzdahlum und Teilen der ehemaligen herzoglichen Kunstsammlungen des Prinzen von Hannover. Beliebt sind Führungen mit dem fürstlichen Tanzmeister Monsieur Frederic Guillaume de la Marche, der unterhaltsam Wissenswertes über das Schloss und seine Bewohner zu berichten weiß. Neben dem Museum befinden sich im Schloss noch ein Gymnasium sowie die Musikakademie.

Schloss Wolfsburg

38448 Wolfsburg

Kreisfreie Stadt

Der Stammsitz der Grafen von Bartensleben wurde 1302 mit der damals errichteten mittelalterlichen Niederungs- und Wasserburg in Wolfsburg bezeugt. Die

Schloss Wolfsburg

Stadt liegt am Südrand des Aller-Urstromtals am Mittellandkanal. Die Wolfsburg ist ein Bau der Weserrenaissance aus dem 13. Jahrhundert und gab der Stadt den Namen. Während des Mittelalters war die Anlage nicht geschlossen, sondern bestand aus dem Bergfried und einem angebauten Gebäudeteil. Trotzdem war es eine schwer einnehmbare Festungsanlage, die später mit Kanonen ausgestattet wurde. 1464 kämpften die von Bartensleben in einer Fehde gegen Herzog Otto von Lüneburg, wobei die Burg stark beschädigt wurde. Eine der wenigen unzerstörten Adelsburgen war sie im Dreißigjährigen Krieg, obwohl sie ständig von verschiedenen Truppen belagert war. Seit dem 17. Jahrhundert ist das Schloss mit Innenhof ein vierseitiger massiver Bau. Der Schlosseingang mit Rundbogen wird von überlebensgroßen Ritterfiguren aus Stein geschmückt und über dem Portal befinden sich Schilde mit dem Wappen der Bartensleben, Neidköpfe und Ritterfiguren. Dem Portal und der Terrasse ist eine große Freitreppe vorgelagert. Der Bergfried ist ein integrierter Bestandteil des Westflügels und im Hofbereich befinden sich weitere drei Turmbauten, die als Treppentürme die einzelnen Geschosse miteinander verbinden. Im Jahre 1742 diente das Schloss den Grafen von der Schulenburg als Residenz. 1943 ging der historische Bau in Kommunaleigentum über. Im Inneren des Osttraktes befinden sich repräsentative Räume wie der Große Saal als zweischiffige Halle mit Kreuzgratgewölben und toskanischen Säulen. Im Südflügel liegt der sehenswerte Antoniensaal mit stuckierten Rocailledekorationen. Im Außenbereich befindet sich ein Rest der Wehrmauer, wohl aus dem 16. Jahrhundert. Der Landschaftspark entstand Mitte

Schloss Wolfsburg

des 18. Jahrhunderts mit einer Erweiterung durch Gebhardt Werner von der Schulenburg um 1840. Die Schlossanlage wird heute als Stadtmuseum, Städtische Galerie, für den Kunstverein Wolfsburg e. V. und zu gastronomischer Betreuung genutzt.

Schloss Wollershausen

37434 Wollershausen
Landkreis Göttingen

Wollershausen liegt südwestlich von Herzberg am Harz bei Gieboldehausen und grenzt im Süden an das Eichsfeld an. Der barocke Putzbau mit dem übergiebelten Mittelrisalit und Allianzwappen stammt von 1732, als das Schloss durch Ludwig Heinrich von Minnigerode bis 1735 erbaut wurde. Verwaltet haben die Herren von Minnigerode das Dorf lange Zeit von der Burg Allerburg bei Bockelnhagen, die dann 1525 im Bauernkrieg zerstört wurde. Es war Johann von Minnigerode, der 1601 alleiniger Besitzer des gesamten Rittergutes wurde und auch in Wollershausen lebte und schließlich 1603 hier ein neues stattliches Herrenhaus mit breitem Wassergraben und Zugbrücke errichten ließ. Johann hatte sich 1604 mit Dorothea von Hanstein vermählt, die ein beträchtliches Vermögen mit in die Ehe brachte. Sodann stand der Baufreude nichts mehr im Wege und

Schloss Wollershausen

Schloss Wollershausen

bald wurde die St.-Marienkirche umgebaut und 1605 ein Pfarrhaus errichtet. 1611 verstarb Johann von Minnigerode, und seine Witwe mit den drei Kindern verblieb bis 1627 auf dem Herrensitz, floh dann aber vor den Wirren des Dreißigjährigen Krieges nach Osterode. Besonders den evangelischen Menschen in Wollershausen hatte man während dieser Zeit böse mitgespielt, vom Ausrauben über Quälen bis hin zum Mord. Mit dem Erben Hans von Minnigerode kehrte nach dem Tode seiner Mutter Dorothea 1647 die Familie wieder in das ausgebrannte und verlassene Dorf zurück. Mit Georg Friedrich starb nach fast 300 Jahren die direkte Erbfolge des Geschlechts aus. Ludwig von Minnigerode, ein Urenkel des Bruders von Johann von Minnigerode, erwarb den Besitz nach 21-jährigem Erbprozess. Der neue Besitzer ließ den alten Rittersitz abtragen und baute abseits von 1732 bis 1735 das heutige kostspielige Wasserschloss, da dieses im sumpfigen Gebiet mit starken Holzstämmen gesichert werden musste. Viele Jahre nutzte man die Anlage als Jugendhilfeeinrichtung. Heute steht das Schloss leer.

Objektregister

Objektregister

Objektregister

Objektregister

Objektregister

Objektregister

Quellenverzeichnis

Georg Dehio,
Handbuch der Deutschen Kunstdenkmäler, Bremen – Niedersachsen, Deutscher Kunstverlag Berlin, 1992

Dieter Maier,
Burgen und Schlösser in Deutschland
Karl Müller Verlag, Erlangen, 1995

Susanne Ulrici – Edmond van Hoorick,
Schlösser in Deutschland
Stürtz Verlag Würzburg, 1985

Horst Zielske, Jan-Wellem van Diekmes,
Wasserschlösser und Wasserburgen, erlebte Träume am Wasser
Umschau Verlag Breidenstein GmbH, Frankfurt/Main, 1985

Faszination Burgen und Schlösser Norddeutschlands
Verlagsgruppe Weltbild GmbH, Augsburg, 2007

Knaurs Kulturführer in Farbe
Niedersachsen und Bremen
Marianne Mehling (Hg.)
Droemersche Verlagsanstalt Th. Knaur, München, 1995

Schloss Gifhorn
Landkreis Gifhorn, Voigt-Druck, 2. Auflage, 1986

Schlösser und Burgen im Weserbergland und seiner Umgebung
CW Niemeyer Buchverlag GmbH Hameln,
2. überarbeitete Auflage, 2010

Rundgang durch die Stadt Hoya/Weser
Samtgemeinde Grafschaft Hoya
Mittelweser-Touristik-GmbH Nienburg/Weser

Überlassung von Material zur Geschichte von Besitzern der Objekte, Touristinformationen, Stadt- und Gemeindeverwaltungen, Informationen und Prospekte aus den Burg- und Schlossmuseen, Hotels und Infotafeln an Objekten, Recherche im Internet.